奇门与商战释疑

周易与商战

杜新会 著

2007 年 7 月 26 日在上海做“ 财富高端论坛 ”演讲

2010 年 3 月 29 日由华夏大易（北京）国际文化交流中心在北京召开的现代易学专家论坛会上

2008 年 8 月 8 号与投资商和当地政府人员共同赴外地考察

2010 年 4 月 17 日与河北省及邢台市旅游专家、华裔柬埔寨投资商考察灵霄山黄巾起义军寨

再版前言

改革开放三十余年来，中国发生了翻天覆地的变化：经济迅猛发展，国家综合实力不断增强，人们的物质文化生活得到了极大改善。而这一切皆缘于社会主义经济体制改革和市场机制的建立健全。

经济体制改革不仅大大促进了社会生产力的提高，同时也极大地影响并改变着人们的生存方式和生存观念。市场经济的基本法则——“自由竞争，优胜劣汰”逐渐成为企业组织乃至每个人的基本法则。

随着市场经济在广度和深度上的发展，市场形态也悄然由卖方市场转变为买方市场，这一转变看似很小，其带来的影响却令人震惊，因此，近几年众商家几乎众口一词地感叹：生意不好做了，竞争越来越激烈了。靠胆量和关系打市场轻松赚钱的时代一去不复返了，而今面对波诡云谲的市场，没有经营智慧不仅不能保证企业的发展，甚至连生存也成为商家不得不面临的问题。一些企业在市场经济初期几经打拼所积累的财富而今却毁于一旦，这样的案例举不胜举。

市场经营的基本定律是：哪里有需求，哪里就有机会，哪里就有利润。而需求是由人们所处的经济环境、政治法律环境、社会文化环境、自然地理环境等因素决定的。但令众商家头痛的是，上述环境因素又总处于发展变化之中，从而直接导致了市场机会的不确定性和捕捉市场机会的艰巨性。正所谓“机不可失，失不再来”。智者会利用其敏锐的市场洞察力

和高超的经营策略，将自己的事业推向一个又一个巅峰；而愚者则只有面对失去的市场机会懊悔、失意、无奈。所以，有人精辟地指出，市场经营的核心竞争资源是经营智慧。

市场竞争的基本定律是优胜劣汰。僧多粥少的买方市场形态使商家之间的竞争日益白热化。中国乃至世界任何一个市场经济充分发展的国家和地区，几乎已不存在没有竞争的市场真空地带，可以说，竞争无处不在，无时不有。有人将这种充满“火药味”的商业竞争形象地称为商战。于是，资金战、信息战、价格战、资源战、人才战、品牌战等各种各样的商战每天都在演绎着人间的“快意恩仇”。商战尽管不像战争那样充满血腥，却也是极其惨烈的，胜者名利双收，败者血本无归，甚至有人形象地说：在现代商战中，成功的战车总是轧着失败者的尸体前进的。

何去何从？这是每个商家或局中人无时无刻不在思考的问题，商战制胜术成为众商家毕生孜孜以求的济世法宝。于是，向西方发达国家学习“先进的经营管理经验”，已成为中国市场经济体制下众商家的一个焦点主题，西学东渐，蔚为大观，此谓洋为中用。

其实中华民族并不缺乏商业智慧，只不过经过千年来封建社会的“重农抑商”，中国商人及其商业智慧受到了极大的抑制而变得相对内敛罢了。近年来，发掘中国古代商业智慧率先发端于西方华人世界，此后迅速在全球商业界广泛传播。《孙子兵法》、《易经》（也叫《周易》，简称《易》）、《奇门遁甲》等堂而皇之地进入了世界著名大学的课堂。中国先贤名著中所蕴含的商业智慧也吸引了中国商界和学术界的目光，此谓古为今用。

在所谓的“革命”时代，《周易》、《奇门遁甲》曾被扣上“封建迷信”的帽子，今天其价值逐渐被国人认识，并用于指导人们的工作和生活实践。《周易》是中华民族的文化源头，不仅被古代的政治家、军事家、理财家奉为经邦济世的宝典，更被哲学家、科学家称为“宇宙代数学”。丹术家、堪舆家和占卜术士还将其视为数术的理论基础，以指导人们去探索认识未知宇宙的力量和人同自然之间的神秘关系。同时，《周易》在世界文化史上也享有很高的地位，被称做“科学皇冠上的明珠”。国际易经学会主席成中英先生说：“《易经》是生命的学问、宇宙的真理、文化的智慧、价值的源泉。《易经》不仅是中国的，更是世界的；不仅是古代的，也是现代的，更是未来的。”《周易》被称为经典中的经典、哲学中的哲学、谋略中的谋略。从中，哲学家看到思辨，史学家想到历史，政治家懂得治世，军事家悟出兵法，企业家找到经营与管理的捷径，普通人寻得人生处世的良方。

《周易》的权威地位不可撼动，它为数术提供了天道、地道、人道相统一的自然观，是论述天人相通思想的哲学基础。作为数术之中重要组成部分的《奇门遁甲》，过去一直没有受到经营管理者的重视。它运用周易的思想方法和理论观点，把事物发展变化的条件概括为天、地、人以及影响人类生产生活的某些能量场四个方面，以天体运行和地球运转的规律揭示事物发展的道理，概括出阴阳十八种基本格局，并结合天文历律和阴阳五行的生克制化原理，来推测事物的发展趋势和发展结果，并指导人们的行为。

《奇门遁甲》是一种极为严密、能够重复的数理模型，由时间、空间、数理三大要素构成，这个模型的架构是多维的、立体的、运动的。三者之间是全息的，它们互相联系，互相渗透，时间中有空间和数理，空间中有时间和数理，数理既是时间也是空间。这个模型架构中的九宫、八卦、二十四节气、上中下三元、阴阳十八局、天干、地支、五行、八门、九星、八神就是三大要素互相作用的具体体现，它可以演示世界万事万物的运行变化及其相互关系。

古代使用奇门之术的前贤大多是治国平天下的军师，如姜太公、范蠡、张良、诸葛亮、刘伯温等，可见它在古代社会变革中起到了一定的作用，被广泛应用于政治、军事、外交、社会生活等各个领域。

历史发展到今天，作为中华民族文化奇葩的《周易》和在周易的思想

方法及理论观点上建立的奇门遁甲模型能不能用来指导商业活动？实践证明，回答是肯定的。在如火如荼的商战中，其预测决策功能应该被更多的有识之士认识。因为奇门之中的易学思维蕴涵着许多与经营管理相关的道理。商场如战场，处处充满了竞争，适者生存、优胜劣汰是不可逃避的生存法则，如何在激烈的竞争中脱颖而出，立于不败之地，对于沉浮商海的人来说是生死攸关的大事。对于商业经营者来讲，如果认真研读周易的思维方式和奇门遁甲的预测方法，就可以达到很高的境界。

编写这部书的目的，不仅仅是希望它能指导商家在激烈的市场竞争中求得生存，更重要的是在此基础之上结合现代社会的各种新生事物，引申出更为贴切、能直接为广大企业所遵循的实践规则，力求用古代的模型、现代的语言来解释商战。例如：古书中的生门生甲子戊，投资则可赢大利，壬加戊为“小蛇化龙”，而今应解释为企业会成功发展、具有大的作为；辛加壬为“凶蛇入狱”，现在可以解释为一货卖两家；丙加庚为“荧入太白”，商战战术中可以解释为退却等。它能指导经营者在变化多端、瞬息万千的经营与管理当中善于发现经营与管理的一般规律，不断形成富有永恒意义的经营之道；反过来，再以这种经营之道去指导变化莫测的商业实践。这样一来，就可以使经营者在商战中趋吉避凶，始终处于不败之地。

我于1985年从部队转业到石家庄市物资贸易中心工作，1997年又调入中国联通河北分公司，主要从事企业的经营和管理工作。特别是近几年担任中国联通石家庄分公司副总经理期间，工作中屡屡遇到商业谈判、官司诉讼，并时常面临企业间的激烈竞争等问题。我在处理遇到的问题和难点时，一方面遵循西方的科学管理原理，另一方面也将传统的预测学应用于实践之中，两者交叉互补、相得益彰，收到了事半功倍的效果。本书是我近几年研究易学与商战的一些粗浅体会，力求使传统文化更好地为现代化建设服务，使其成为企业经理人的参谋和助手；为易学爱好者抛砖引玉，共同把祖国的传统文化发扬光大。由于易学的博大精深，加之本人才疏学浅，书中难免会出现不妥与错误，还望读者朋友们不吝赐教。

本书能够得以出版首先要感谢河北省周易研究会张志春会长和共同研究奇门遁甲多年的易友王瑞民、刘成云、石建国、王庆丰、王建国等先生的帮助。在本书成书的过程中，我的朋友刘国华、石延博、刘志华、王久升、杨魁等先生给予了很大帮助，在这里一并表示深深的谢意。另外，在本书的写作过程中，参阅了《神奇之门》（张志春著）、《揭开奇门遁甲之谜》（郭志诚、李志高著）和《周易预测学》（邵伟华著）等资料，在此特致谢意！

在本书再版前，很荣幸得知《周易与商战》初版被十三回世界易经大会专家学术评审委员会评为著作金奖，很多媒体也进行了报道，在此，向相关人士一并致谢！

目　录

第一部分　奇门基础知识

一、《周易》与奇门遁甲

《周易》是我国现存最早、最具权威、最著名的一部经典著作，它作为群经之首与《诗》、《书》、《礼》、《春秋》、《乐》并称为六经。《周易》是中华文化乃至世界文化的瑰宝，作为中华文化的源头和主干，易道广大，无所不包。

《周易》由《易经》和《易传》两部著作组成。

《易经》由八卦变化而来的六十四卦卦画、卦名、卦辞、三百八十四条爻辞组成，一般认为是周文王所作。

《易传》由《彖》上、下，《象》上、下，《文言》，《系辞》上、下，《说卦》，《序卦》，《杂卦》等七种十篇构成，故又称《十翼》，相传为孔子带领其弟子所作。

《易经》具有朴素的辩证观点——承认事物的对立面，承认事物的相互转化，认为事物发展到极点就会转向其反面。

《易传》以《易经》框架结构为表现形式，提出了一个包括天道、地道、人道在内的，关于自然和社会普遍规律的哲学思想体系。它认为天地万物存在或相吸引、或相排斥的关系，一切事物的复杂性和变动性都受阴阳对立统一规律的制约。易传将卦爻形式由神学启示录变为客观世界图

式，这是质的飞跃！伟大的转变！

奇门遁甲出现于《周易》成书之后，历来被认为是中国古代预测学中最高深的学问之一，它是数术中一门最高层次的预测术，也是古代天文学者的必修课，号称“帝王之术”，《四库全书》称其“于诸数术中，最有理致”。民间也一直流传着“学会奇门遁，来人不用问”的传说。它的理论基础是《周易》。

奇门遁甲运用周易的思想方法和理论观点，把事物发展变化的条件，概括为天、地、人及影响人类生产生活的某些能量场四个方面，以天体运行和地球运转的规律揭示事物发展的道理，概括出阴阳十八种基本格局，并结合天文历律和阴阳五行的生克制化原理，推测事物的发展趋势和发展结果，来指导人们的行动。

什么叫奇门遁甲？“奇”就是十天干中的乙丙丁三个符号；“门”就是开休生伤杜景死惊八个门，也就是八个符号；“遁甲”就是把十天干中的甲隐藏于戊己庚辛壬癸六仪之下，如甲子隐于戊之下，甲戌隐于己之下。奇门遁甲是一个时空数理模型，是一个时空数理公式，这个公式是由九宫八卦等符号组成，它可以预测事物的发展规律。

北京大学于希贤教授讲：“凡是能建立数理模型的知识，它一定是科学的。”而科学的东西是能够重复的。奇门遁甲就是一种完整的、可以重复的数理模型。实践证明，它既能对商业活动进行预测，又可以为人们提供经营中战略战术的时空选择，使经营者在日趋激烈的商业竞争中找到方向，立于不败之地。

二、八卦的产生

所谓八卦，即乾、兑、离、震、巽、坎、艮、坤。

八卦的起源说法不一，传统的说法是伏羲作八卦，其根据是：《周易·系辞》中有“古者包牺氏（伏羲）之王天下也，仰则观象于天，俯则观法于地，观鸟兽之文与地之宜，近取诸象，远取诸物，于是始作八卦，以通神明之德，以类万物之情”的说法。

《周易·系辞》中还有“是故易有太极，是生两仪，两仪生四象，四象生八卦”的说法。这是八卦一词最早出现之处。

三、先天八卦

先天八卦又称伏羲八卦，传说为伏羲所创，但无图形，先天八卦图是宋朝邵雍根据《说卦传》而成图的。《说卦传》曰：“天地定位，山泽通气，雷风相薄，水火不相射。八卦相错，数往者顺，知来者逆。”邵子曰：“乾南，坤北，离东，坎西，震东北，兑东南，巽西南，艮西北。”此为先天八卦之方位。

先天八卦

先天八卦数为乾一、兑二、离三、震四、巽五、坎六、艮七、坤八。其数在奇门遁甲中也有运用。

四、后天八卦

后天八卦又称文王八卦，传说为周文王所制。

后天八卦图源于《说卦传》：“帝出乎震，齐乎巽，相见乎离，致役乎坤，说言乎兑，战乎乾，劳乎坎，成言乎艮。”后天八卦方位为离南坎北，震东兑西，坤西南，乾西北，巽东南，艮东北。

后天八卦

后天八卦数为坎一、坤二、震三、巽四、中五、乾六、兑七、艮八、离九。奇门遁甲对应的是后天八卦。

五、八卦基本取象及万物类象

宇宙间的事物有无数种，古人把万事万物分成八种最基本类型的事物，用八卦象征这八种类型的事物，在奇门遁甲中也运用到八卦类象，现根据古人论述及平时运用加以整理，供读者参考。

（一）八卦基本取象

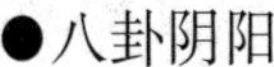

●八卦阴阳

乾、震、坎、艮为阳。

坤、巽、离、兑为阴。

●八卦五行

乾兑为金，坎为水，震巽为木，离为火，坤艮为土。

●八卦所属

乾为老父，震长男，坎中男，艮少男。

坤为老母，巽长女，离中女，兑少女。

●八卦诸身

乾为首，兑为口，坎为耳，离为目，坤为腹，艮为手，巽为股，震为足。

●八卦性情

乾健，坤顺，震动，巽入，坎险，离丽，艮止，兑悦。

●八卦自然

乾为天，坤为地，震为雷，巽为风，坎为水，离为火，艮为山，兑为泽。

●八卦动物

乾为马，坤为牛，震为龙，巽为鸡，坎为豕，离为雉，艮为狗，兑为羊。

（二）八卦万物类象

乾卦

天时：天、冰、雹、霰。

地理：西北方、城市、京城。

人物：国家主席、总统、父、大人、老人、长者、老板、厂长、总经理、男人、名人、公务员、机关工作人员。

人事：刚健勇武、果决、多动少静。

身体：头、骨、肺。

时序：戌亥年月之时。

动物：虎、马、天鹅、狮子、象。

静物：金玉、珠宝、圆物、刚物、冠、镜。

屋舍：公厕、楼台、办公大楼、大厦、高级招待所、西北向之居。

家宅：秋占宅兴隆，夏占有祸，冬占冷落，春占吉利。

饮食：马肉珍味、多骨、肝肺、干肉、木果、诸物之首、圆物、辛辣之物。

婚姻：贵官之眷、有声名之家。

生产：易产，秋占生贵子，夏占有损，座宜西北方。

求名：有名，宜随内任、刑宫、武职，掌权。

谋旺：有成，利公门。

交易：宜金玉、珍宝、珠贵等。

求利：有财，金、玉之利，公门中得财，秋占大利，夏占损财，冬占无财。

出行：利于出行，宜入大城市。

谒见：利见上级，办事遂心。

疾病：头面之疾，肺疾，筋骨疾，上焦疾，夏占不安。

官讼：健讼，有贵人助，秋占得胜，夏占失理。

方道：西北方。

坟墓：宜向西北，宜乾山气脉，宜天穴，宜高，秋占出贵，夏占大凶。

姓字：带金旁者，行位一四九。

数目：一四九。

五味：辛、辣。

五色：白色（奇门中为六白）、大赤色（奇门遁甲规定的九宫颜色分别为一白、二黑、三碧、四绿、五黄、六白、七赤、八白、九紫）。

坤卦

天时：阴云、雾气、冰霜。

地理：田野、农村、平地、西南方。

人物：老母、农民、副职、众人、老妇人、大腹人。

人事：吝啬、柔顺、懦弱、众多、小人。

身体：腹、脾、肉、胃。

时序：未申年月日时。

静物：方物、柔物、布帛、丝绵、五谷、舆斧、瓦器。

动物：牛、百兽、马。

屋舍：西南方、农村、田舍、矮屋、仓库。

家宅：安稳，多阴气，春占宅舍不安。

饮食：牛肉、野味、五谷之味、芋笋之物、腹脏之物。

婚姻：利于婚姻，宜贸易、工商、税务、乡村之家，春占不利。

生产：易产，春占难产，有损或不利于母，从宜西南方。

求名：有名，宜西南方或教官、农官守土之职，春占虚。

谋望：利求谋，邻里求谋，静中求谋，春占少逐，或谋于妇人。

交易：宜利交易，宜田土交易，宜五谷利，贱货、重物、布帛，静中有财，春占不利。

求利：有利，宜土中之利，贱货重物之利，静中得财，春占无财，多中取利。

出行：可行，宜西南行，宜往乡里行，宜陆行，春不宜。

谒见：可见，利见乡人，宜见亲朋或女人，春不宜见。

疾病：腹疾，脾胃之疾，饮食停滞，从而食不化。

官讼：理顺，得众情，讼当解散。

方道：西南方。

坟墓：宜向西南之穴、平阳之地、近田野，宜低葬，春不可葬。

姓字：带土姓人，行位八五十。

数目：二五十。

五味：甘。

五色：黄色、黑色（奇门中为二黑）。

震卦

天时：雷。

地理：东方、树木、工厂、闹市、运动场、大路、竹林、草木茂盛之所。

人物：长男。

人事：起动、怒、虚惊、鼓噪、多动少静。

身体：足、肝、发、声音。

时序：春二月、卯年月日时。

静物：木竹、苇、乐器（竹木）、枪炮之物、音响、闹钟、核。

动物：蛇、百虫、马鸣。

屋舍：东向之居、山林之处、楼阁。

家宅：宅中不时有虚惊，春冬吉，秋占不利。

饮食：啼、肉、山林野味、鲜肉、果酸味、菜蔬、鲤鱼（鱼）。

婚姻：可，有成，声名之家，得长男之婚，秋占不利。

生产：虚惊，胎动不安，头胎必生男，坐宜向东，秋不吉。

求名：有名，宜东方之任、施号发令之职、掌弄狱之官、茶木税课之任或闹市市货之职。

谋望：可旺，可求，宜动中谋，秋占不逐。

交易：利于成交，秋占难成，宜动中求财，山林、竹木茶货之利。

求利：山林竹木之财，动处求财，或山林、竹木茶货之利。

出行：宜行，利东方，利山林之人，秋占不宜行，但恐虚惊。

谒见：可见，有宜山林之人，利见宜有声名之人。

疾病：足疾，肝经之疾，惊恐不安。

官讼：健讼，有虚惊，行移取甚反复。

方道：东方。

坟墓：利于东向、山林中穴，秋不利。

姓字：带木姓人，行位四八三。

数目：三、八。

五味：甘、酸味。

五色：绿、碧（奇门为三碧）。

巽卦

天时：风。

地理：东南方之地、经商之地、草地、花坛、菜园、江河。

人物：长女、旅行者、经商者。

人事：柔和、不定、鼓舞、进退不果。

身体：头发、股、气、风疾。

时序：辰巳月日时。

静物：花草、绳索、直物、长物、竹木。

动物：鸡、百禽、蛇。

屋舍：东南向之居、寺观楼台、山林之居。

家宅：安稳利市，春占吉，秋占不安。

饮食：鸡肉、山林之味。

婚姻：可成，宜长女之婚，秋占不利。

生产：易生，头胎产女，秋占损胎，宜向东南坐。

求名：宜文职，宜茶果、工商、税务、交通之职，宜东南之任。

谋望：可谋旺，有财可成，秋占多谋少遂。

交易：可成，进退不一，交易之利，山林交易，山林木茶之利。

求利：有利三倍，宜山之利、竹货木货之利，秋不利。

出行：有出入之利，宜向东南行，秋占不利。

谒见：利见经商之人、山林之人，利见文人秀士。

疾病：股肱之疾、风疾、肠疾、中风、塞邪气疾。

官讼：宜和，恐遭上级巡视官员之责。

方道：东南方。

坟墓：宜东方向，山林之穴，多树木，秋占不利。

姓字：草木旁姓氏，行位五三八。

数目：五三八。

五味：酸味。

五色：绿、蓝（奇门为四绿）。

坎卦

天时：月、雨、雪、露、霜、水。

地理：北方、湖、溪涧、泉井、卑湿之地、沟渎、地沼、有水之处。

人物：中男、江湖之人、舟人、盗贼、骗子。

人事：险陷卑下，外示以柔，内序以利，漂泊不成，随波逐流。

身体：耳、血、肾。

时序：子年月日。

静物：带核之物、酒器、水具、丛棘、酒。

动物：猪、鱼、水中之物、狐、水族。

屋舍：向北之居、近水、水阁、江楼、宅中混地之处。

家宅：不安、暗昧、防盗骗。

饮食：猪肉、酒、冷味、海味、汤、酸味、宿食、鱼带血、掩藏、有带核之物、水中之物、多骨之物。

婚姻：利中男之婚，宜北方之婚，不利在辰戌丑未月婚。

生产：难产有险，宜次胎，男，中男，辰戌丑未月有损，宜北向。

求名：艰难，恐有灾险，宜北方之任、鱼盐河泊之职。

谋望：不宜谋旺，秋冬占可谋。

交易：不利成交，恐防失陷，宜水边交易，宜鱼、盐、酒之交易。

求利：防盗失。

出行：不宜远行，宜涉舟，宜北方之行，防盗匪，恐遇险阻溺之事。

谒见：难见，宜见江湖之人，或有水旁姓氏之人。

疾病：耳痛、心疾、感染、肾疾、胃冷、水泻、血病、下部生殖系统疾病。

官讼：有阴险，有失道理。

方道：北方。

坟墓：宜北向之穴、近水傍之墓，不利葬。

姓字：点水旁之姓氏。

数目：一六。

五味：碱、酸。

五色：为黑色或白色（奇门中为一白）。

离卦

天时：日、电、虹、霓、霞。

地理：南方、商业区、高坡、洞穴、窖、文化娱乐、冶炼之所、其地面向阳处。

人物：中女、文人、文艺演出之人。

人事：文化，聪明才学，相见虚心，美丽。

身体：头、目、心、上焦。

时序：午火年月日时。

静物：火、书、文、干戈、干燥之物。

动物：雉、龟鳖、蚌、蟹。

屋舍：南舍之居、阳明之宅、明窗、虚室。

家宅：安稳，平善，冬占不安。

饮食：雉肉、煎炒、烧炙方物、干脯之体、熟肉。

婚姻：不成，利中，夏占可成，冬占不利。

生产：易生，产中女，冬占有损，坐宜向南。

求名：有名，宜南方之职，文官之任，宜炉冶亢场之职。

谋望：可以谋望、宜文书之事。

交易：宜有文书之交易。

求利：有财宜南方求，有文书之财，冬占有失。

出行：宜动向南方，就文书之行，冬占不宜行，宜行舟。

谒见：可见南方人，冬占不顺，秋见文书考案才士。

疾病：目疾、心疾、上焦病，夏占伏暑，时疫。

官讼：易散，文书动，词讼明辩。

方道：南方。

坟墓：南向之墓，无树木之年，阳穴，夏占出文人，冬不利。

姓字：带次或立人旁人士姓氏。

数目：三二七九。

五味：苦。

五色：红、紫（奇门为九紫）。

艮卦

天时：云、雾。

地理：山径路近山城，丘陵、坟墓，东北方。

人物：少男、闲人、山中人、童子。

人事：拒绝，阻隔，守静，进退不决，止住，不见。

身体：手指、骨鼻、背。

时序：丑寅年月日时。

静物：土石、瓜果、黄物、土中之物、。

动物：虎、狗、鼠、黔啄之物、狐。

家宅：安稳，诸事有阻，家人不睦，春占不安。

屋舍：东北方之居，山居近石，近路之宅。

饮食：土中物味，诸兽之肉，墓畔竹笋之属，野味。

婚姻：阻隔难成，成变迟，利少男之婚，宜对乡里婚，春占不利。

生产：难生，有险阻之厄，宜向东北，春占有损。

求名：阻隔无名，宜东北方之任，宜土官山城之职。

谋望：阻隔难成、进退不决。

交易：难成，有山林田土之交易，春占有失。

求利：求财阴隔、宜山林中取财、春占不利、有损失。

出行：不宜远行，有阻，宜近陆行。

谒见：不可见，有阻，宜见山林之人。

疾病：手指之疾，胃脾之疾。

官讼：贵人阻滞，官讼未解，牵连不决。

方道：东北方。

坟墓：东北之穴，山中之穴，近路旁有石，春占不利。

姓字：带土字旁之姓氏。

数目：五八十。

五味：甘。

五色：黄、咖啡色、白（奇门为八白）。

兑卦

天时：雨泽、星。

地理：泽、水际、缺池、废井、山崩破裂之地。

人物：少女、妾、口齿伶俐之人。

人事：喜悦、口舌。

身体：舌、口、喉、肺、痰、涎。

时序：酉年月日时。

静物：金刀、金类、乐器、带口之物、毁折之物。

动物：羊、泽中之物。

屋舍：西向之居、近泽之居。

家宅：不安，防口舌，秋占喜悦，夏占家宅有祸。

饮食：羊肉、泽中之物、宿味、辛辣之物味。

婚姻：不成，秋占可成，有喜，主成婚之吉，利婚少女，夏占不利。

生产：不利，恐有损胎或则生女，夏占不利，宜坐向西。

求名：因名有损，利西之任，宜做警察、武职、翻译等职。

谋望：难成、因名有损、利西之任，宜刑官、武职、伶官、泽官。

交易：难有利，防口舌，有竞争，秋占有交易之财，夏占不利。

求利：无利有损，财利主口舌，秋占有财喜，夏占不利。

出行：不宜远行，防口知，或损失，宜西行，秋占有利宜行。

谒见：利行西方，见有咒诅。

疾病：口舌、咽喉之疾，牙痛，气逆喘疾，饮食不利。

官讼：争讼不已，曲直未决，因讼有损，防刑，秋占有利。

方道：西方。

坟墓：宜西向，防穴中有水，近泽之墓，或葬废穴，夏占不宜。

姓字：带口带金字旁姓氏。

数目：四二九。

五味：辛辣。

五色：白、赤（奇门为七赤）。

六、河图、洛书

《河图》、《洛书》是流传至今的周易八卦体系中重要的内容和组成部分。目前所知，最早记载《河图》、《洛书》的文献是《尚书·顾命篇》，讲周成王死，康王继位，在继位大典上，陈列着各种器物，包括越玉五重陈宝：赤刀、大训、弘璧、琬琰，在西序；大玉、夷玉、天球、河图，在东序。

《论语·子罕》篇中有——子曰："凤鸟不至，河不出图，吾已矣夫。"且《系辞》又云："河出图，洛出书，圣人则之。"相传伏羲氏即位之时，有龙马高八尺五寸，长颈骼上，有翼，马身龙鳞，蹈水而不没，负图而出。大禹治水时，有神龟负书而出于洛水。所以《汉书·五行志》中说："伏羲氏继天而立，受河图则而画之，八卦是也，禹治洪水，赐洛书而陈之，洪范是也，圣人行其道而主其真，河图洛书相为经纬，八卦九章相为表里。"

河图中共有五十五个黑白点，代表天地之数五十五。其中白点为单数一、三、五、七、九，代表阳，又代表天，称为"天数"；黑点为双数二、四、六、八、十，代表阴，又代表地，称为"地数"。天数相加是二十五，地数相加是三十，天地之数共得五十五。

河图中还将一至五这五个数称为"生数"，将六至十这五个数称为"成数"，两者间有着相生相成的关系。生数象征初生、发生，成数象征着形成、已生成。天数为阳，地数为阴。朱子曰："所谓天者，阳之轻清而位乎上者也。所谓地者，阴之重浊而位乎下者也。"

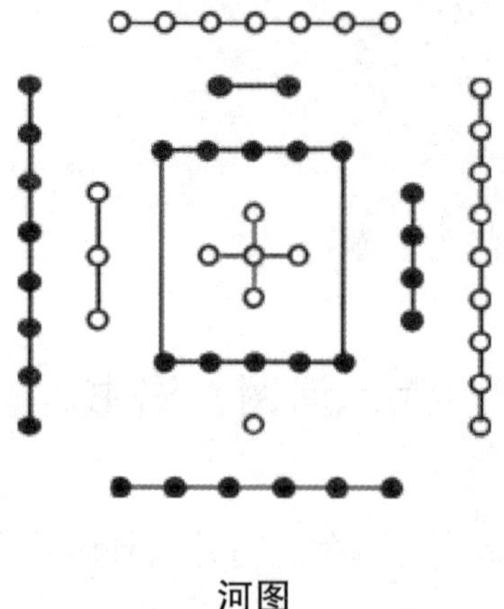

河图

天一生水，地六成之居北，后天坎卦。天三生木，地八成之居东，后天震卦。地二生火，天七成之居南，后天离卦。地四生金，天九成之居西，后天兑卦。天五生土，地十生之居中太极。

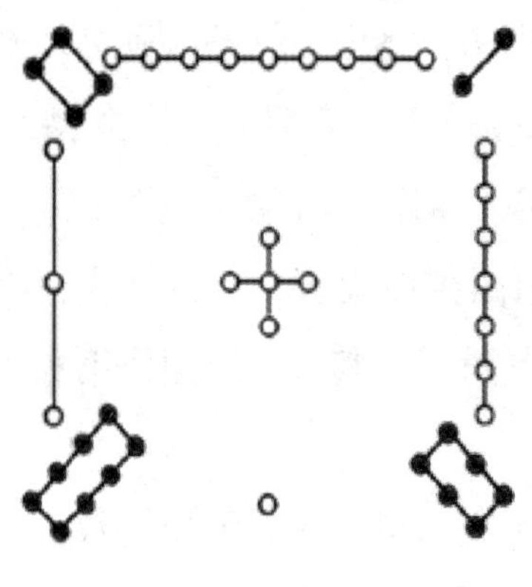

洛书

洛书黑白点共四十五个，阳数是一白、三碧、九紫、七赤四正之位，合后天坎、震、离、兑四卦。阴数二黑、四绿、八白、六白在四隅之位，合后天乾、艮、巽、坤四卦。依此而作的九宫图，纵横斜相加皆为十五之数，称为数字魔方，即“戴九履一，左三右七，二四为肩，八六为足”奇门遁甲的空间框架就是依洛书而建的。

七、阴阳、五行

（1）阴阳

阴阳是对自然界互相关联的某些事物和现象对立双方的概括，它象征并说明了宇宙中万物变化现象的刚柔动静的性质与作用，宇宙间一切事物的发生、发展和变化都是阴阳对立统一运动的结果。天、男、日、刚、动、上、明、前、尊、福等一些积极性的事物属于阳；地、女、月、柔、静、下、暗、后、卑、祸等一些消极性的事物属于阴。八卦中乾、坎、艮、震属阳，巽、离、坤、兑属阴；天干中甲、丙、戊、庚、壬属阳，乙、丁、己、辛、癸属阴；地支中子、寅、辰、午、申、戌属阳，丑、卯、巳、未、酉、亥属阴。阴和阳相互对立，相互制约，相互影响，相互利用，相互消长，阴中包含着阳，阳中包含着阴。阴极变阳，阳极变阴，循环往复而无穷。如冬至交头九，阴气正浓，天气正寒，但冬至阳升，阳气逐渐上升，阴气逐渐下降，所以奇门遁甲用阳局；夏至阳气盛极，天气正热，但夏至阴升，阴气逐渐上升，阳气逐渐下降，奇门遁甲就改用阴局。如此周期循环，年年往复。

由上述可知，阴阳是世界上万事万物生成的基础，它具有事物的相对性、无限可分性及相互制约、相互利用、相互促成性。

（2）五行

五行学说是我国古代哲学思想的重要组成部分，是我国劳动人民的独创，它论述了世界的本质问题，即：世界是由木、火、土、金、水五种基本物质组成的，自然界的各种事物和现象都是这五种物质不断运动和相互作用的结果，五行之间存在着相生相克的关系。

五行：木、火、土、金、水。

五行相生，表示一事物对另一事物有促进生长的作用：木生火，火生土，土生金，金生水，水生木。

五行相克，表示一事物对另一事物有制约和克制的作用：木克土，土克水，水克火，火克金，金克木。

五行属性归类表

五行	木	火	土	金	水
方位	东	南	中	西	北
数目	三八	二七	五十	四九	一六
性质	曲直	炎上	稼穑	从革	润下
颜色	青	赤	黄	白	黑
时令	春	夏	四季月	秋	冬
气候	风	热	湿	燥	寒
天干	甲乙	丙丁	戊己	庚辛	壬癸
地支	寅卯	巳午	辰戌丑未	申酉	亥子
五脏	肝	心	脾	肺	肾

五行旺相表

五行	旺	相	休	囚	死
木	春、东方	夏、南方、火	水、北方、冬	西、西方、秋	中央坤艮及四季月
火	夏、南方	中央坤艮及四季月	东、春	北、水、冬	秋、西方、金
土	中央坤艮及四季月	秋、西方、金	夏、南方、火、丙丁巳午月	东方、木、甲乙寅卯月春	北方、水冬、壬子癸月
金	秋、西方	冬、北方、水	中央坤艮及四季月	火、南方、夏	春、东方、木
水	冬、北方	木、东方	秋、西方、金	中央坤艮及四季月	南、火

八、天　干

中国传统的计时符号，代表太阳对地球的影响，代表阳性的符号就是天干。古人云：“天干，犹木之干，强而为阳；地支，犹木之支，弱而为阴。”

天干有十位，即甲、乙、丙、丁、戊、己、庚、辛、壬、癸。

十天干有阴阳之分，在《周易》中，甲、丙、戊、庚、壬为五阳干，乙、丁、己、辛、癸为五阴干。天干中的五阳利客不利主，做事宜先动，耀武扬威先发制人；五阴干利主不利客，做事宜后动，悄无声息后发制人。在奇门遁甲中，甲、乙、丙、丁、戊为五阳时，己、庚、辛、壬、癸为五阴时，阳时利客，阴时利主。它们在奇门中的应用如下：

十天干方位与属性：

甲乙东方木，其中甲为阳木，为森林之木，乙为阴木，为花草之木；

丙丁南方火，其中丙为阳火，为太阳之火，丁为阴火，为灯盏之火；

戊己中央土，其中戊为阳土，为大地之土，己为阴土，为田园之土；

庚辛西方金，其中庚为阳金，为斧钺之金，辛为阴金，为首饰之金；

壬癸北方水，其中壬为阳水，为大海之水，癸为阴水，为雨露之水。

十天干配身体：甲为头，乙为肩，丙为额，丁齿舌，戊己鼻面，庚为筋，辛为胸，壬为胫，癸为足。

十天干配腑脏：甲胆，乙肝，丙小肠，丁心，戊胃，己脾，庚大肠，辛肺，壬膀胱，癸肾。

十天干相冲：甲庚相冲，乙辛相冲，丙壬相冲，丁癸相冲。相冲是根据天干的阴阳属性定的，同性相斥，阳与阳冲，阴与阴冲。在遁甲局中相冲表示事物动或散之意。

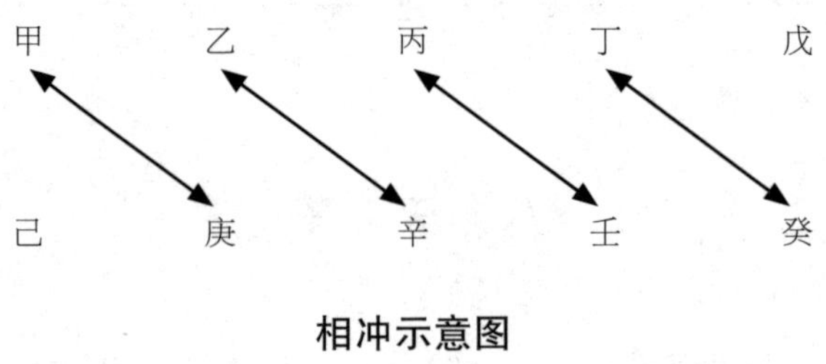

相冲示意图

十天干相合：甲己合化土为中正之合，乙庚合化金为仁义之合，丙辛合化水为威制之合，丁壬合化木为淫荡之合，戊癸合化火为无情之合。相合是根据地支的阴阳属性，异性相吸，阳与阴合，阴与阳合。在遁甲局中除上述之意外，相合还表示事物不动或被绊。

十天干所代表的吉凶是：甲为天福，宜行恩施惠，进德赏功；乙为天德，宜施恩赏德，敛恤抚告；丙为天威，宜发号施令，以彰雄威；丁为太阴，宜静居无忧，勿嗔遣谪；戊为天武，宜发号施令，行诛屠戮；己为六合，又为明堂，宜发明旧事，休疆理城；庚为天狱，宜决断刑狱，诛戮邪恶；辛为天庭，宜正法治囚，莫为吉事；壬为天牢，宜平讼决狱，吉事勿

相合示意图

为；癸为天藏，又名天网，宜扬威责罚，积蓄收敛。

十天干旺衰用十二个状态表示，其状态在奇门里就代表所测人及事物的状态，在不同的空间和不同的时间里十天干的状态是不同的。

长生，犹如人刚出生，“万物发生向荣，如人始生而向长也”。

沐浴，犹如小孩出生后的洗浴阶段，“以万物始生，形体柔脆，易为所损，如人生后三日，以沐浴之，几至困绝也”。

冠带，如小孩可以穿衣戴帽阶段，“万物渐荣秀，如人具衣冠也”。

临官，比喻人可以出任做官，有收入了，即“如人之临官也”。

帝旺，极旺盛阶段，“万物成熟，如人之兴旺也”。

衰，中年之后，“万物形衰，如人之气衰也”。

病，此谓更衰弱阶段，“万物病，如人之病也”。

死，气尽身亡，“万物死，如人之死也”。

墓，像尸体入土，又称为库，“以万物成功而藏之库，如人之终而归墓也”。

绝，气已绝尽，“以万物在地中，未有其相，如母腹空，未有物也”。

胎，此为受胎之状态。

养，此为成形，“万物在地中成形，如人在母腹成形也”。

以上所述，就是事物由生到壮大，到衰死，然后再出生，反复循环的过程。可见下表。

十天干生旺死绝表

时令状态 \ 五行	五阳干					五阴干				
	甲木	丙火	戊土	庚金	壬水	乙木	丁火	己土	辛金	癸水
长生	亥	寅	寅	巳	申	午	酉	酉	子	卯
沐浴	子	卯	卯	午	酉	巳	申	申	亥	寅
冠带	丑	辰	辰	未	戌	辰	未	未	戌	丑
临官	寅	巳	巳	申	亥	卯	午	午	酉	子
帝旺	卯	午	午	酉	子	寅	巳	巳	申	亥
衰	辰	未	未	戌	丑	丑	辰	辰	未	戌
病	巳	申	申	亥	寅	子	卯	卯	午	酉
死	午	酉	酉	子	卯	亥	寅	寅	巳	申
墓	未	戌	戌	丑	辰	戌	丑	丑	辰	未
绝	申	亥	亥	寅	巳	酉	子	子	卯	午
胎	酉	子	子	卯	午	申	亥	亥	寅	巳
养	戌	丑	丑	辰	未	未	戌	戌	丑	辰

九、地　支

地支属阴，是根据月亮绕地球旋转，在一年之内圆缺盈亏十二次确定的，故地支有十二个：

子、丑、寅、卯、辰、巳、午、未、申、酉、戌、亥。

十二支方位与属性：寅卯东方木，巳午南方火，申酉西方金，亥子北方水，辰戌丑未四季土（每季最后一个月）。

十二支配月建：一年十二个月，每月配一个地支。正月建寅，二月建卯，三月建辰，四月建巳，五月建午，六月建未，七月建申，八月建酉，九月建戌，十月建亥，十一月建子，十二月建丑。

十二支配十二时辰：每一个地支为一个时辰，每个时辰代表两个小时，一天二十四小时中有十二个时辰，地支对应时辰详见下表：

时辰	子	丑	寅	卯	辰	巳
时间	23-1	1-3	3-5	5-7	7-9	9-11
时辰	午	未	申	酉	戌	亥
时间	11-13	13-15	15-17	17-19	19-21	21-23

十二支相冲：子午冲、丑未冲、寅申冲、卯酉冲、辰戌冲、巳亥冲。地支相冲者，阴阳相同，方位相对，相冲为散，相克表示克制之意。

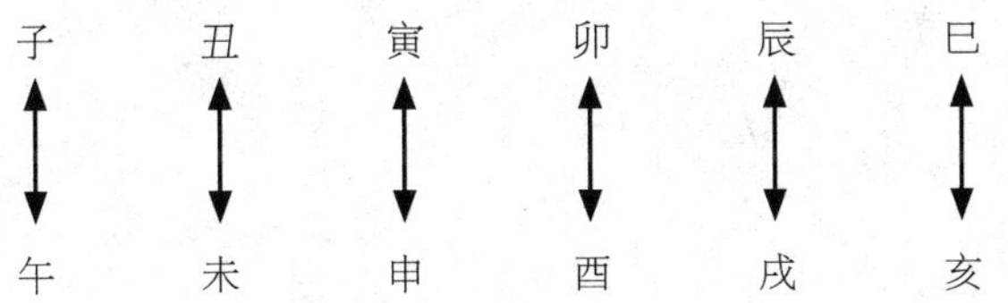

相冲示意图

十二支化合：子丑合化土、寅亥合化木、卯戌合化火、辰酉合化金、巳申合化水、午未合化土。

按五行，相合者为和好之意，合中相生者，越合越好；合中相克者，处事先好后坏。

十二支三合局：申子辰三支合化水局、亥卯未三支合化木局、寅午戌三支合化火局、巳酉丑三支合化金局。

三合局表示一种力量的聚集。

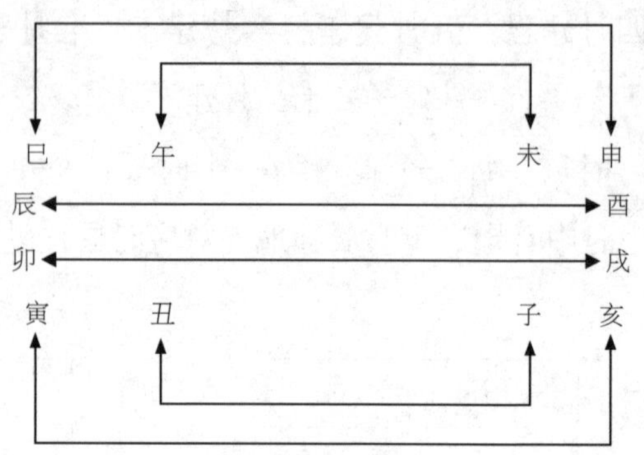

相合示意图

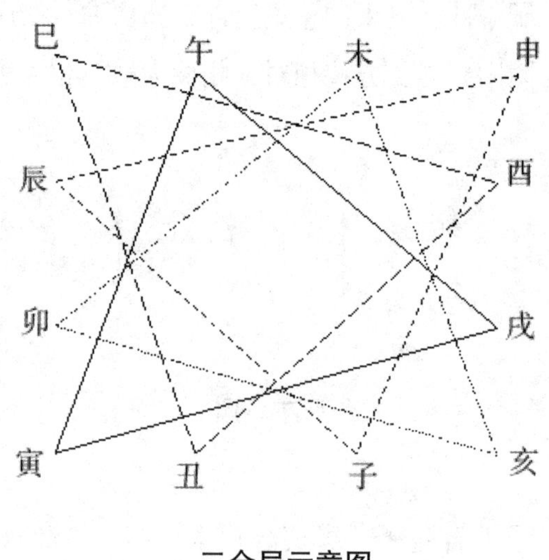

三合局示意图

十二支相刑：子刑卯为无理之刑；寅巳申为无恩之刑；丑未戌为持势之刑；辰午酉亥为自刑。相刑就是互相伤害，互相刑罚。

十二支配身体：子为耳，丑为胞肚，寅为手，卯为指，辰为肩、胸，巳为面、咽啮，午为眼，未为脊梁，申为经络，酉为精血，戌为命门、腿足，亥为头。

十二支配脏腑：寅为胆，卯为肝，巳为心，午为小肠，辰戌为胃，丑未为脾，申为大肠，酉为肺，亥为肾、心包，子为膀胱、三焦。

十二支配九宫

巳 辰 四宫	午 九宫	未 申 二宫
卯 三宫		酉 七宫
寅 丑 八宫	子 一宫	戌 亥 六宫

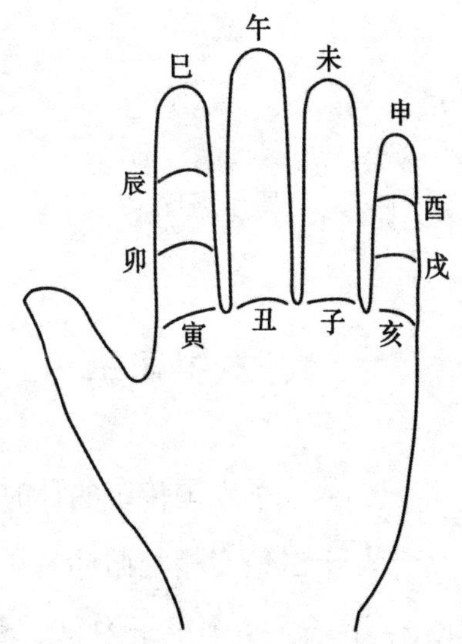

十二地支在手上的位置图

十、马　星

马星在奇门运用中表示动的意思，比如遇马星可能有外出、搬迁或工作调动之类的事情发生。寻找马星应以时辰来定，一般在地支三合局中第一个地支对冲的地方为马星。具体规定是：寅午戌三个时辰中任一时辰时，其马星在申位；巳酉丑三个时辰时，马星在亥位；申子辰三个时辰时，马星在寅位；亥卯未三个时辰时，马星在巳位（时家奇门预测中均用时上马星）。

下图内带圈的地支为马星。

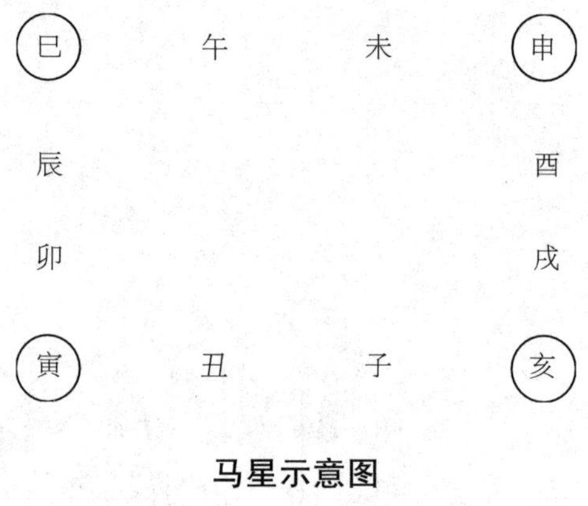

马星示意图

十一、六甲旬空

十天干与十二地支相配，构成了中国传统的计时法，二者相配是游动的，但又有规律性。十天干与十二地支相配循环一周为六十次，甲出现六次，二者相配一周称为六十甲子，一个甲子中每十天为一旬，甲为旬首，共有六个旬首：甲子旬、甲寅旬、甲辰旬、甲午旬、甲申旬、甲戌旬。因为十个天干与十二个地支轮流相搭配，六甲每一甲下总有两个地支轮空，这两个轮空的地支就为旬空，因此形成了六甲旬空。其形式如下：

甲子旬中戌亥空，甲戌旬中申酉空，甲申旬中午未空，

甲午旬中辰巳空，甲辰旬中寅卯空，甲寅旬中子丑空。

十二、日上起时诀

日上起时法是起局的重要基础知识，因为奇门遁甲起局要用年、月、日、时的干支，但万年历上只有年月日的干支，而时辰的天干则必须根据日上起时法来推出，其口诀方法均从子时上起算。口诀如下：

甲己还加甲，乙庚丙作初，丙辛起戊子，丁壬庚子居，戊癸推壬子。

也可见下表：

日干	甲己	乙庚	丙辛	丁壬	戊癸
子时干	甲	丙	戊	庚	壬

即甲己日从甲子起，乙庚日从丙子起，丙辛日从戊子起，戊癸日从壬子起，以此来推算出时干。操作时均从子位起算。

例：丙寅日的辰时，寻找时辰的天干时，其口诀是“丙辛起戊子”，即从子时上顺时针起戊子，就形成戊子、己丑、庚寅、辛卯、壬辰，辰时的天干就是壬。

下面再用图演示该例，实际操作时一般用左手的食指、中指、无名指和小指的关节和指尖代表十二地支，用大拇指做查找的工具。见下图：依口诀，丙辛起戊子，左拇指点住无名指的下端即子位，子位就是戊子，而后将拇指移向中指下端的丑位，同时天干也进一位，这就是己丑，拇指移向地支寅位时，天干就是庚即庚寅时，卯位为辛卯时，辰时必然是壬辰了，这样时上的天干就确定了。

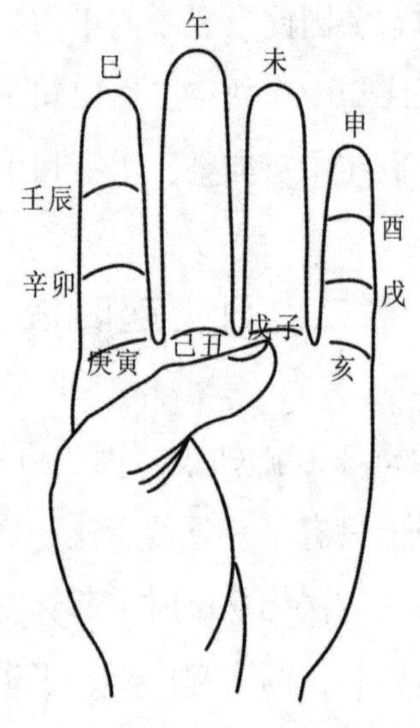

日上起时诀

十三、六十甲子

古人使用一个天干和一个地支分别搭配的方法来记年、月、日、时，十天干和十二地支的最小公倍数是六十，所以它们从头结合到底为一个循环，称为六十甲子。六十甲子与五音十二律结合起来，形成纳音五行，为了方便读者查找使用，表中还配了 1900~2039 年对应表。见下表：

六十花甲子纳音表

年号	公元	年命	年号	公元	年命	年号	公元	年命	年号	公元	年命	年号	公元	年命	年号	公元	年命
甲子	1924.1984	海中金	甲戌	1934.1994	山头火	甲申	1944.2004	泉中水	甲午	1954.2014	沙中金	甲辰	1964.2024.1904	覆灯火	甲寅	1974.2034.1914	大溪水
乙丑	1925.1985		乙亥	1935.1995		乙酉	1945.2005		乙未	1955.2015		乙巳	1965.2025.1905		乙卯	1975.2035.1915	
丙寅	1926.1986	炉中火	丙子	1936.1996	涧下水	丙戌	1946.2006	屋上土	丙申	1956.2016	山下火	丙午	1966.2026.1906	天河水	丙辰	1976.2036.1916	沙中土
丁卯	1927.1987		丁丑	1937.1997		丁亥	1947.2007		丁酉	1957.2017		丁未	1967.2027.1907		丁巳	1977.2037.1917	
戊辰	1928.1988	大林木	戊寅	1938.1998	城头土	戊子	1948.2008	霹雳火	戊戌	1958.2018	平地木	戊申	1968.2028.1908	大驿土	戊午	1978.2038.1918	天上火
己巳	1929.1989		己卯	1939.1999		己丑	1949.2009		己亥	1959.2019		己酉	1969.2029.1909		己未	1979.2039.1919	
庚午	1930.1990	路旁土	庚辰	1940.2000	白蜡金	庚寅	1950.2010	松柏木	庚子	1960.2020.1900	壁上土	庚戌	1970.2030.1910	钗钏金	庚申	1980.2040.1920	石榴木
辛未	1931.1991		辛巳	1941.2001		辛卯	1951.2011		辛丑	1901.2021.1901		辛亥	1971.2031.1911		辛酉	1981.2041.1921	
壬申	1932.1992	剑锋金	壬午	1942.2002	杨柳木	壬辰	1952.2012	长流水	壬寅	1962.2022.1902	金箔金	壬子	1972.2032.1912	桑柘木	壬戌	1982.2042.1922	大海水
癸酉	1933.1993		癸未	1943.2003		癸巳	1953.2013		癸卯	1963.2023.1903		癸丑	1973.2033.1913		癸亥	1983.2043.1923	

注：①音律是中国古代关于音乐和其权衡事物的一门学说，并且认为音律是万事万物的根本。古代的音律分为五音和十二律。五音为宫、商、角、徵、羽，十二律为黄钟、太簇、姑洗、蕤宾、夷则、无射、林钟、南吕、应钟、大吕、夹钟、仲吕。

十四、九宫八卦位置图

九宫是空间，是不动的。八卦分先天八卦和后天八卦，九宫和后天八卦相配，形成了九宫八卦图。其旺衰同五行旺衰。

巽卦四宫 属木 东南方	离卦九宫 属火 南方	坤卦二宫 属土 西南方
震卦三宫 属木 东方	中五宫 属土 （寄二宫）	兑卦七宫 属金 西方
艮卦八宫 属土 东北方	坎卦一宫 属水 北方	乾卦六宫 属金 西北方

第二部分　奇门遁甲预测原理

奇门遁甲号称“帝王之术”，《四库全书》认为其“于诸数术中，最有理致”。它是一个符号系统，所涉及符号都装在奇门遁甲模型中，借助这个模型可以进行思维，寻找事物的规律。北大于希贤教授讲：“凡是能建立数理模型的知识，它一定是科学的。”而科学的知识是能够重复的。奇门遁甲为什么最有理致？为什么是能认识事物规律的模型？我认为从以下四点可以看出：

奇门遁甲是一个时空数理模型。它是以时间、空间、数理三大要素构成的模型，这个模型的架构是多维的、立体的、运动的。三者之间互相联系，互相渗透，时间中有空间和数理，空间中有时间和数理，数理既是时间也是空间。其预测原理是从时间切入，以九宫为框架，装入八卦、九星、八门、八神、天干、地支等内容，根据节气、干支定局、布局，组成奇门遁甲格局，展示千变万化的信息。

遁甲模型依洛书而建，九宫纵横及对角之和均为十五，模型用数显示了宇宙的均衡性和相对稳定的秩序。任何事物均衡了才能相对稳定，稳定了才能形成秩序，没有秩序就没有规律，没有规律则无法认识事物，更无法预测事物的发展变化。该模型是有规律的，它既可以对企业进行预测，又可以指导企业决策和各种活动。

奇门遁甲是一个宇宙全息模型。山东大学张颖清教授于1985年创立了“生物全息论”，进而发展为宇宙全息论，该理论是一种广泛存在于物

质世界、自然界和人类社会文化的普遍法则。这一理论认为：全息系统与全息单位、全息元素之间存在着全息关系，宇宙间任何事物都是全息的。如：一根人的头发写有该人的全部信息；又如：一头牛的单细胞可以克隆出一头牛来。实践证明，奇门遁甲模型就是一个宇宙全息模型，该模型是一个全息系统。该系统中的九宫分别为全息单位，宫中的每一个符号又是全息单位中的全息元素。它们之间互相联系，互相作用，存在着全息关系。实际操作中，从奇门遁甲模型中的相关符号、相关单位可以反映出整个系统的信息，所以，奇门遁甲是一个能够预测事物发展变化的模型。

奇门遁甲是一个体现宇宙运动规律的模型。它含有事物的阴阳规律、运动规律、对立统一规律、量变到质变规律、物极必反规律、普遍联系规律、周期规律、波浪式前进规律八种规律。唯物主义认为：世界是物质的，物质是运动的，运动是有规律的，规律是可以认识的。奇门遁甲模型是可以认识事物发展变化规律的模型。

奇门遁甲是一个代入模型。现代企业经营活动中面临诸多因素，如企业外部的经营环境和法律，法规的监管环境、市场需求、竞争对手，企业内部如企业文化、管理者能力、员工素质、上下级关系、团队精神、产品质量、资金、利润、企业制度、计划、战略战术等因素均可用符号对应表示，代入模型中。根据符号的含义、时间和空间五行属性、旺衰、生克制化来判断企业的经营管理状况及成败关系等，并可依据模型中的综合信息对企业做出相应指导。因此，代入模型的各种符号与企业现实状况的对应性、严密性、规律性、重复性和可操作性等对现代企业活动具有一定的参考和指导意义。

一、二十四节气

二十四节气是地球绕太阳运行的规律，围绕太阳公转一周，计 365 天 5 时 48 分 46 秒，每年运行 360 度。太阳每运行 15 度所经历的时日称为

“一个节气”。通俗讲地球绕日每十五天左右就会经过一个点即一个节气，共经历二十四个点即二十四节气。每 24 小时还要自转一次。由于地球旋转的轨道面即黄道同赤道面不是一致的，它们之间有 23 度 26 分的夹角，从而使地轴保持一定的倾斜，所以一年四季太阳光直射到地球的位置是不同的。以北半球来讲，太阳直射在北纬 23.5 度时，天文上就称为夏至；太阳直射在南纬 23.5 度时称为冬至；夏至和冬至即指已经到了夏、冬两季的中间了。一年中太阳两次直射在赤道上时，就分别为春分和秋分，这也就到了春、秋两季的中间，这两天白昼和黑夜一样长。二十四节气在奇门遁甲中具有重要的作用。

二十四节气排列如下：

春分、清明、谷雨、立夏、小满、芒种、夏至、小暑、大暑、立秋、处暑、白露、秋分、寒露、霜降、立冬、小雪、大雪、冬至、小寒、大寒、立春、雨水、惊蛰。

在二十四节气中，古人最重八节，即所谓“四正”、“四立”。节气用公历日期换算如下：

四正：冬至（12 月 21-22 日）

春分（3 月 21-22 日）

夏至（6 月 21-22 日）

秋分（9 月 22-23 日）

四立：立春（2 月 3-4 日）

立夏（5 月 5-6 日）

立秋（8 月 7-8 日）

立冬（11 月 7-8 日）

以上四正（四仲）与四立又合称八节、八极、八风、八正等等，而且又为八卦之位。除以上八节外，在二十四节气中尚有其他十六个节气：

雨水（2 月 19-20 日）

惊蛰（3 月 6-7 日）

周易与商战

清明（4 月 5-6 日）

谷雨（4 月 20-21 日）

小满（5 月 21-22 日）

芒种（6 月 6-7 日）

小暑（7 月 7-8 日）

大暑（7 月 23-24 日）

处暑（8 月 23-24 日）

白露（9 月 8-9 日）

寒露（10 月 8-9 日）

霜降（10 月 23-24 日）

小雪（11 月 22-23 日）

大雪（12 月 7-8 日）

小寒（1 月 6-7 日）

大寒（1 月 20-21 日）

从以上节气对应的阳历中可以看到，上半年节气的阳历日期为 6 日或 21 日左右，下半年节气的阳历日期为 8 日或 23 日左右，上下一般只差一两天，为便于记忆可概括为：上半年 6、21（日），下半年 8、23（日）。也可参考下表：

芒种 6.6 小满 5.21 立夏 5.6	夏至 6.22　小暑 7.8　大暑 7.23	立秋 8.8 处暑 8.23 白露 9.8
谷雨 4.21 清明 4.6 春分 3.21		秋分 9.23 寒露 10.8 霜降 10.23
惊蛰 3.6 雨水 2.20 立春 2.4	大寒 1.21　小寒 1.6　冬至 12.21	立冬 11.8 小雪 11.23 大雪 12.8

古人认为，到冬至这个节气时，阴气达到顶峰，而阳气开始产生，叫做“冬至一阳生”；到夏至这个节气时，阳气达到顶峰，而阴气开始产生，称为“夏至一阴生”。

二、定局原理

奇门遁甲把一年分为阴阳二遁，阳遁从二十四节气中的冬至到夏至，阴遁则从夏至到冬至。二十四节气和八卦相对应，即八卦八方各对应三个节气，一年二十四节气正好对应八个卦。一个节气十五天，五天一局，每局用一个六十甲子，十五天三局。

以六十甲子推演，每天用一个干支，五天演一局，每五天中第一个天干不是甲就是己，甲和己就称为符头。同样在这五天中的上元里第一天的地支总是子午卯酉中的一个，中元里第一天的地支总是寅申巳亥中的一个，下元里第一天的地支总是辰戌丑未中的一个。依此，遁甲规定：子午卯酉为上元，寅申巳亥为中元，辰戌丑未为下元。

下图是一年二十四节气奇门遁甲用局表，该图的规律是：

1. 在上中下三元中分成三个独立的循环系统，那就是一七四、二五八、三九六。

2. 九宫中第一个节气第一局必是本宫数，如坎一宫第一个节气为冬至，冬至一七四，第一局为一数。

3. 每宫中三个节气的规律是：第二个节气在第一个局数上，阳遁加一数，阴遁减一数，如冬至后是小寒，加一数小寒第一局为二数。宫中第三个节气是大寒，第一局则为三数，三个节气横排是一二三。每节气三元规律是，两元（局）间隔五个数，阳遁顺加，阴遁逆减。如立春八五二，用完八局后，即九、一、二、三、四，下一局用五局；又如小雪五八二，用完五局后，即四、三、二、一、九，下一局用八局。所有奇门遁甲局中的符号排列均是有规律的。

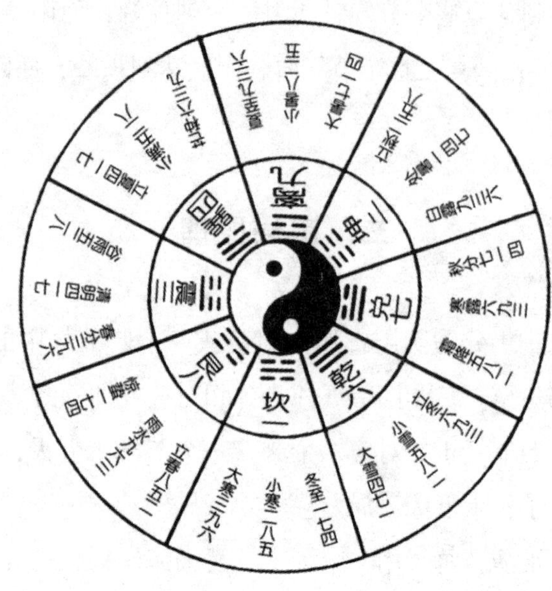

一年二十四节气奇门遁甲用局表

三、置闰和拆补

我们知道地球绕太阳一周即一年是365.242216天，这是天体运行的周期规律，奇门遁甲也遵循这一周期规律。奇门遁甲是360天演72局，余下5.25天怎么处理？为补足这一周期，自古就有置闰和拆补两种处理方法，置闰法是采用集中处理的方法解决，拆补法是用分散处理的方法解决。

置闰法：

也叫超神接气，即甲己符头与节气的关系。甲己符头在节气前面的就叫“超神”，甲己符头在节气后面的就叫“接气”，甲己符头与节气同时，就叫“正授”。如果超神超过九日，则需置闰。置闰必须在冬至之前，大雪之后。置闰法一般研究者不易计算，用局可查找奇门遁甲万年历。

拆补法：

是用“分散”处理之法，不需要专门安排置闰，多余的时间，自然随节气时间逐渐均分到二十四节中去了，这种方法可使用一般历书，再对照奇门遁甲用局表（见一年二十四节气奇门遁甲用局表）就可以确定任何一天的奇门遁甲局数。

其方法是：

1. 依万年历的日期，查出该日的干支历；

2. 根据奇门遁甲用局表确定该日所处的节气中的局数；

3. 按日干支符头的地支来定，子午卯酉为上元，寅申巳亥为中元，辰戌丑未为下元，确定该日为几局。

例：2005 年 11 月 18 日，查万年历为丙午日，节气为立冬六九三，阴局，丙午日的符头为甲辰，依据辰戌丑未为下元的规定，符头甲辰的地支为辰，故应用六九三的下元阴三局。

四、阴阳二遁顺序图

阳遁 1-9 宫形成一个顺排的闭环，阴遁 9-1 宫形成一个逆排的闭环，应用时按阳顺阴逆的顺序操作。

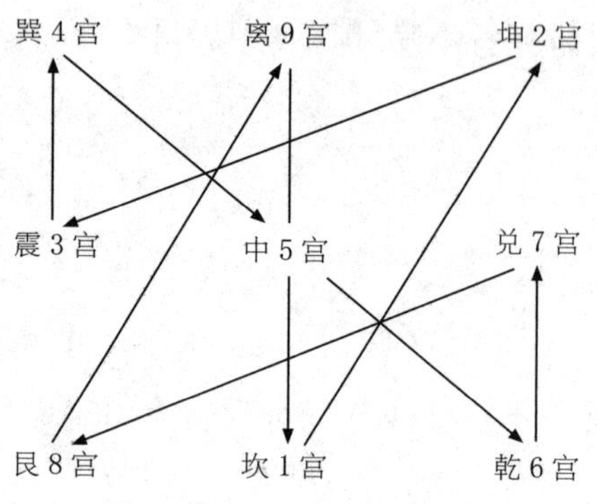

阳遁顺序图

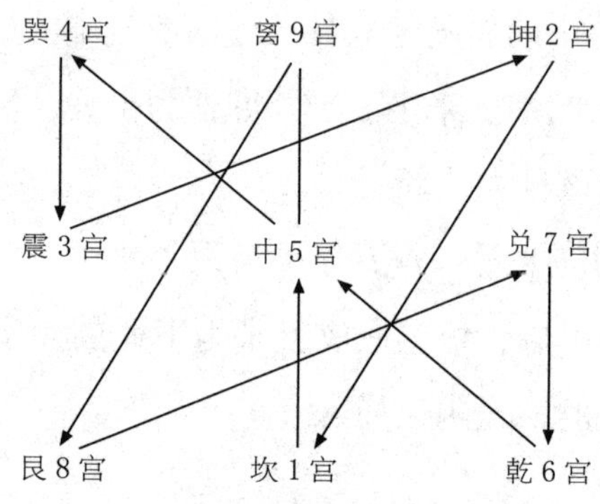

阴遁顺序图

五、三奇六仪顺序

六仪为戊、己、庚、辛、壬、癸六位。六甲甲子、甲戌、甲申、甲午、甲辰、甲寅六位分别置于戊、己、庚、辛、壬、癸六者之中，配合为甲子戊、甲戌己、甲申庚、甲午辛、甲辰壬、甲寅癸，六甲为六位将帅，其中甲子为元帅。三奇为乙、丙、丁，是元帅身边最得力的三个助手。

十天干将甲隐藏起来，剩下九干，以配九宫八卦阵。六甲分别隐藏在六仪之下，与乙、丙、丁三奇分占九宫。它们有固定不变的顺序和队形。

这个顺序和队形就是：

戊、己、庚、辛、壬、癸、丁、丙、乙

按阳遁一至九宫顺排，阴遁九至一宫逆排。三奇六仪在九宫中排列顺序的不同，是决定奇门遁甲不同局式的主要依据。

六、八神顺序、属性及吉凶

八神是古人在天人感应中发现的与九宫八卦有对应性质的八种神秘力量，它们是直符、螣蛇、太阴、六合、白虎、玄武、九地、九天。八神为神盘，八神顺序不变，阳遁顺时针排列，阴遁逆时针排列。

直符：禀中央土，为天乙之神，诸神之首，所到之处百恶消散。

螣蛇：禀南方火，为虚诈之神，性柔而口毒，可出惊恐怪异之事。

太阴：禀西方金，为阴佑之神，性阴匿暗昧。

六合：禀东方木，为护卫之神，性平和，司婚姻、交易中间介绍之事。

白虎：禀西方金，为凶恶刚猛之神，性好杀，司兵戈争斗杀伐病死。

玄武：禀北方水，为奸谗小盗之神，性好阴谋贼害，司盗贼逃亡、口舌之事。

九地：坤土之象，万物之母，为坚牢之神，性柔好静。

九天：乾金之象，万物之父，为威悍之神，性刚好动。

七、八门顺序、吉凶及属性

八门在奇门遁甲天、地、人格局中代表人事，所以在奇门预测中极为重要，特别是用神所临之门以及值使门与人间事物关系很大。

八门为：开门、休门、生门、伤门、杜门、景门、死门、惊门。八门为人盘，八门排列顺序阳遁、阴遁是一致的，均按顺时针排列。

开门：居乾六宫，属金，旺于秋，相于四季末月，休于冬，囚于春，死于夏。代表工厂、公司、商店、工作、父亲、上级、领导、法官、都市。利开店、求财、上官、赴任等。

休门：居坎一宫，属水，旺于冬季，相于秋，休于春，囚于夏，死于四季末月。代表公务员、机关科室人员，休闲。利接待、婚姻、求财等。

生门：居艮八宫，属土，旺于四季月，相于夏，休于秋，囚于冬，死于春。代表财利、利润、房地产、养殖。利求财造屋、上官赴任等。

伤门：居震三宫，属木，旺于春，相于冬，休于夏，囚于四季月，死于秋。代表车辆、竞争、博弈。利讨债、捕捉、赌博、泛猎等。

杜门：居巽四宫，属木，旺于春季，相于冬，休于夏，囚于四季月，死于秋。代表保密、闭塞、躲藏方向。利躲灾避难、防洪筑堤。

景门：居离九宫，属火，旺于夏，相于春，休于四季月，囚于秋，死于冬。代表学校、华丽、血光、闹市、文化娱乐场所。利献策筹谋、选士荐贤、火攻杀戮。

死门：居坤二宫，属土，旺于四季月，相于夏，休于秋，囚于冬，死于春。代表地皮、死人、坟地、凶灾、不愉快。利吊死送丧、刑戮战争。

惊门：居兑二宫，属金，旺于秋，相于四季月，休于冬，囚于春，死于夏。代表口舌官司、惊恐、律师。利斗讼官司、抢捕盗贼、蛊惑乱众。

开门、休门、生门为三吉门，杜门、景门为平门，死门、惊门、伤门为凶门。上述吉凶是指在一般情况下，在实践中要根据门的含义具体分析，不可一概而论。

八、九星顺序、属性及吉凶

九星在奇门遁甲中代表天时，即天体运动对地球和人类的影响。古人从常见的行星中，根据它们运转歇宿的位置，选择其中有代表性的九颗，分别与地上的九宫八卦相对应，九星分别为：

天蓬星、天任星、天冲星、天辅星、天英星、天芮星、天禽星、天柱星、天心星。九星为天盘，九星顺序不变，阳遁、阴遁均按顺时针排列。

九星旺衰不同于八门、九宫的旺衰，其口诀是：我生之月诚为旺，与我同行即为相，废于父母休于财，囚于鬼兮真不妄。例：天蓬星落三、四宫为旺，落一宫为相，落六、七宫为废，落离九宫为休，落二、五、八宫为囚。

天心星、天任星、天辅星、天禽星为吉星，天冲星、天英星为平星，天蓬星、天芮星、天柱星为凶星（吉凶指的是一般情况下）。

1. 天蓬星：居坎一宫，属水，旺于春，相与冬，休于夏，囚于四季月，废于秋。代表大盗、破财，也代表能做大事业的人。利安抚边境。

2. 天芮星：居坤二宫，属土，旺于秋，相于四季月，休于冬，囚于春，废于夏。代表病星、学生、佛龛。利交友。

3. 天冲星：居震三宫，属木，旺于夏，相于春，休于四季月，囚于秋，废于冬。代表武士、处事雷厉风行。利征伐战斗、报仇解怨、施恩交友。

4. 天辅星：居巽四宫，属木，旺于夏，相于春，休于四季月，囚于秋，废于冬。代表文化、老师、漂亮。利教育、经商、婚嫁。

5. 天禽星：居中五宫，属土，旺于秋，相于四季月，休于冬，囚于春，废于夏。代表方正、厚道之人。利见上级、经商、婚嫁。

6. 天心星：居乾六宫，属金，旺于冬，相于秋，休于春，囚于夏，废于四季月。代表医生、圆形、有心计之人。利医疗、经商、婚嫁、求谋、进见领导及兴师动旅。

7. 天柱星：居兑七宫，属金，旺于冬，相于秋，休于春，囚于夏，废于四季月。代表凶灾、破败。利建造营垒、训练士兵。

8. 天任星：居艮八宫，属土，旺于秋，相于四季月，休于冬，囚于春，废于夏。代表吉利、厚道之人。利安民、入官见贵、经商、婚嫁。

9. 天英星：居离九宫，属火，旺于四季月，相于夏，休于秋，囚于冬，废于春。代表烈性、砖窑等。利上官见贵、应举报书、出入远行、饮宴作乐。

九星旺相休囚表

旺相	旺	相	休	囚	废
春	天蓬	冲、辅	柱、心	任、禽、芮	天英
夏	冲、辅	天英	天蓬	柱、心	任、禽、芮
秋	任、禽、芮	柱、心	天英	冲、辅	天蓬
冬	柱、心	天蓬	任、禽、芮	天英	冲、辅
季月	天英	任、禽、芮	冲、辅	天蓬	柱、心

九、八门九星八神规律图（阳遁一局）

奇门遁甲这个数理模型分为地盘、天盘、人盘、神盘四层。

地盘即九宫八卦，一宫为坎卦，五行属水，代表北方；二宫为坤卦，五行属土，代表西南方；三宫为震卦，五行属木，代表东方；四宫为巽卦，五行属木，代表东南方；五宫为中宫，五行属土，代表中央；六宫为乾卦，五行属金，代表西北方；七宫为兑卦，五行属金，代表西方；八宫艮卦，五行属土，代表东北方；九宫离卦，五行属火，代表南方。

天盘即九星，讲的是天体运动对地球和人的影响。与一宫对应五行属水的天蓬星，与二宫对应五行属土的天芮星，与三宫对应五行属木的天冲星，与四宫对应五行属木的天辅星，与五宫对应五行属土的天禽星，与六宫对应五行属金的天心星，与七宫对应五行属金的天柱星，与八宫对应五行属土的天任星，与九宫对应五行属火的天英星。

人盘即八门，根据阴阳五行和八卦的原理，在不同方位对人和事物产生的影响。与一宫对应五行属水的休门，与二宫对应五行属土的死门，与三宫对应五行属木的伤门，与四宫对应五行属木的杜门，与五宫对应五行属土的死门（因五宫即于二宫，故也用死门），与六宫对应五行属金的开门，与七宫对应五行属金的惊门，与八宫对应五行属土的生门，与九宫对应五行属火的景门。

神盘即直符、螣蛇、太阴、六合、白虎、玄武、九地、九天。

下面是八门、九星、八神在阳遁一局的位置图。

六合 杜门辛 天辅星辛	白虎 景门乙 天英星乙	玄武 死门己 天（禽）芮星己
太阴 伤门庚 天冲星庚	壬	九地 惊门丁 天柱星丁
螣蛇 生门丙 天任星丙	直符 休门戊 天蓬星戊	九天 开门癸 天心星癸

十、纸上快速起局法[①]

第一步，先把阳历的年月日时换算成干支历。

第二步，根据节气和上中下三元的规律，确定求测日所用遁甲局数，是阳遁几局，或阴遁几局。

第三步，在纸上画一个井字形九宫格或者米字形八宫格，将一至九宫分别按奇门遁甲格局填在格内。

① 摘自《神奇之门》，张志春著。

第四步，在纸上一至九宫格内，按遁甲几局三奇六仪的排布规律，即戊、己、庚、辛、壬、癸、丁、丙、乙这个永定例、永远不变的顺序，将六仪三奇布在一至九宫格内。

第五步，找出预测时辰的旬首。比如乙亥时，甲戌为旬首；辛亥时，甲辰为旬首；戊戌时，甲午为旬首。即预测时辰是六甲中哪一甲大将在地盘值班，同时根据该甲所隐的六仪，即知道地盘上该甲在几宫值班了。

第六步，根据地盘上六甲中值班一甲所在宫位，即可找出与它对应的天盘上值班的九星之一，这就是值符；人盘上值班的八门之一，这就是值使。这样把这个时辰内的值符和值使就找出来了，并一一写在纸上。

第七步，根据“值符随时干”的规律，看预测时辰的天干在地盘几宫，就将值符直接写在这个宫内，同时将它原在地盘宫内的六仪三奇也随之写在它如今运转到的宫内。

第八步，值符落宫确定了，将其余八星连同它们原来地盘内所携带的六仪三奇也一一写在运转到的宫内，这样用事时辰天盘运行的格局就确定了。

第九步，根据“值使随时宫”的规律，将值使的八门之一按时间和宫位运行的顺序，确定它所落宫位，然后把它写在该宫格内。同时，将其余七门按固定顺序，一一写在其他宫格之内。这样，八门运转到问事时辰的格局也就一目了然了。

第十步，根据阳遁顺时针运转，阴遁逆时针运转的规律和小值符永远追随大值符的规律，将神盘中的小直符首先写在大值符所落宫内，然后，将螣蛇、太阴、六合、白虎（勾陈）、玄武（朱雀）、九地、九天按顺序一一写在其他七个宫内。这样，八神盘在问事时辰运行的格局也就确定了。

起局，就是列出奇门遁甲的时空数理公式，为了使读者尽快掌握起局方法，现举例说明该方法：

阳遁起局：以 2005 年 5 月 29 日 20 时 58 分为例。黑体字是每一步的步骤和方法。

第一步：换算干支历，即把阳历换算成干支历

2005 年 5 月 29 日 20 时 58 分

乙酉年辛巳月癸丑日壬戌时

(查万年历换算年、月、日干支历；按日上起时法得出时上天干壬。)

第二步：确定遁甲用局

2005 年 5 月 29 日 20 时 58 分

乙酉年辛巳月癸丑日壬戌时，**阳五局**

(置润局：可查奇门遁甲万年历得出所用局。拆补局：节气为小满，阳局，小满上中下元依次是五、二、八局，癸丑日的符头为己酉，依据符头子午卯酉用上元的规定，癸丑的符头地支为酉，癸丑日应用阳五局。)

第三步：画九宫格

2005 年 5 月 29 日 20 时 58 分

乙酉年辛巳月癸丑日壬戌时，阳五局

4 宫	9 宫	2 宫
3 宫	5 宫	7 宫
8 宫	1 宫	6 宫

(画九宫格，标出九宫宫数，若熟悉九宫位置就可以不标了。)

第四步：布六仪三奇

2005年5月29日20时58分
乙酉年辛巳月癸丑日壬戌时，阳五局

4宫乙	9宫壬	2宫丁
3宫丙	5宫戊	7宫庚
8宫辛	1宫癸	6宫己

（按戊己庚辛壬癸丁丙乙顺序，依据**阳局顺布**，几局就从几宫布戊的规定，**阳五局则在五宫起戊，六宫布己，七宫布庚，八宫布辛，依次类推**。）

第五步：找旬首

2005年5月29日20时58分
乙酉年辛巳月癸丑日壬戌时，阳五局，**甲寅旬**

4宫乙	9宫壬	2宫丁
3宫丙	5宫戊	7宫庚
8宫辛	1宫癸	6宫己

（壬戌时，旬首为甲寅，操作时可从壬戌上，逆推至甲，壬戌，辛酉，庚申，己未，戊午，丁巳，丙辰，乙卯，甲寅。）

手上操作时，将拇指放在戌位，因戌时天干是壬，故可从戌位上起甲，逆时针数至壬位，该地支寅就是逆推的甲位，也就是旬首甲寅。下面是图示：

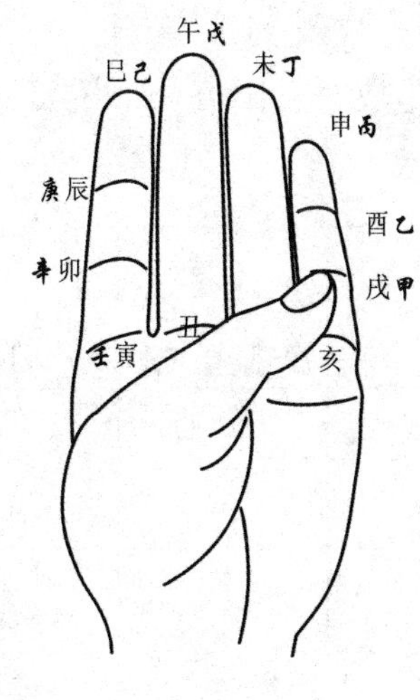

找旬首

第六步：确定值符和值使门

2005 年 5 月 29 日 20 时 58 分

乙酉年辛巳月癸丑日壬戌时，阳五局，甲寅旬，**天蓬星值符，休门值使。**

4 宫乙	9 宫壬	2 宫丁
3 宫丙	5 宫戊	7 宫庚
8 宫辛	1 宫癸	6 宫己

（根据值班大将甲寅隐于癸下，戌时甲寅（癸）在一宫值班，对应的九星是天蓬星，天蓬星就是值符，对应的八门是休门，休门就是值使。将它们写在纸上。）

第七步：值符随时干

2005年5月29日20时58分

乙酉年辛巳月癸丑日壬戌时，阳五局，甲寅旬，天蓬星值符，休门值使。

乙	癸 天蓬星 壬	丁
丙	戊	庚
辛	癸	己

（值符天蓬星随时上的干支壬，现时干壬在九宫，故天蓬星写在九宫，同时将天蓬星原来所在地盘宫内的六仪癸写在九宫壬上。）

第八步：布其他八星和天盘奇仪

2005年5月29日20时58分

乙酉年辛巳月癸丑日壬戌时，阳五局，甲寅旬，天蓬星值符，休门值使。

己 天心星 乙	癸 天蓬星 壬	辛 天任星 丁
庚 天柱星 丙	戊	丙 天冲星 庚
戊 丁 天芮星 辛	壬 天英星 癸	乙 天辅星 己

（顺时针依次将其余八星连同它们原来地盘内所携带的六仪三奇也一一写在运转到的宫内，天禽星寄二宫，随天芮星运转。）

第九步：排八门

2005年5月29日20时58分

乙酉年辛巳月癸丑日壬戌时，阳五局，甲寅旬，天蓬星值符，休门值使。

开门 己 天心星 乙	休门 癸 天蓬星 壬	生门 辛 天任星 丁
惊门 庚 天柱星 丙	戊	伤门 丙 天冲星 庚
戊死门 丁 天芮星 辛	景门 壬 天英星 癸	杜门 乙 天辅星 己

（值使随时宫，阳遁顺数，甲寅（癸）时休门在一宫值班，卯时休门则在二宫值班，辰时在三宫，巳时在四宫，午时在五宫，未时在六宫，申时在七宫，酉时在八宫，戌时就在九宫值班了，将休门排在九宫里，生门在二宫，伤门在三宫……依次顺排。这就是“值使随时宫”的规律。）

第十步：安八神

2005年5月29日20时58分

乙酉年辛巳月癸丑日壬戌时，阳五局，甲寅旬，天蓬星值符，休门值使。

九天 开门　己 天心星 乙	**直符** 休门　癸 天蓬星 壬	**塍蛇** 生门　辛 天任星 丁
九地 惊门　庚 天柱星 丙	戊	**太阴** 伤门　丙 天冲星 庚
玄武 戊死门 丁 天芮星 辛	**白虎** 景门　壬 天英星 癸	**六合** 杜门　乙 天辅星 己

（小直符随大值符，阳遁顺排八神，现大值符天蓬星在九宫，故小直符就写在九宫，然后依次顺排，塍蛇在二宫，太阴在七宫，六合在六宫，白虎在一宫，玄武在八宫，九地在三宫，九天在四宫。）

阴遁起局：以2005年11月19日18时21分为例（黑体字是每一步的步骤和方法）。

第一步：换算干支历，即把阳历换算成干支历

2005年11月19日18时21分

乙酉年丁亥月丁未日己酉时

（查万年历换算年、月、日干支历；按日上起时法得出时上天干己）

第二步：确定遁甲用局

2005年11月19日18时21分

乙酉年丁亥月丁未日己酉时，阴三局

（置润局：可查奇门遁甲万年历得出所用局。拆补局：节气为立冬节，阴局，立冬节上中下元依次是六、九、三局，丁未日的符头为甲辰，依据符头为辰戌丑未用下元的规定，丁未日应用阴三局。）

第三步：画九宫格

2005年11月19日18时21分

乙酉年丁亥月丁未日己酉时，阴三局

4宫	9宫	2宫
3宫	5宫	7宫
8宫	1宫	6宫

（画九宫格，标出九宫宫数，若熟悉九宫位置就可以不标了。）

第四步：布六仪三奇

2005年11月19日18时21分

乙酉年丁亥月丁未日己酉时，阴三局

4宫 乙	9宫 辛	2宫 己
3宫 戊	5宫 丙	7宫 癸
8宫 壬	1宫 庚	6宫 丁

（按戊己庚辛壬癸丁丙乙顺序，依据**阴局逆布**，几局就从几宫布戊的规定，**阴三局则在三宫起戊，二宫布己，一宫布庚，九宫布辛，八宫布壬，依次类推。**）

第五步：找旬首

2005年11月19日18时21分

乙酉年丁亥月丁未日己酉时，阴三局，甲辰旬

4宫　乙	9宫　辛	2宫　己
3宫　戊	5宫　丙	7宫　癸
8宫　壬	1宫　庚	6宫　丁

（己酉时，旬首为甲辰，操作时可从己酉上，逆推至甲，己酉，戊申，丁未，丙午，乙巳，甲辰。）

手上操作时，将拇指放在酉位，因酉时天干是己，故可从酉位上起甲，逆时针数至己位，该地支辰就是逆推的甲位，也就是旬首甲辰。下面是图示：

第六步：确定值符和值使门

2005年11月19日18时21分

乙酉年丁亥月丁未日己酉时，阴三局，甲辰旬，**天任星值符，生门值使。**

周易与商战

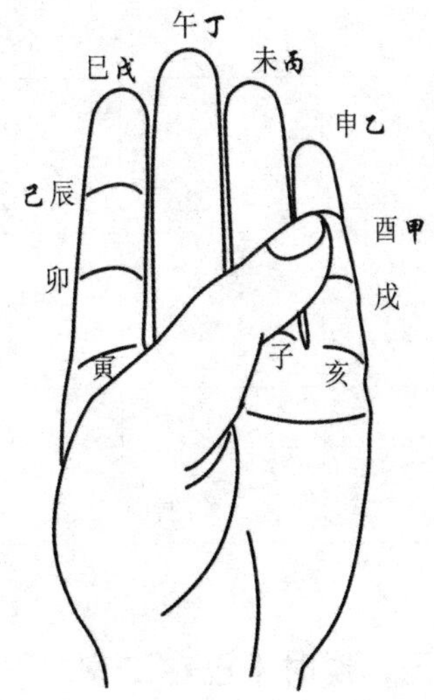

找旬首2

4宫　乙	9宫　辛	2宫　己
3宫　戊	5宫　丙	7宫　癸
8宫　壬	1宫　庚	6宫　丁

（根据值班大将甲辰隐于壬下，辰时甲辰（壬）在八宫值班，对应的九星是天任星，天任星就是值符，对应的八门是生门，生门就是值使。将它们写在纸上。）

第七步：值符随时干

2005年11月19日18时21分

乙酉年丁亥月丁未日己酉时，阴三局，甲辰旬，**天任星值符，生门值使。**

乙	辛	壬 天任星 己
戊	丙	癸
壬	庚	丁

（值符天任星随时干己，现时干己在二宫，故天任星写在二宫，同时将天任星原来所在地盘宫内的六仪壬写在二宫己上。）

第八步：布其他八星和天盘奇仪

2005 年 11 月 19 日 18 时 21 分

乙酉年丁亥月丁未日己酉时，阴三局，甲辰旬，天任星值符，生门值使。

丁 天心星 乙	庚 天蓬星 辛	壬 天任星 己
癸 天柱星 戊	丙	戊 天冲星 癸
丙　己 天芮星 壬	辛 天英星 庚	乙 天辅星 丁

（顺时针依次将其余八星连同它们原来地盘内所携带的六仪三奇也一一写在运转到的宫内，天禽星寄二宫，随天芮星运转。）

第九步：排八门

2005年11月19日18时21分

乙酉年丁亥月丁未日己酉时，阴三局，甲辰旬，天任星值符，生门值使。

伤门　丁 天心星 乙	杜门　庚 天蓬星 辛	景门　壬 天任星 己
生门　癸 天柱星 戊	丙	死门　戊 天冲星 癸
丙休门 己 天芮星 壬	开门　辛 天英星 庚	惊门　乙 天辅星 丁

（值使随时宫，阴遁逆数。甲辰（壬）时生门在八宫值班，巳时生门则在七宫值班，午时在六宫值班，未时在五宫值班，申时在四宫值班，酉时就在三宫值班，把生门写在三宫，这就是“值使随时宫”的规律。）

第十步：安八神

2005年11月19日18时21分

乙酉年丁亥月丁未日己酉时，阴三局，甲辰旬，天任星值符，生门值使。

太阴 伤门　丁 天心星 乙	**螣蛇** 杜门　庚 天蓬星 辛	**直符** 景门　壬 天任星 己
六合 生门　癸 天柱星 戊	丙	**九天** 死门　戊 天冲星 癸
白虎 丙休门 己 天芮星 壬	**玄武** 开门　辛 天英星 庚	**九地** 惊门　乙 天辅星 丁

（小直符随大值符，阴遁逆排八神。现大值符天任星在二宫，故小直符就写在二宫，然后依次逆排，螣蛇在九宫，太阴在四宫，六合再三宫，白虎在八宫，玄武在一宫，九地在六宫，九天在七宫。）

十一、格　局

古人经过实践，根据阴阳五行生克制化的原理和大量积累起来的吉凶应验的经验，归纳出一些吉凶的格局，供人们在预测中参考。

十干克应：

十天干在九宫中每宫的天盘（即在上边的天干）和地盘（即在下边的天干）相遇后发生关系的结果。下表是名称，表后边文内的十干克应是结果。

奇仪克应名称表

天盘／地盘	乙 日奇	丙 月奇	丁 星奇	戊 （甲子）	己 （甲戌）	庚 （甲申）	辛 （甲午）	壬 （甲辰）	癸 （甲寅）
乙 日奇	日奇 伏吟	日月 并行	人遁 吉格	青龙 合灵	墓神 不明	太白 蓬星	白虎 猖狂	小蛇 得势	华盖 逢星
丙 月奇	奇仪 顺遂	月奇 悖师	星随 月转	青龙 返首	火悖 地户	太白 入荧	干合 悖师	水蛇 入火	华盖 悖师
丁 星奇	奇仪 相佐	三奇 顺遂	奇入 太阴	青龙 耀明	朱雀 入墓	亭亭 之格	狱神 得奇	干合 蛇刑	螣蛇 夭矫
戊 （甲子）	利阴 害阳	飞鸟 跌穴	青龙 转光	伏吟	犬遇 青龙	太白 伏宫	困龙 被伤	小蛇 化龙	天乙 合会
己 （甲戌）	日奇 入墓	火悖 入刑	火入 勾陈	贵人 入狱	地户 逢鬼	官符 刑格	入狱 自刑	凶蛇 入狱	华盖 地户
庚 （甲申）	日奇 被刑	荧入 太白	年月日 时格	值符 飞宫	刑格 返名	太白 同宫	白虎 出刀	太白 擒蛇	太白 入网
辛 （甲午）	青龙 逃走	谋事 成就	朱雀 入狱	青龙 折足	游魂 入墓	白虎 干格	伏吟 天庭	螣蛇 相缠	网盖 天牢
壬 （甲辰）	日奇 入地	火入 天罗	互神 互合	青龙 入牢	地网 高张	金化 水流	凶蛇 入狱	蛇入 地罗	复见 螣蛇
癸 （甲寅）	华盖 逢星	华盖 悖师	朱雀 投江	青龙 华盖	地刑 玄武	大格	天牢 华盖	幼女 奸淫	天网 四张

下边十天干克应第一个天干代表天盘天干，第二个天干代表地盘天干。

甲甲：“双木成林”，伏吟万事闭塞阻碍多，宜静守为吉。

甲乙：“青龙合灵”，逢门吉事吉，逢门凶事凶。

甲丙：“青龙返首”，大吉大利，如逢迫墓击刑吉事也成凶。

甲丁：“青龙耀明”，谒见贵人，求名逐利皆吉。

甲戊：天克地，凶同甲甲。

甲己：“贵人入狱”，公私皆不利。

甲庚：“值符飞宫”，吉事不吉，凶事更凶。

甲辛：“青龙折足”，逢吉门生动方可谋为；若逢凶门主招灾失财。

甲壬：“青龙入天牢”，凡阴阳之事都不利。

甲癸：“青龙华盖”，门吉者招福，门凶者多怪异。

乙甲：“利阴害阳”，门凶迫，财破人伤。

乙乙：“日奇伏吟”，不宜谒贵求名，只宜安分守己。

乙丙：“奇仪顺遂”，遇吉星升官进职；遇凶星夫妻离别。

乙丁：“奇仪相佐”，文书吉，百事可为。

乙戊：同乙甲。

乙己：“日奇入墓”，被土所昧，门凶者必凶。

乙庚：“日奇被刑”，争讼财产，夫妻怀私，不融洽。

乙辛：“青龙逃走”，奴仆、部属或子女被拐走，六畜皆遭伤亡。

乙壬：“日奇入地”，长幼悖乱，奴欺主或官讼是非。

乙癸：“华盖逢星”，隐遁修道修仙，或流浪天涯。

丙甲：“飞鸟跌穴”，百事洞彻，不劳而获。

丙乙：“日月并行”，公私百事吉。

丙丙：“月奇悖师”，文书诉讼，逼迫、破耗、遗失。

丙丁：“三奇顺遂”，贵人得文书吉利；常人平静。

丙戊：同丙甲。

丙己："火悖入刑"，"囚人刑杖"，文书、出行得吉门则吉，得凶门转凶。

丙庚："荧入太白"，门户破坏，盗贼耗损。

丙辛："谋事成就敗糎 TSS‖，病人不凶。

丙壬："火入天罗"，为客不利，是非颇多。

丙癸："华盖悖师"，阴人陷害，灾祸颇生。

丁甲："青龙转光"，升官进职，宏图大展。

丁乙："人遁吉格"，加官进禄，婚财皆喜。

丁丙："星随月转"，越级高升，慎防乐极生悲。

丁丁："奇入太阴"，文书即至，喜事遂心。

丁戊：同丁甲。

丁己："火入勾陈"，奸私仇冤，事因女人。

丁庚："年月日时格"，文书阻隔，行人必归。

丁辛："朱雀入狱"，罪人释囚，官人失位。

丁壬："互神互合"，贵人恩诏，讼狱公平。

丁癸："朱雀投江"，文书口舌俱消，音信沉溺。

戊：戊头乃六甲所遁藏，所以看各干克应，故戊不列。

己甲："犬遇青龙"，门吉谋生遂意，上人见喜，门凶枉劳心机。

己乙："墓神不明"，宜隐居修道修仙。

己丙："火悖地户"，男者冤冤相害，女者必致淫污。

己丁："朱雀入墓"，文状词讼，先曲后直。

己戊：同己甲。

己己："地户逢鬼"，病者必死，百事不遂。

己庚："刑格返名"，词讼先动者不利，阴人（老婆）有谋害之情。

己辛："游魂入墓"，家冤作祟，惊怪之事。

己壬："地网高张"，狡童佚女，奸情伤杀。

己癸：“地刑玄武”，男女疾病垂危，词讼有囚狱之灾。

庚甲：“太白伏宫”，百事不可谋为，通常主换地盘。

庚乙：“太白逢星”，退守吉，进动凶。

庚丙：“太白入荧”，占贼必来，为客得。

庚丁：“亭亭之格”，因私匿起官司，门吉有救。

庚戊：同庚甲。

庚己：“官符刑格”，官司被重刑。

庚庚：“太白同宫”，官灾横祸，兄弟失和。

庚辛：“白虎干格”，远行车折，惊死。

庚壬：“金化水流”，远行走失迷路，男女音信茫然。

庚癸：“反吟大格”，行人到来，官司停止，生产母子俱凶。

辛甲：“困龙被伤”，官司破败，居抑守分则安，妄动则祸。

辛乙：“白虎猖狂”，家败人亡，远行多灾，尊长不喜。

辛丙：“干合悖师”，荧惑出现，占雨无，占晴旱，占时必因财致讼。

辛丁：“狱神得奇”，经商获倍利，囚人逢赦宥。

辛戊：同辛甲。

辛己：“入狱自刑”，奴仆背主，讼难伸。

辛庚：“白虎出力”，刀刃相折，主客相残，逊让退步，可稍安，强进则血溅衣衫。

辛辛：“伏吟天庭”，公废私就，讼狱自罹名。

辛壬：“凶蛇入狱”，两男争女，诉讼不息，先动失理。

辛癸：“天牢华盖”，日月失明，误入天网动止怪张。

壬甲：“小蛇化龙”，男儿发达，如意婴孩。

壬乙：“小蛇得势”，禄马光华，女人柔顺，占孕生子。

壬丙：“水蛇入火”，官灾刑禁，祸不单行。

壬丁：“干合蛇刑”，文书牵连，贵人匆匆，男吉女凶。

壬戊：同壬甲。

壬己："凶蛇入狱"，大祸将至，顺守者吉，词讼理曲、败诉。

壬庚："太白擒蛇"，刑狱公平，立判邪正。

壬辛："螣蛇相缠"，纵有吉门也不安，若有谋望被人欺瞒。

壬壬："蛇入地网"，外事缠绕，内事索索，吉门吉星，庶免蹉跎，动荡不安。

壬癸："幼女奸淫"，家有丑声，门吉星凶，反祸福隆。

癸甲："天乙会合"，婚财皆喜，有贵人相助成合，吉格，若门凶迫制有官非。

癸乙："华盖逢星"，贵人进禄，常人平安。

癸丙："华盖悖师"，贵贱逢之不同，上人见喜，常人技艺糊口。

癸丁："螣蛇夭矫"，文书官司，难逃火焚。

癸戊：同癸甲。

癸己："华盖地户"，男女占之音信皆阻，躲灾避难为吉。

癸庚："太白入网"，争讼力平，自甘堕落。

癸辛："网盖天牢"，占讼占病，死亡难逃。

癸壬："复见螣蛇"，嫁娶重婚，后嫁无子，不保年华。

癸癸："天网四张"，行人失信，病讼皆伤。

八门克应：

门加门，即飞移到另一宫的门加在所到宫不动的门上所产生的结果。门加奇仪，即飞移到另一宫的门和所到宫的天盘奇仪相加。下边第一个门是飞门，第二个门是所到宫的门，如开加休，即开门飞到坎宫，坎宫的门应是休门。又如开加辛，即飞门（开门）加天盘辛所发生的结果。

静应：

开加开：主贵人宝物财喜。

开加休：主见贵人财喜及开张铺店，贸易大利。

开加生：主见贵人，谋望所求遂意。

开加伤：主变动、更改、移徙，事皆不吉。

开加杜：主失脱，刊印书契小凶。

开加景：主见贵人，因文书不利。

开加死：主官司惊扰，先忧后喜。

开加惊：主百事不利。

开加戊：财名俱得。

开加乙：小财可求。

开加丙：贵人印绶。

开加丁：远信必至。

开加己：事绪不定。

开加庚：道路词讼，谋为两歧。

开加辛：阴人道路。

开加壬：远行有失，注意破财。

开加癸：阴人失财小凶。

动应：

开加开：六里六十里见贵人，及斗打者为应。

开加休；一里十一里逢四足畜相斗，妇人着皂衣，及文人言功名事。

开加生：八里十八里逢阴人并四足物，或阳人言争产财帛事。

开加伤：三里十三里逢夫人车马，随人弄火。

开加杜：四里十四里逢阳人急唱或僧道为应。

开加景：九里十九里逢贵人骑马或抱文书为应。

开加死：二里十二里逢老人啼哭或开土埋葬为应。

开加惊：七里十七里逢兄妹同行为应。

占身命：金水命者吉利，土命者平稳，火木二命主官司、疾病、破财，不利。

静应：

休加休：求财、进人口、谒贵吉，上任、修造亦大利。

休加生：主得阴人财物，谒贵谋望，虽迟也吉。

休加伤：上官喜庆，求财不得，有亲戚分产，变动事不吉。

休加杜：主破财，失物难寻。

休加景：主求文书印信事不至，反招小口凶。

休加死：主文印官司事不吉，远行，僧道事不吉，占病凶。

休加惊：主损财，招非并疾病、惊恐事。

休加开：主开张店铺及见贵、求财等喜事大吉。

休加戊：财物和合。

休加乙：求谋重，不得；求轻，可得。

休加丙：文书和合喜庆。

休加丁：百讼休歇。

休加己：暗昧不宁。

休加庚：文书词讼先结后解。

休加辛：疾病退愈，失物不得。

休加壬、癸：阴人词讼牵连。

动应：

休加休：一里十一里逢青衣夫妇歌唱为应。

休加生：八里十八里逢妇人下黑上黄，或皂衣公吏人。

休加伤：三里十三里逢匠人拿木棍或皂衣公吏人。

休加杜：四里十四里逢青衣妇人引孩童行唱。

休加景：九里十九里逢皂衣公吏人骑骡马。

休加死：二里十二里逢孝服人哭泣，更有绿衣人相伴。

休加惊：七里十七里逢皂衣人打足，妇人引孩童。

休加开：六里十六里逢人打架，叹气，畜物斗敌。

占身命：木命者大利，金命者脱耗，土命者灾疾，火命者大凶，丙丁、戊己、巳午、辰戌丑未、年月日时者不利。

静应：

生加生：主远行、求财、婚姻、生育吉。

生加伤：主亲友变动，道路不吉。

生加杜：主阴谋，阴人破财，不利。

生加景：主阴人、小口不宁及文书事，后吉。

生加死：主田宅官司，病主难救。

生加惊：主尊长财产、词讼，病迟愈，吉。

生加开：主见贵人，求财大发。

生加休：主阴人处求财谋利，吉。

生加戊：嫁娶、求财、谒贵皆吉。

生加乙：主阴人生产，迟吉。

生加丙：主贵人印绥、婚姻、书信喜事。

生加丁：主词讼、婚姻、财利大吉。

生加己：主得贵人维持，吉。

生加庚：主财产争讼破产，不利。

生加辛：主产妇疾病，后吉。

生加壬：主遗失财后得，贼盗易获。

生加癸：主婚姻不成，余事皆吉。

动应：

生加生：八里十八里逢皂衣人及朱衣贵人。

生加休：一里十一里逢皂衣人及扛钱人。

生加伤：三里十三里逢公吏人持棍或培土栽树。

生加杜：四里十四里逢人拿彩色物行喝，并长叹息者。

生加景：九里十九里逢贵人车马，相随多人。

生加死：二里十二里逢孝服人哭泣。

生加惊：七里十七里逢人赶畜及有人说词讼事。

生加开：六里十六里逢贵人车马，并有蛇咬猪者。

占身命：火土金命者大利，水木命者，不利，多厄难，更忌甲乙卯年月日时者，不利；若壬癸命主肿胀，凶。

静应：

伤加伤：主变动，远行折伤，凶。

伤加杜：主变动，失脱，官司，桎梏，百事凶。

伤加景：主文书印信，口舌，惹是生非。

伤加死：主官司印信凶，出行大忌，占病凶。

伤加惊：主亲人疾病忧惊，谋伐不利，凶。

伤加开：主见贵人、开张、走失、变动之事，不利。

伤加休：主男人变动或托人办事，财名不利。

伤加生：主房产、种植事业，凶。

伤加戊：主失脱难获。

伤加乙：主求谋不得，反防盗失财。

伤加丙：主道路损失。

伤加丁：主音信不实。

伤加己：主财散人死。

伤加庚：主讼狱被刑杖，凶。

伤加辛：主夫妻怀私恣怨。

伤加壬：主囚盗牵连。

伤加癸：主讼狱被冤，有理难伸。

动应：

伤加伤：三里十三里逢二车塞道争行。

伤加杜：四里十四里逢公吏人及木匠伐树，并有妇人抱小儿过。

伤加景：九里十九里逢色衣人骑骡马过。

伤加死：二里十二里逢埋葬及孝服人哭泣。

伤加惊：七里十七里逢人斗打及赶畜，并有妇人与少女同行。

伤加开：六里十六里逢人折墙安门解板，或二猪相咬。

伤加休：一里十一里逢老妇与少男同行。

伤加生：八里十八里逢人伐树，或培土。

占身命：水火木命者吉，金命者主病，土命者凶，官司刑仗。

静应：

杜加杜：主因父母疾病、田宅出脱事，凶。

杜加景：主文书印信阻隔，男人小口疾病。

杜加死：主田宅文书失落，官司破财，小凶。

杜加惊：主门户内忧疑惊恐，并有词讼事。

杜加开：主见贵人官长，谋事主先破己财，后吉。

杜加休：主求财有益。

杜加生：主男人小口破财，田宅求财不利。

杜加伤：主兄弟相争，破财不利。

杜加戊：主谋事不成，密处求财得。

杜加乙：宜暗求男人财物，得主不明致讼。

杜加丙：主文契遗失。

杜加丁：主男人讼狱。

杜加己：主私谋害人招非。

杜加庚：主因女人讼狱被刑。

杜加辛：主打伤人，词讼，男人小口凶。

杜加壬：主奸盗事，凶。

杜加癸：主百事皆阻，病者不食。

动应：

杜加杜：四里内逢妇人引儿孙着绿衣。

杜加景：九里十九里逢孕妇着色衣或公吏人骑赤马。

杜加死：二里十二里逢丧服人哭泣。

杜加惊：七里十七里逢歌唱、锣鼓声或人言公讼事。

杜加开：六里十六里逢歌唱及犬咬猪。

杜加休：一里十一里逢唱戏或皂衣妇人抱孩儿。

杜加生：八里十八里逢人扛钱或手拿食物并唱词。

杜加伤：三里十三里逢木匠拿木棍。

占身命：火命者发贵，水命者发富，木命者平稳，金命者疾病，土命者官司凶，若金年月日时者不利，如逢水火年月日时者吉。

静应：

景加景：主文状未动有预先见之意，内有男人小口忧患。

景加死：主官讼，因田宅事相争，惹麻烦。

景加惊：主官讼，女人小口疾病，凶。

景加开：主官人升迁，吉，求文印更吉。

景加休：主文书遗失，争讼不休。

景加生：主阴人生产大喜，更主求财旺利，行人皆吉。

景加伤：主姻亲小口口舌。

景加杜：主失脱文书，散财后平。

景加戊：因财产词讼，远行吉。

景加乙：主讼事不成。

景加丙：主文书急迫，火速不利。

景加丁：主因文书印状招非。

景加己：主官司牵连。

景加庚：主讼人自讼。

景加辛：主阴人词讼。

景加壬：主因贼牵连。

景加癸：主因奴婢受刑。

动应：

景加景：九里十九里逢人抱文书，更有火光惊恐。

景加死：二里十二里逢丧服人哭泣，色衣人骑马。

景加惊：七里十七里逢争讼斗打，宜避之。

景加开：六里十六里逢人成队行，官人骑马。

景加休：一里十一里逢女人哭泣与卖鱼人并行。

景加生：八里十八里逢小儿赶牛，人背钱以袋装之。

景加伤：三里十三里逢色衣女人坐车轿或乘骡马。

景加杜：四里十四里逢老少妇领黑衣子行。

占身命：主火灾。水命者大凶，金命者疾病，木命者中平，土命者富。若值金水年月日时者不利。

静应：

死加死：主官事稽留，印信无气，凶。

死加惊：主因官司不结，忧疑患病，凶。

死加开：主见贵人，求印信文书事大利。

死加休：主求财物事不吉，若问僧道求方吉。

死加伤：主官司动而被刑杖，凶。

死加生：主丧事，求财得，占病死而复生。

死加杜：主破财，妇人风疾，腹肿，阻绝凶。

死加景：主因文契印信财产事见官，先怒后喜，不凶。

死加戊：主作伪财。

死加乙：主求事不成。

死加丙：主信息忧疑。

死加丁：主老阳人疾病。

死加己：主病讼牵连不已，凶。

死加庚：主女人生产，母子俱凶。

死加辛：主盗贼失脱难获。

死加壬：主讼人自讼自招。

死加癸：主妇女嫁娶事凶。

动应：

死加死：二里十二里逢妇人二泣凶。

死加惊：七里十七里逢丧哭泣或死畜物类。

死加开：六里十六里逢开坟哭泣，或畜斗伤。

死加休：二里十二里逢青衣妇人哭泣。

死加生：八里十八里逢孝子拿生物大恸。

死加伤：三里十三里逢人抬棺椁。

死加杜：四里十四里逢埋葬及纸扎彩色物。

死加景：九里十九里逢重孝人哭泣退吉进凶。

占身命：主有孝服病死之凶，水木命并年月日时者大凶。余平。

静应：

惊加惊：主疾病，忧虑，惊恐。

惊加开：官事忧疑，能见贵人不凶。

惊加休：主求财事或口舌事，迟吉。

惊加生：主因妇人生产或求财事惊忧，皆吉。

惊加伤：主因商议同谋害人，事泻惹讼，凶。

惊加杜：主因失脱破财惊恐，不凶。

惊加景：主词讼不息，小口疾病，凶。

惊加死：主因宅中怪异而生是非，凶。

惊加戊：主损财，信阻。

惊加乙：主谋财不得。

惊加丙：主文书印信惊恐。

惊加丁：主词讼牵连。

惊加己：主恶犬伤人成讼。

惊加庚：主道路损折，遇贼盗，凶。

惊加辛：主女人成讼，凶。

惊加壬：主官司囚禁，病者大凶。

惊加癸：主被盗，失物难获。

动应：

惊加惊：七里十七里逢二女吵闹，傍人说打官司。

惊加开：六里十六里逢官吏役人争讼。

惊加休：一里十一里逢青衣妇人说官司。

惊加生：八里十八里逢女人引童子赶牛，小儿拿吃物。

惊加伤：三里十三里逢男女吵闹打孩子，宜退回，若强行，主车折马死凶。

惊加杜：四里十四里逢僧道同行，或男女同相商。

惊加景：九里十九里逢色衣妇人说官司。

惊加死：二里十二里逢女人哭泣及丧亡者。

占身命：主词讼、官灾口舌、血光之事。若丙丁巳午年月日时占者凶，甲乙寅卯年月日时占者亦不利。

为便于读者记忆，现把奇门遁甲局中的三奇六仪常用吉凶状态列表如下：

三奇六仪长生表：

凡事物处在长生状态时，则表示该事物正处在上升期，是一种吉利状态的表示，下图格局中天干均处于长生的位置。

庚 四宫	乙 九宫	壬 二宫
癸 三宫	五宫	丁、己 七宫
丙、戊 八宫	辛 一宫	六宫

三奇六仪禄地表：

凡事物处在禄的状态时，则表示该事物正处在收获的时期，单位盈

利，人则是收入颇丰，表示吉利。

丙、戊 四宫	丁、己 九宫	庚 二宫
乙 三宫	五宫	辛 七宫
八宫	癸 一宫	壬 六宫

三奇六仪帝旺表：

凡事物处在帝旺状态时，则代表事物正处在最旺盛期，吉利的表示。

丁、己 四宫	丙、戊 九宫	辛 二宫
三宫	五宫	庚 七宫
乙 八宫	壬 一宫	癸 六宫

三奇六仪入墓表：

入墓是指事物受到了限制，天盘入墓主事情遇到了麻烦，地盘入墓表示犹豫。入墓分入库和入墓，旺相为入库，衰为入墓，旺衰状态由月令判定。

辛、壬 四宫	九宫	乙、癸 二宫
三宫	五宫	七宫
丁、己、庚 八宫	一宫	乙、丙、戊 六宫

六仪击刑：

击刑是地支相刑（见十二支相刑），击刑表示事物受到了损伤或刑罚，如财产受损、人过度劳累，还代表单位改制、个人辞职等。三奇没有击刑，只有六仪有击刑。六甲隐于六仪下，甲子戊、甲戌己、甲申庚、甲午辛、甲辰壬、甲寅癸，所以，知道了六甲位置，也就知道了六仪位置，六仪击刑的位置规律只要记住地支申子辰、寅午戌即可。从下表中可以看到地支申子辰分别居于八、三、四宫，寅午戌分别居于四、九、二宫，与地支申子辰、寅午戌对应的天干庚戊壬、癸辛己只要进入该宫，就为击刑。

（甲寅）癸 （甲辰）壬 四宫	（甲午）辛 九宫	（甲戌）己 二宫
（甲子）戊 三宫	五宫	七宫
（甲申）庚 八宫	一宫	六宫

第三部分　商战预测原则

一、企业内部状况判断

市场经济条件下，带动企业生存和发展的两大车轮是经营与管理。企业经营是企业在市场拼搏创造价值的行为过程。企业经营的成败，大的方面说，要看企业对市场环境及市场机会的认知与把握；小的方面说，要看企业能否有效地整合各种资源，并制定出有效的市场开发策略。成功的企业经营总是建立在敏锐的机会洞察和有效的经营策略基础上。这就要求企业在任何经营行为启动之前，必须对影响企业经营的要素进行系统的诊断，科学地判断行业规模和发展趋势、国家政策、地方法规及相关关系人（相关部门）执行和变化情况、行业业态及相关组织如供应商、经销商、能源动力供应商的合作倾向，竞争态势及竞争者的竞争能力和竞争策略等。

企业管理是企业整合内部可控资源，以提高效率、避免失误、降低成本的行为过程。企业管理的成败，大的方面要看企业能否建立起行之有效的科学的管理体制和运行机制；小的方面说，企业领导能否做到知人善任，从而达到人尽其才，才尽其用。而要达到上述理想状态，则要求企业管理者对企业的生产条件、资金状况、人力资源素质、领导才能、企业计划、组织、执行力、合作倾向等关联要素彻底系统地掌握。“凡事预则立，不预则废”。只有清楚地掌握上述信息，企业才能发展出有效的管理策略，并在此基础上通过自身努力达成企业的管理目标。而无论是对市场环境及市场机会的评估和预测还是对企业内部资源能力的诊断，都必须要有一个有效的思维和操作工具。奇门遁甲就是一个有效的思维和操作工具，它同西方的思维和操作工具的不同点在于：一个是依据时空数理模型，一个是依据各种数据分析。例如：一个大的项目投资，西方的管理模式首先要耗费大量的时间进行调研，并写出可行性报告，报告中要用数据分析市场环境、投资成本、预期效果及风险等，报告中人为的因素不可避免。而奇门遁甲则从时间入手，可以很快根据时空数理模型中，代表各种因素的符号吉凶状态和相互作用关系产生的结果对上述内容作出判断。多年的实践经验证明，运用奇门遁甲预测可以起到西方管理理念和管理模式起不到的作用，当然，预测人对商战的预测水平也很关键。运用奇门遁甲对企业经营管理状况的判断，具体有以下七个方面：

1. 对被预测人状况判断

领导人的个性和价值导向直接影响到企业的经营方向和经营管理水平，因此，对于领导人的预测就尤为重要。对于企业领导人的预测主要从以下几方面进行：个性、心理和生理状态、情绪、领导能力、专业技能、外部资源整合、市场把握能力等。在奇门遁甲局里，日干（即日上的天干）代表被预测人，其吉凶表示被预测者的现状。任何事物都有规律性，规律是不同事物固有的，人也一样，每个人都沿着其自身规律呈波浪式在运动，被预测者是在波峰还是在波谷，能不能担当企业经理？经理当得怎么样？通过分析遁甲局中日干宫的格局就能加以判断。大体日干旺相又天地人三才合式即遇吉门、吉星、吉神、吉格则表明本人事业顺利，其人生规律处在上升阶段，反之则差。以下是对被预测人判断的具体原则，可灵活运用。

下表是日干与八神、八门、九星同在一个宫时产生的结果。

日干与八神关系表

八神	结　　果
直符	表明被预测人气宇轩昂，具备领导才能，善于当经理，其组织能力强或发挥团队作用好，遇事能妥善处理
螣蛇	主狡诈且易变化无常或被事情缠绕
太阴	主爱思考问题，利策划但易犯小人
六合	主善于接人待物、公关谈判
白虎	主脾气直爽，但容易受损或遇凶事
玄武	主暧昧、投机事，更要防受骗、被盗，办事不光明磊落
九天	主性格外向，做事利主动，但易好高骛远
九地	主稳重，利隐藏埋伏，但易钻牛角尖

日干与八门关系表

八门	结　　果
开门	表明事业顺利，利办企业，事情已经进行，遇事表示同意
休门	善做经纪人，但应加强竞争意识，博弈时利退却
生门	利求财，宜做银行、房地产等土木工程
伤门	宜做运输业和讨债，竞争意识强，应注意防受损
杜门	宜从事技术性较强的行业，利秘密行事或不想行动
景门	利文化、广告、酒店、娱乐等行业
死门	宜从事农业、屠宰、纺织、殡葬等行业，防口舌是非，遇事主不高兴或不同意
惊门	主惊恐，宜从事律师、教师等行业，应注意防官讼

日干与九星关系表

九　星	结　　果
天心星	表明被预测人有心计，且正直、善良
天蓬星	敢作敢为，表明可做大事业，也可能破大财
天任星	表明厚道宽容
天冲星	同主办事雷厉风行、敢说敢干
天辅星	主文化程度高或做事文雅
天英星	主脾气较烈，办事易急躁
天芮星	主爱学习、善结交朋友、贪财或身体有病
天禽星	表明正直大度，有帅才，按制度办事
天柱星	能言善辩，一般主凶

日干与时干（即时辰上的天干，代表下级）相生或比和，与下级关系融洽，若是领导者则属民主式管理形式。

日干克时干代表上级对下级管理到位，属严厉型管理者或对下级不满。

日干克直符或太岁（当年的年干，如庚寅年，天干庚就为太岁）主对上司有意见。

日干克月干主能克制住竞争对手和同级或对其不满。

凡时干月干、直符克日干，则表明下级、同级、上级对被预测人不满，也表明该企业内部不团结、凝聚力不强、团队精神差。

日干加于太岁之上，表明被预测人和领导关系好或有靠山。

直符、太岁、月干、生日干表明直接上级、最高领导、同事支持被预测人。

日干遇击刑表明极度难受、压力大、疲劳、损失、受伤、辞职。

日干入天盘墓表明无作为、遇事束手无策、能力得不到发挥或遇有棘手事。

日干入地盘墓主犹豫不决。

日干加丙主有权威或霸道，属集权式管理者。

日干加庚主逢白虎，也为飞干格，说明有阻力，与人打交道防人暗算。

日干加己主逢地户，表示隐讳、有私欲、多小恩小惠、办事手段不正当等。

日干加辛主罪错，表明被预测人的设想、所办的事情不正确或以前曾犯过罪错。

日干遇刑格主事业上不顺利、遭损失、受伤害等。

日干遇悖格，做事无序，易遭受损失。

日干逢壬癸天网地网难以发展，主凶，若逢地盘壬可能有出行、调动事。

日干与地盘天干逢合主因事被阻拦，暂时行动不成。

日干与地盘天干逢冲主求测人想行动或正在行动。

日干与开门相生或比和表明事业心强、工作顺利。

日干克开门表明不愿意在本单位工作或对企业不满。

开门克日干表示工作担子重或单位不愿意留任。

开门也代表政府执法机关，与日干生克表示吉凶。

庚克日干是仇人寻事，庚在外盘仇人只喊不来，庚在内盘仇人必来闹事。

日干克庚表明不惧怕仇人。

2. 企业整体状况判断

企业作为被预测的主体，在整个预测过程中是至关重要的。只有正确地预测出企业的整体状况，才能对症下药，给企业出谋划策，让企业在激烈的市场竞争中或走出困境，或做得更好，或立于不败之地。在奇门遁甲中以开门代表公司、企业、工厂、店铺、单位。

开门乘旺相带奇、吉星、吉神、吉格则企业规模大而效益好，处于蒸蒸日上的状态，反之则差。

开门与八神关系表

八　神	结　　果
直符	主企业兴旺，名气大，产品好
螣蛇	主产品作假、变质或惊恐怪异事多
太阴	主计划周密或小人煽风点火
六合	主被预测人拥有两个以上企业或工作
白虎	主企业遇困境或事故率高，有时也主发展快
玄武	主企业内部漏洞多、损耗大，有内盗现象
九地	主企业开办时间久或因循守旧
九天	主企业知名度高，发展快，扩张力度大

开门与九星关系表

九　星	结　　果
天蓬星	表明企业生意大或漏洞多
天任星	表明企业平稳
天冲星	表明企业红火，工作效率高
天辅星	表明重视企业文化或技术人员多
天英星	注重广告效应，如格局凶应防火灾
天芮星	企业新员工多，管理上漏洞多
天禽星	企业各种制度规范，发展平稳
天柱星	企业易出乱子
天心星	企业领导得力或前景较好

开门遇空亡主企业停产，若空亡逢天蓬星加凶格为破产。开门遇击刑可能改制。开门反吟、乘马星或格局逢冲为企业迁址。开门生日干宫者大吉，相比和不克制者次之，若开门入墓或反吟不利，开门落宫乘凶神凶格来冲克日干宫者则主凶。

3. 员工状况判断

企业是由人组成的集合体，企业无“人”则“止”。企业经营管理的主体是全体员工，办企业必须依靠全体员工的智慧和力量，保证经营的正确和经营目标的实现。所以预测和判断员工的状况，是整个预测过程中一个必不可少的环节。

在奇门遁甲中，值使门代表中层管理人员，乘旺相带奇、吉星、吉神、吉格则中层管理人员素质高、有管理能力，团队精神强，反之则差。

时干代表企业员工、部属，下表是对员工判断的参考依据。

时干乘八神

直符	员工正直
螣蛇	员工易变动
太阴	员工善思考、有思路
六合	员工众多或善谈判
白虎	员工直爽，格局凶易出伤灾
玄武	员工有偷摸、贪占或有不合道理行为
九地	企业人员臃肿，办事效率低
九天	旺为创新、向上、主动性强，格局差则好高骛远

时干乘八门

开门	员工素质高，能胜任所负责的工作
休门	格局好则吉，若格局凶，主员工工作量不饱和、闲散或懒惰
生门	员工素质好、收入高
伤门	格局好主员工工作积极，格局差易出凶事
杜门	格局好主技术性员工多，格局差主工作不主动
景门	员工有点子、活跃
死门	员工情绪低落
惊门	主员工忧虑、惊恐或有官讼事

时干逢九星

天心星	员工正直，工作善动脑筋
天蓬星	格局好主员工志向大，格局差易因工作失误造成损失
天任星	员工宽容，任劳任怨，勤恳工作
天冲星	工作雷厉风行，效率高
天辅星	员工文化程度高，文雅
天英星	员工活跃或性急
天芮星	员工中新员工多或要求不合理、欲望太高，尤其是待遇问题
天禽星	员工做事正派，遵纪守法
天柱星	员工易发生口舌和工伤事故

时干逢其他情况判断

地盘乙、丁	员工素质高，吉利之象
地盘丙	格局好则吉，格局差则员工厉害、无序、乱
地盘戊	可能因钱财有事
地盘己	有不合理的要求或不当行为
地盘庚	有阻碍，凶
地盘辛	员工有错误想法或行为
地盘壬	有流动之象
地盘癸	有要求或有阻碍事
逢空亡	缺少企业人员
天或地盘处禄地	员工收入高
遇击刑	员工劳累或极度难受
旺衰	逢旺则吉，逢衰则凶
天盘入墓	主员工无作为或能力得不到发挥

4. 决策状况判断

策划，即策略的谋划，是人们为取得未来的成功而进行谋划的活动，通常被称为“点石成金的魔杖”。策划的重要性在整个企业活动中占 80% 的比例。它是一种有着鲜明的谋略性、超前性、创新性和系统性特征的智力活动。经商是智慧之术，企业必须精心策划每一步行动方案，而每一步行动方案都要讲究战略战术。一个企业的领导人只有在错综复杂的商海中保持清醒的头脑，使自己制定的的规划、计划、决策正确无误，才能使企业在商战中保持不败。

西方战略方案的制定主要是依据 SWOT 分析等手段来分析企业的优势、劣势、机遇和威胁，从而尽可能制定出适应本企业及市场的规划、计划，他们的依据都是建立在具体数据上的。而奇门遁甲则依据时空数理模型中符号的生克制化原理，很快就能对企业的规划、计划的正确与否做出判断。在奇门遁甲中：

景门主战略、规划、计划、方案、战术、决策、广告、规章制度、账目。

景门宫旺相遇吉星、吉神、吉格、门宫相生主计划缜密、完善；反之计划杂乱，不完善，缺陷大。

景门空亡主没计划，旺相计划周密，衰主计划不严谨，逢辛主错误，逢庚有阻力，逢悖格主混乱，逢己主暗地、隐讳，逢合无法落实，逢冲和马星很快实施，生日干，或与日干比和能实现，日干克景门也能实现，景门克日干主该计划不符合实际，也落实不了。

景门与八神关系表

八神	结　　果
直符	主策划、计划完善
螣蛇	主变化无常
太阴	主策划周密
六合	主计划多
白虎	主计划仓促、漏洞多
玄武	主虚假
九地	主迟缓、陈旧
九天	主具有开拓性，但是格局差则主好高骛远、偏离实际

5. 资金状况判断

企业的资金犹如企业的血脉。没有资金，企业就供血不足，就会停止运转。企业资金投入错误或使用不当会使企业遭受经济损失。因此，预测判断企业状况时一定要对资金状况做出判断。

在奇门遁甲中：

甲子戊代表企业资金状况，旺则资金充足，衰则少，相合则被占压，相冲支出太快，说明留不住资金，逢己使用不当，击刑主损失，逢庚表明资金缺乏，空亡暂时无资金，入墓主资金被困，入库主资金暂时短缺。

6. 产品状况判断

产品作为可以直接进入市场，直接被顾客和消费者认识和评判的有形物质，代表着企业的实力和水准。从某种意义上说，产品代表着企业的形象，是联系企业、市场、消费者的桥梁和纽带。所以，对产品的预测不容忽视。在奇门遁甲中，时干代表产品、商品。前面论述了时干代表员工，这里怎么又代表产品呢？其实员工素质与产品是有联系的，员工素质决定产品质量，产品质量反映员工素质。预测时要依据实际情况及实践经验灵活作出判断。因为，运用奇门遁甲这种模型预测，只有形象思维和逻辑思维还不够，还应加上灵感思维。我认为灵感思维来源于预测人的大量实践经验，当然，这种灵感思维是建立在模型符号之上的，如符号的万物类象。操作中三种思维模式同时运用才能提高预测的准确率。在奇门遁甲中：

时干宫逢吉门、吉星、吉格、吉神表明产品质量为上乘，反之表明质量有问题或产品不符合市场需求。

时干空亡主产品缺乏。

时干入墓主产品质量差。

时干逢合主产品积压或受阻。

时干逢冲主产品生产快或销售快。

时干逢天芮星（纸张、棉麻品除外）、庚、辛、己主产品质量有问题。

时干逢击刑和刑格主质量有重大问题。

产品乘八神关系表

八神	结　　果
直符	主高级、完美
螣蛇	主产品质量不保或变质
太阴	主内在质量好
六合	主货多或品种多
白虎	主残次品多或损耗大
玄武	主假货
九地	主存放时间长或有利囤积
九天	主畅销或远销外地、名气大

7. 利润状况判断

企业追求的就是利润最大化，没有利润企业就无法生存和进行扩大再生产，也就无法满足人和社会的需要。企业的利润状况如何，既是被预测人最关心的问题，也是预测的一个很重要和关键的结果。在奇门遁甲中：

生门代表利润。生门宫生日干宫或与日干宫比和则得利，日干位于禄地也得利，日干宫生生门宫努力才获利；生门宫三才合式获利较易，三才不合式为得利较难，生门宫逢空无利润或减半；生门宫中的九星为财星，财星是衡量得财的尺度，旺为财厚，衰为财薄，得财数目参照宫的先天八卦、后天八卦及五行数来确定。

二、竞争对手状况判断

市场经济条件下企业之间的竞争是激烈的，商场如同战场一样残酷，和竞争者对阵，谁能预测市场前景，谁能把握商机，谁能驾驭市场，谁就

能在商战中立于不败之地。只要有商业活动就有商业竞争，有商业竞争就有竞争对手。因此，只有尽可能多地了解竞争对手的情况，做到知己知彼，才能在商战中针对对手的情况，找出能战胜对手或有利于我方的战略战术，做到百战不殆。

在奇门遁甲中：

日干为被预测人，时干为竞争对手、谈判对方，月干为同行，也为竞争对手。

以时干、月干的八门、九星、八神、天盘、地盘的奇仪、宫和月令的旺衰、吉凶及对我伤害与否来判断竞争对手和同行的状况。

下表是竞争对手与八神、八门、九星同在一个宫时产生的结果。

竞争对手乘八神

八神	结　　果
直符	主气宇轩昂、处事爽快
螣蛇	主变化多端、诡诈、缠绕
太阴	主阴谋策划、暗地行事
六合	主多、灵活、善谈判
白虎	主直爽、猖狂、凶灾
玄武	主暧昧、投机、小动作，做事不顾道德和法律
九地	主不动、迟缓或待机而动，还主固执
九天	主外向，主大张旗鼓开拓市场

竞争对手逢八门

八门	结　　果
伤门	主竞争力强、扩张、不让步
杜门	主行事秘密、不同意或技术性强
景门	主策略正确、红火热闹
死门	主烦恼或不同意
惊门	主口舌、官讼或忧虑
开门	主公开或同意
休门	主遇事退让、讲和
生门	主盈利、得利

竞争对手逢九星

九　星	结　　果
天冲星	主争斗性强、来势凶猛或办事雷厉风行
天辅星	主做事文雅讲道理
天英星	主脾气火暴、急躁
天芮星	主贪婪、欲望强或善结交朋友
天禽星	主正直、循规蹈矩
天柱星	主抵触性强
天心星	主有心计、做事严密
天蓬星	主魄力大或破财
天任星	主厚道、宽容

竞争对手与地盘结合情况的判断

乙	主文雅，入墓则犹豫
丙	霸气、乱，入墓犹豫
丁	主温和、灵活，若入墓犹豫不决
戊	一般与钱财有关
己	贪利，行事易暗中进行或不正当
庚	凶狠或有阻力
辛	不择手段或错误
壬	主有行动或遇有阻力
癸	逢天网阻力大或有不正当行为

时干、月干的落宫也很重要，时干、月干落宫中的八门与宫的生克关系及九星的旺衰、属性，预测时要仔细分析。

判断时，竞争对手克日干说明对我方不利，若临伤门又带庚克日干则凶；生日干与竞争对手可以和谈且有利；二者比和则和平相处；我方克竞争对手，主我方不惧对方；我方生竞争对手，主我求对方并愿意和谈。实践中应采取攻，守，还是和，则要依据格局全面分析、定夺。

三、商战状况判断

1. 求财的基本原则

在起好奇门格局后，要按所测事情的性质分析格局。求财一般以日干代表求测之人，时干为货物，六合为中介人，月干为同行；甲子戊为资本，生门为利润，飞临的生门宫中的九星为财星，财星的旺衰标志得财的多少；以甲子戊落宫为投入资本的数量或商品价格，生门落宫为利润的数量；值符为银行或放款人，以值使门为借款人，值符为行情。

生门宫生甲子戊宫或生日干宫必盈利，二者比和也盈利。日干宫临生门处禄地也可盈利或正在盈利。甲子戊宫生生门宫，再增加资金仍盈利。生门宫克甲子戊宫赔本，甲子戊宫克生门宫旺则盈利，衰则赔本。反吟局操心费力反赔本，伏吟局也主赔本，但宜讨债、买入货物及收敛财物。财星旺则利润大，反之则小，空亡也无利。得财时间和远近主要以甲子戊落宫与生门落宫来判断，二者同落内盘或同宫为近、为时间短，一内一外则时间长或远，如二者全在外盘则更远、时间更长。

景门宫格局凶合同有漏洞，丁奇逢庚、辛、壬、癸，手续及证件有问题或不易办理。开门宫克日干宫执法机关要干涉，值使门宫克日干宫主相关办事机构不同意。

求财应分清所求测事情的性质，不同的性质则有不同的预测原则，现将常用的十二类情况阐述如下。

（1）卖货时

日干为卖货方，时干为货物。反吟利卖货，时干宫克日干宫或逢冲货销得快，日干宫克时干宫主货主想尽快把货销出去，但成交迟缓，日干宫生时干宫一般是货主不肯卖货或价格不合适，，时干宫生日干宫货物卖不出去，日、时干二宫比和或同宫货能卖出。时干宫中格局逢合主货物积压。时干宫生甲子戊宫或生门宫可盈利，与二宫比和也盈利，若相克则不盈利。乘九天货可销往远方，乘九地积压有利，如还要涨价，暂不卖为宜。死加癸卖货易出凶事。

（2）买货时

日干为买货方，时干为货物。时干宫旺相，又遇吉门、吉星、吉神、吉格者表明货的质量上乘，反之质量差，此预测原则不管是企业进货还是个人商场购物均适用。如乘直符为高级，乘螣蛇易变质，乘玄武为假冒伪劣产品，乘九地货存放时间久，乘六合主货的品种多或数量多。伏吟利买货，时干宫克日干宫货买不进来，日干宫克时干宫买货人不想买，日干宫

生时干宫买货人想买进，时干宫生日干宫买货容易且有利，即使货的质量不好也有利，日、时干宫比和货能买进也有利，辛加壬一货卖两家，日干、时干宫乘玄武小心上当受骗，甲子戊处于长生、禄位、帝旺表明价格高，处衰病死价格低，处极刑可再降价。

(3) 贸易时

先购进再卖出，从中赚取差价的，可参照买货的预测原则进行。

(4) 中介求财

以日干为求测人，时干为对方，又以日干为买方，时干为卖方，六合为中介人。六合宫生日干宫，中介人偏向求测人或买方。六合宫生时干宫，中介人偏向对方或卖方。日干宫与时干宫的生克决定生意能否成交，若日干、时干落宫相比和，则双方公平交易，主成。二干有一方落空亡主交易不成。日干、时干二者谁生六合者，中介人则得谁的报酬。六合宫中的奇仪或门入墓，或该宫空亡，则小心欺诈隐瞒之事发生，六合宫中有癸、辛、己者中介人有私念，逢禄者必得经济利益。

(5) 合伙求财

日干为求测人，时干为合伙人。二者诚信程度，应以各宫的星、门、神、奇仪、格局吉凶分析，二者能否合作成看二宫生克决定，相生比合则成，相克不成，二者一方空亡也不成。二者乘直符者应担任负责人，逢丙厉害，凶格霸道。

(6) 办厂开店求财

办厂与开店不论大小，主要看开门与日干的关系。开门宫乘旺相带三奇，又吉星、吉神、吉格生日干宫者，则大吉大利；比和也吉利；开门宫临休囚状态，又凶星、凶神、凶格来冲克日干宫者必破耗赔本；开门逢空可能中途关张；伏吟不利，返吟半途而废。

(7) 买房买地求财

以值符为买方或卖方，生门为房产，死门为土地。生死二门乘三奇吉格为房地产质量好，反之质量差，生门宫空亡可能没竣工，死门宫空亡主没地气，生死二门宫乘吉格生值符宫主买后发达、升值快，二门不得吉格来生值符宫中吉，二者比和也主升值、赢利。二门乘休废之气，再有凶神、凶格来克值符宫者，主买后或卖后破财。值符宫若生此二门，主将来会因房地产遇到麻烦事。能否买上和卖出要看日干宫与时干宫的生克关系，其环境好坏将在其他书中作专门论述。

(8) 投资求财

甲子戊为资本，生门为利润。预测时主要看二宫的生克关系，兼看日干与时干宫的旺衰、生克关系。生门宫生甲子戊宫必盈利，若生门逢吉星、吉格或带三奇中途盈利顺畅；比和也盈利；甲子戊宫克生门宫虽盈利但不大；甲子戊宫生生门宫再增加资本仍可盈利；生门宫克甲子戊宫不盈利反赔本。

(9) 竞标

日干为预测人或投标者，时干为标，月干为竞争对手，值使门为招标具体负责人。时干生日干则能中标，时干克日干则不能中标，值使门克日干宫说明招标负责人不愿意让求测人中标，招标中有无暗箱操作现象要对奇门格局全盘分析才能得出结论，如时干宫中带癸、辛、己者，则有暗箱操作之可能。

(10) 赠与、意外得财

生门宫生日干宫可得财；日干乘玄武得不义之财或不劳而获之财；日干下临己主得暗财；日干处禄地状态或下临的奇仪为禄地状态也得财，反之，不得财。

(11) 贷款或借钱

值符为银行或出借人，值使为借款人。值符宫生值使宫或值使宫克值符宫可以借到钱；若值符宫克值使宫或值使宫生值符宫借贷不成；值符宫逢死门或杜门表明不愿出借；二者有一方逢空亡也主借贷不遂。

(12) 讨债

在经济交往中索要欠款以值符为债主，天乙即值符下临的地盘九星为

欠债人（如值符为天任星落震三宫，地盘的天冲星就为天乙，这时天冲星落在巽四宫）。

天乙宫格局好，临吉门、甲子戊旺相，表明欠债人有钱，甲子戊击刑、逢庚、逢合表示无资金、资金少或资金被占压。天乙若乘吉神、吉星则人性好、讲信誉，若乘玄武为赖账，乘螣蛇为狡诈，乘白虎为直爽或凶神气。天乙宫临开门能找到欠债人或同意还债，临死门不同意还债，临杜门为躲藏不愿见讨债人，空亡找不到人，临马星主外出，天干逢合主不想还债。

伤门主讨债人旺相、乘吉星、吉格则吉，休囚凶格则不利，生值符吉，克值符不吉。

预测时以值符、天乙、伤门三者所落之宫生克判断。伤门宫克天乙宫又生值符宫，天乙宫生伤门宫和值符宫能讨回欠债并有利息。伤门宫生天乙宫克值符宫，讨不回欠债。天乙宫克伤门宫欠债人无心还债，天乙宫休囚、凶门、凶格，虽想还债但无能力。伤门宫克值符宫，讨债人不愿意去讨。天乙宫与伤门宫同宫或比和能讨回。伤门宫空主讨债人没去讨要。遇伏吟利讨债，反吟则需反复讨要。

（13）经济官讼

求财过程中经济官司常会发生，预测时以值符为原告，天乙星为被告，开门为法官，景门为诉状，六合为证据，惊门为律师。

值符宫克天乙宫原告不让被告，天乙宫克值符宫被告不让原告。

开门入墓法官糊涂，开门乘玄武法官徇私情或有无理要求，开门逢庚、逢冲法官很快就判决，开门带丙主有权威，逢合因事不会立判，逢螣蛇与案子有牵连，逢空亡执法部门不管，逢癸、辛、己有私下交易，反吟需二审或经两个执法部门审理。

景门为诉状，得吉星、吉格、吉神者表明诉状言辞文雅，情况属实，有理有据，反之则言词激烈，状词不实或理据不全。若乘螣蛇诉状依据不清，乘玄武诉状事实颠倒，景门宫克开门宫诉状可被执法部门受理，开门宫生景门宫也受理，景门宫生开门宫及开门宫克景门宫则诉状不被受理，景门宫空亡不诉或还没诉至法院。

诉讼胜败判断：开门宫生值符宫原告胜诉，生天乙宫被告胜诉。开门宫克值符宫原告败诉，克天乙宫被告败诉。开门宫克值符宫和天乙宫，原被告各打五十大板，开门宫生值符宫和天乙宫且二者不相克调解可成。返吟须经二审或两个执法部门处理。

官讼中：日干入墓或逢罗网最好私下协商，以不打官司为宜。五不遇时测官讼有理也难胜。戊加丙原告失利，丙加戊被告遭殃，得遁格及三诈五假宜托人获胜，若逢玉女守门则有人背后捣鬼，须加小心。

2. 商战格局与策略

因为奇门遁甲是一个时空数理、宇宙全息、体现宇宙运动规律、可将企业活动代入的模型，且该模型又具有对应性、严密性、规律性、重复性和可操作性，所以，依据模型中的符号的阴阳、五行旺衰、生克、组合发生的作用，就可以模拟演示事物运动变化的规律，做到知己知彼，达到在商战中趋吉避凶、减少损失、立于不败之地。

奇门遁甲的经典著作《烟波钓叟赋》中对趋吉避凶有这样一句话：急则从神，缓从门。这个神不是鬼神的神，而是奇门中的一个符号——值符。也就是说遇事情紧急时可以向值符落宫方向去，事情不紧急时可以根据事物不同的性质，选择八门中不同门的方向和时间去做事。这和商战中抓住商机、选择黄金地段的战略思想是一致的，只不过西方的经营管理模式是建立在市场调研、数据分析基础上的，而奇门遁甲是建立在时空数理模型上的。由时空符号组合的固定格局模式指出了在现代商战中应采取的策略。是进攻还是防守，是竞争还是竞和，是变方式还是设计谋，是去找对方还是等对方来，要根据格局中反映的信息来确定。如伏吟宜买货，反吟利卖货，庚加丙利买货，博弈应采取进攻的策略，这种符号出现时就是商机来了，应立即抓住，否则会丧失商机；反之丙加庚应采取退守和迅速

放弃的策略，如遇投资时应退出。孙子兵法讲“上兵伐谋”，谋划是最重要的。再如企业在衰退初期，就应预知未来，退出市场或卖掉企业，以防止更大的损失。败退应“有序退却”，不能“兵败如山倒”等。根据来人预测时间，写出奇门局预先就能测出事情发展的结果，如规划、计划策略的正确性，投资盈利不盈利，房地产商的地产开发的可行性，企业产品的销售采取什么战略战术才能趋吉避凶，将事情做得更好，在商战中立于不败之地等。

奇门遁甲尤为重视主客，就是说商战中是主动进攻还是待机而动，是先发制人还是后发制人这就是为主还是为客的问题。用奇门遁甲指导商战应先在奇门局上分清主客关系，明辨奇门局上是主能取胜还是客能取胜，再去为“主”还是为“客”，运用奇门遁甲制定战略战术。

古人在《奇门遁甲秘笈大全》中对主客关系有精辟的论述。太公曰：“凡主客动静不定，变化莫测，故主客不定之象，或以先动为客，后动为主，或以动为客，静为主，或以先声为客，或以天盘为客，地盘为主，诸事总有用诀。成败胜负皆贵乎主以宾之紧要也。如出兵动众，以我为客，至彼地为主，或贼巢及贼所侵之城郭为主，或以阳为客，阴为主，或反客为主反主为客。若选将求贤，招兵买马，干谒访友之类，是我为客，彼他彼人为主。如有人来求我，或通知我，而我未知，是彼为客，我为主。如在对阵，或不在此对敌，再又分主客也。或此时交锋，若利客，宜先耀武扬威，放炮呐喊；若利主，惟宜偃旗息鼓，禁声而敌，埋伏取胜。”

“凡发兵须看贼巢远近，如发兵时交战，或不同时交锋，不可以先动为客。待临敌取主客，到时而用之可也。如此时主客不利，只宜固守。倘若急迫，或被围困，宜以计胜，或运筹闭六戊，或乘天马等类亦可。如国事，都省府县乡事，家宅官讼，坟茔，求谋名利，婚姻，行人，失脱，逃走，捕捉，即以地盘为主人，天盘为客人事。是多不能细述。大凡天盘诸星生合地盘为上，地盘生合天盘次之。如客生主为称意美满，进益多端；主生客为耗散迟延；主客比和，行藏皆遂；主克客及半实半虚，自败，虚花事为不果；客克主则战败无成，求吉格凶。故善用奇门者，先分主客，然后再明占法。如此时利主，我即为主，比时利客，我即为客。或以进为客，不进为主，在我心——不可执一。为客为主，任我可也。”

当今社会力主和谐，凡事追求双赢、共赢的最佳效果。很多情况下，事物双方关系不一定必须是此消彼长、你死我活的格局。商战每战必胜不一定是最佳方案，“不战而屈人之兵”为上策，耗费大量财力、人力战胜对手是中策，两败俱伤是下策。所以，如何既维护自身利益，达到既定经营目标，又兼顾对方利益和长远的合作与发展，找到二者最佳的切合点，有竞有合方为上策。从这个层面上看，古人的主客论在现代商战中仍具有深远的指导意义，关于主客论的原则，在商战中我们应认真理解，全面考虑，灵活应用。

按照上述原则在现代商战中应先把主客区分开来，区分主客大体把握下面几条：

先动为客，后动为主。

行动为客，静守为主。

先声为客，后声为主。

天盘为客，地盘为主。

在区分主客关系之后，还要依据格局判断此次商战或企业经营行动利主还是利客。

在奇门格局上，天盘和地盘的奇仪一般是以五行生克的原理来确定的，天盘奇仪克地盘奇仪或地盘奇仪生天盘奇仪利客，如癸加丙、丙加乙；地盘奇仪克天盘奇仪或天盘奇仪生地盘奇仪则利主，如壬加己、己加庚。但有一些特定的格局不一定依据奇仪的五行生克原理来确定。如庚加丙这一常用的格局，按五行生克原理，地盘丙火克天盘庚金，应利主方，但却利客；而丙加庚，天盘丙火克地盘庚金应利客方，但却利主方。这是古人长年总结的经验，我们在实践中应认真研读格局的论述和含义，仔细推敲后再去运用，万万不可轻易下断语，造成商战中的决策错误，从而导致商战失败。

在八神中九天利客，九地利主，在八门中伤门利客，休门利主，九星中天冲星利客，天辅星利主。

在八门、九星天地盘生克关系上，地盘宫生天盘星、门者则利客，地盘宫克天盘星、门者则利主；若天盘星、门克地盘宫者利客，天盘星、门生地盘宫者利主。天盘星、门与地盘宫比和主客皆有利。

在奇门局上分清了主客的胜败关系后，在商战中即可确定为主好还是为客好。如奇门局中显示有利主方，就应该选择为主的战略战术去进行商业活动和商战，如局中显示有利于客方，就应该选择为客的战略战术去进行商业活动和商战，为客为主任我选用。

在选主客时，应首重八门，次重奇仪，再看八神。

奇门遁甲格局中八门、九星、九宫、八神、三奇六仪在一定的时空下相互搭配形成的固定格局，反映了事物发展的规律和必然结果，根据这些格局的含义可以在商战中采取趋吉避凶的战略战术。下面列出一些在商战中常用的格局供大家参考：

反吟利客，遇事应先行动、先发制人，主进攻，宜乱中取胜，也主反复；

伏吟利主，遇事应后行动、后发制人，主不动，主待机而动，也主迟慢；

戊加丙、丙加戊返首跌穴求财唾手可得，商战必胜；

辛加丁经商获倍利，利行动；

日干乘值使门中介人效力，又主相关部门支持；

丁奇加值使门为玉女守门，本地经商获大利；

辛加乙、乙加辛虎狂龙走合作双方及竞争双方相互不信任；

癸加丁为蛇夭矫格，主反复无常且有口舌；

丁加癸为雀投江格，主货物售不出，还易招惹口舌是非；

庚加癸、庚加壬大格小格，求财难以觅利；

庚加己为刑格，丙与六仪相配为悖格，逢刑格、悖格求财尽早撤出，又主企业内部不团结；

日干入墓及逢壬癸罗网，纵见利而不能得手；

庚加戊、戊加庚为伏宫、飞宫格，主此地不如他地，即不能在此地做生意；

庚加日干、日干加庚为伏干、飞干格，主此人不比他人，即不宜和此人做交易，尤要防遭人算计；

五不遇时空费心力；

三奇入墓与刑制内部不协调；

日干、时干逢冲主速行动；

日干、时干逢合主不动或因事动不成；

六仪击刑主受损，主极度难受，此桩生意求财不得；

九天之上好扬兵，利进攻，产品则远销它方；

九地之下好伏藏，主迟缓，利囤积货物；

乘太阴利策划，也主有小人陷害；

乘六合利谈判或退却；

日干庚加丙主进攻，且利买货；

月干庚加丙是对方攻我；

丙加庚或临休门利退守，利卖货；

逢九遁格在商战中灵活机动、变换阵式才可取胜。

九遁格

格名	神盘	天盘	人盘	地盘	作　用
天遁		丙奇	生门	丁奇	利竞争、策划、建议、晋职、隐蔽企图、生意、出行；往来此方大吉
地遁		乙奇	开门	己	利隐蔽企图、建立营业网点、造房、谋为，百事皆吉
人遁	太阴	丁奇	休门		利调研、隐蔽企图、和谈、招聘、经营等
神遁	九天	丙奇	生门		宜声东击西、商业策划开路、塞河、培训等
鬼遁	九地	乙奇	杜门		宜出其不意、调研、设伏、攻虚等
风遁		乙奇	开、休、生门	巽四宫	如风从西北方来，宜顺风击敌；如风从东南方来，敌在东南方，不可交战
云遁		乙奇	开门	辛	在不墓破的情况下，宜隐蔽企图、设立营销网点、生产产品
龙遁		乙奇	开、休、生门	坎宫	宜掩捕敌人、水战、修桥、打井
虎遁		乙奇	生门	艮宫	最利隐蔽扩张销售渠道

逢三诈五假格商战时，应制定计谋才可以求得胜利。

三诈五假格

格名	神盘	天盘	人盘	地盘	作　　用
真诈	太阴	乙丙丁	开休生		宜表彰、隐藏、运筹机谋
重诈	九地	乙丙丁	开休生		宜招聘、取财、升迁、运筹机谋
休诈	六合	乙丙丁	开休生		宜合药治邪祈禳之事、运筹机谋
天假	九天	乙丙丁	景		宜竞争诉讼、见贵求官、建议、扬兵颁号、合作
地假	九地、六合太阴	丁己癸	杜		宜潜藏埋伏、退却、谋探私事
鬼假（神假）	九地	丁己癸	死		利埋葬、索债、捕捉、伏藏、鼓励表彰
物假	六合、九地	丁己癸	伤		宜埋藏伏藏、经营
人假	九天	壬	惊		宜捕捉逃亡

在商战中可能还会遇到一些意想不到的情况，现就常遇到的情况简述如下：

（1）测合伙人将来合作是否长久，是否分手，则专看日干、月干，凡一内一外盘则分手，如均内盘或均外盘则合，即使有矛盾也不会分开。

（2）测选谁去做某项工作最合适，要看开门所冲之宫的天盘奇仪，是何天干，则选该天干年命之人，也可选开门宫中的天盘年干之人去。

（3）商战调研是必不可少的手段，特别是对竞争对手的经营手段、商品质量、销售价格、商品销量及人员有关情况更应掌握，以做到知己知彼，有针对性地采取策略。

测调查以值符为我方、为派出机关，值使为调查人，庚为被调查单位、竞争对手。值符宫克庚宫，值使宫克庚宫或庚宫生值使宫，调查可以

成功，反之则不成功。

(4) 商战中，有时为战胜对手可能需要散布有利我方而不利对方的消息，测散布消息以丙为我方，庚为对方，玄武为消息。丙宫克庚宫或庚宫生丙宫，消息可散布，反之不能散布。玄武如落旺地，消息散布的范围广，落衰地，散布范围窄。

(5) 现实市场情况下，商业信息颇多，真假难辨。测消息虚实以景门为用神，景门宫上乘螣蛇、玄武为假信，遇空亡为无消息，景门宫旺相、吉星或带三奇为消息真实。

3. 商战判断思路

奇门遁甲模型是一个符号系统，这个符号系统是一个时空数理立体模型，就好像一间半透明的房子，预测者只要奇门知识掌握得好，有一定的实践经验，就可以从不同的方位看到室内的布局。奇门用神很多，其基本用神就有 64 个，判断时可以多用神，多角度，依据象、数、理去分析局中的用神，以求得正确的判断结果并给企业指导性的建议。

(1) 分清性质，找准用神

找准用神。用神是代表求测人和所测事情及与其相关联的人和事的符号。找准用神就抓住了事物的主要矛盾。求财或商战一定要弄清所测事情的性质、目的，否则就取不准用神，实战中不但测不准，可能会提出错误的建议，导致求测人求财不得，丧失商机，严重的还会造成重大经济损失。如时干生日干，测买货能成，且好货劣货都会盈利，但要测卖货则卖不出去。

(2) 明确状态，知己知彼

竖看各宫。一般是看用神双方宫中天盘、地盘、人盘与神盘之间符号的旺衰及生克关系。如诉讼，值符代表原告，天乙代表被告，开门代表法官，六合代表证据等。用神落宫的八门、九星、八神、奇仪及宫的旺衰、吉凶就代表了该用神的吉凶状态。求财和商战应先细察日干落宫格局，了解其旺衰，旺则利求财，衰则不利求财；坐开休生吉门宫或相生比和利求财，凶门宫相反；格局好有财，格局凶无财。再看计划、合同、政府、办事机构、上级领导、竞争对手及地理环境等各自宫内的旺衰吉凶状况。若求测人和对自己相助的用神宫旺相、得奇、得吉门、吉星、吉格则吉，反之，对手和对自己不利的用神宫旺相、得奇、得吉门、吉星、吉格则凶，对预测人的影响，应尽力做到知己知彼，百战不殆。

(3) 五行生克，断其结果

横看生克。一般就要以宫的五行看求测人与其他用神宫的生克关系即宫与宫的五行关系，但重大商业活动和其他大事则要兼看求测人的年命（出生年的年干）落宫。日干为主线，五行生克决断，假如日干或年命居震三宫克时干坤二宫时，则求测人伤他；时干艮八宫生日干乾六宫，是他来求我，事情易成；日干在兑七宫，时干在乾六宫，二者均属金，则公平相处，公平合理，其他用神之关系道理相同。

(4) 环顾全局，制定策略

权衡利弊。奇门遁甲局的九宫不是孤立的，它们是相互联系的，而且是运动的。如甲子戊为资本，其多少既要看天盘戊，又要看地盘戊，还要看旺衰、空亡、相遇之天干。商战中战略战术的制定，要仔细推敲各用神格局，全面环顾九宫局象，权衡各方利弊。如乘九天则应采用进攻之策略，乘六合则利谈判，遇悖格即使赔钱也应迅速退出，判断时切不可“瞎子摸象”、“井蛙观天”，要依据实际情况，提出切合实际的建议，指导求测人在激烈的市场竞争中规避风险，运筹帷幄之中，决胜千里之外。

第四部分　商战实例

例一　竞标宜沉稳，知彼料如神

房地产公司李老板想在外省竞标一座大理石矿。报名的有八家，因为心里没有底，不知自己能否竞标上，于是1月31号打电话向我请教。

看了格局，我肯定地说："竞标能中。"

李老板说："我现在在外地，过两天就回去，等我回去后再专门找你商量怎么能拿下这个矿，用什么高招拿下。不瞒您说，我就是想拿下这个矿。"

2月5号晚饭后，我被请到了他的办公室。李老板开门见山地说："老兄，我想拿的这个矿是个大理石矿。矿面积有32平方公里，中心材质比较好的有15平方公里。拿下这个矿还有个主要的好处，矿的附近有个大集团，他们生产产品使用的是大理石的碎渣料。我已经和这个大集团商量好了，如果我要是拿下了这个矿，我用大石材料，他们用我的碎料，还给我钱。经过测算，利润不薄。"

"这个大集团报名和你竞标了吗？"我问他。

"你先从奇门遁甲上看看他竞标报名了吗？"李老板反问我。

“从我这里看，他没有报名。”看了眼格局我回答。

李老板笑说：“是，这次竞拍一共有八个项目，他们没有报这个矿，他们嫌小。你果然厉害。”原来老李早已知道这个集团没有报名和他竞争。“我已经派人了解了这个大理石矿，比较理想，我就想坚决拿下这个矿。你给我出出主意，看我怎么样拿下它。”

我又问：“这个矿起拍价是多少？”

“83 万起拍。”李老板答。

我仔细看了看在本子上起好的格局，说：“商战首先要知己知彼，我先分析下你们双方的情况。格局显示，竞争方要跟你拼命竞争，而且他们抬得价格很高，要反复跟你竞价，他们的气势很旺。局上显示你想拿矿，但是很不高兴，你的气势不如对方高，也就是说你的实力没有人家实力大。”

李老板着急地问：“那我能不能拿下这个矿？”

“你能拿下这个矿，必须用点计谋，但价格高。”

李老板面露喜色：“你看多少钱能拿下来？”

“500 万或稍多点。”

“那你再看看竞争对手的心理底价是多少？”

“也是 500 万，你拿这个矿，价格确实有点儿高。”

“如果我跟对手协商一下，不要死拼行不行？”

“不行，对方气势很旺，他不跟你协商，这个想法儿行不通。”

“那你看看我用什么方法能拿下来？”

“具体方法，就是要反复竞争，要让你们的竞价人员信心十足，在对手面前表现出不屑一顾，从气势上要压倒他们。但是在具体标价问题上要后发制人，开始时要以最低的价码叫价，等最后的时候再加码出击。”

李说：“明天上午九点半正式开始竞标，你八点半就到我办公室吧，到时我们用电话打开免提，‘遥控’指挥他们现场竞标，我必须拿下这个矿。”

第二天早晨，我按时赶到李老板办公室，办公室里还有他的副总。

九点半整，竞标开始。我们从电话中听到了，竞拍师宣读竞拍规则……第五个竞拍项目是这座大理石矿。前四个项目，参加竞价方只有几轮就结束了。很快我们的竞拍项目开始竞标了。参加竞拍的只有我方和另一家。我方先报价，83 万，紧接着对方报 86 万。我方又报 90 万，对方报 95 万，开始时双方加价都很平稳，越往后，竞争越激烈，价格也被越抬越高。当对方报到 223 万的时候，国土局的干部在拍卖师耳边耳语了一下，拍卖师宣布休息三分钟，提醒竞价双方要冷静地考虑自己的报价。显然，国土局也认为这个竞拍价格出乎意料，中场休息让双方再做思考。三分钟后，竞价又开始。我方又加价 5 万，对方也不甘示弱。直到我方报出 348 万时国土部的官员又在拍卖师的耳边耳语了一下，拍卖师讲："大家再休息五分钟，双方在价格问题上要认真思考。"

休息期间，我对李老板讲："告诉你们的现场竞标人员不要着急，就 5 万 5 万地加价，对方的心理底价是 500 万，还早着呢，一定要稳住!"李老板在电话里跟现场的竞标员说了我的意见。

五分钟后竞价接着开始，对方又加价 15 万，报出 363 万的价格。这个时候从电话里就能感觉到竞标场上鸦雀无声，可见当时气氛很紧张。我方人员没有急着叫价，拍卖师喊出："363 万一次。"这时就听到我方人员报价："368 万。"又加了 5 万。对方又加了 20 万，报出了 388 万。我方竞标员仍按着我们的策略，5 万 5 万地加价。当我方叫到 498 万时，电话里传出了对方的话音："我要打个电话。"可能是拍卖师同意了他的申请，李老板对着电话指挥说："不允许。"这时，只听电话里我们的竞拍员大声说："我反对，我要申请十分钟的电话行吗？你允许吗？"但是我们的现场竞拍员反对无效。竞争对手还是出去打电话请示去了。

我对李老板说："看来对方的心理底价就是 500 万了。"

李老板说："他已经撑不住了，请示老板去了。"

很快，对方竞标员又加价 15 万，报出了 513 万。知道出击的时候到了，我方竞标员在对方刚一落音就加价15万，报出了528万。对方再也不报价了。竞拍师喊道："528万一次！528万两次！528万三次！"咱的一声，一锤定音，李老板竞下了这块矿。

竞拍过程中具体价格见下表：

报价次数	我方（万）	对方（万）	差额（万）
第一次	83	86	3
第二次	90	95	5
第三次	100	105	5
第四次	118	123	15
第五次	128	133	5
第六次	138	143	5
第七次	150	160	10
第八次	168	173	5
第九次	178	188	10
第十次	198	208	10
第十一次	213	223	10
第十二次	228	238	10
第十三次	243	253	10
第十四次	258	278	20
第十五次	283	293	10
第十六次	298	308	10
第十七次	313	318	5
第十八次	323	333	10
第十九次	338	343	5
第二十次	348	363	15
第二一次	368	388	20

（续表）

报价次数	我方（万）	对方（万）	差额（万）
第二二次	393	403	10
第二三次	408	418	10
第二四次	423	433	10
第二五次	438	448	10
第二六次	453	463	10
第二七次	468	478	10
第二八次	483	493	10
第二九次	498	513	20
第三十次	528		

奇门格局：

2010 年 02 月 05 日 20 时

庚寅年戊寅月丙戌日戊戌时，阳五局，甲午旬，天任星值符，生门值使。

空九地 伤门己 天心星乙	九天 杜门癸 天蓬星壬	直符马 景门辛 天任星丁
玄武 生门庚 天柱星丙	戊	螣蛇 死门丙 天冲星庚
白虎 戊休门丁 天芮星辛	六合 开门壬 天英星癸	太阴 惊门乙 天辅星己

分析依据：

1. 为什么说矿附近的大集团没有跟李老板竞标？

年干庚为太岁为大集团现落震三宫，庚宫克时干“标”，故没有报名竞标该大理石矿。

2. 为什么说李老板的竞争对手会把价格抬得很高，会反复竞价？

竞争对手为时干戊，戊处于长生状态，故会价钱抬得高。戊下临辛，为青龙折足，主损财。宫中丁下临辛，为官人失位，又上乘白虎，临天芮星，说明对方会不计后果的竞价。此局为反吟局，会出现反复竞价。

3. 为什么说竞争方的气势很旺，李老板的实力没有人家大？

“日干丙代表李老板落兑七宫，丙在死地，戊为月干为时干落艮八宫，代表对方在长生位，故说李老板的实力没有人家大。

4. 为什么说李老板能拿下这个矿？

戊为时干代表事体，代表矿，日干丙为李老板，时干生日干说明能拿下这个矿。

5. 为什么500万或稍多点能拿下这个矿？

戊代表价格，处长生位在八宫说明5、8数，戊上乘白虎说明价格高，综断应为500万或多点儿。

6. 为什么说竞争对手的心理底价是500万？

月干戊为竞争对手，戊为竞标的钱数在八宫代表五数八数，处于旺地，与实际联系，故推测对方心理承受能力为500万，宫中有丁加辛，对方会中途退出。

例二　方案是否行，遁甲亮红灯

CDMA网络开通一年了，仍起色不大。2003年领导班子分工我负责C网营销，分工前还发生了个小笑话。记得2月的一天，快到中午了，总经理到我办公室笑着说，下午开个经理办公会我们分一下工，想让你管C

网。一听这话，我当时不知怎么了，简直就是条件反射，屁股像被钉子扎了一样，嗖的一下，从座位上就站了起来说："我可不懂营销。"说出这话也是发自内心的。总经理知道我不想接受分工，仍笑着说，你能行，你就管吧。我也笑了，班子内就四个人，C网发展谁都清楚困难重重，你不管别人就得管，既然领导信任那就管吧。

下午，经理办公会分工我负责C网营销。

中国的通信改革蓬勃发展，手机网络正在快速发展，石家庄的手机网络也不例外，竞争是激烈残酷的。建了网络就得有手机用户，C网营销部就负责全市的C网用户发展。分工一个多月了，工作也不见起色，我心里别提多急了。C网营销部更着急，他们经过一天一夜的研究策划，拿出了五个营销方案，C网部经理说上午9点半汇报，到底这五个方案可行不可行？我起出奇门格局，想运用奇门遁甲提前了解一下五个方案的情况，格局显示：策划方案不行！只能求个小财；市场不认可；经销商和销售人员不赞同，必须再拿方案才行。奇门遁甲预测方案行不通，这是我最不愿意看到的，这五个方案行不通市场发展怎么办？一会儿开会怎么表态？市场不等人，不尽快出方案，C网市场怎么发展？市区网点、十八个县区网点、手机经销商都等着C网的营销方案出台，我作为C网发展的总指挥也不能说五个方案不行是依据奇门遁甲算出来的！思来想去，还是开会和C网部的策划人员共同研究吧，千万不能先入为主，不能以预测来管理企业。

会议共四个人，C网部经理说：我们根据市场调研策划了五个营销方案，给杜总汇报一下，看看哪个方案可行。我因为有了预测底数，但又尽量防止把预测结果带入会议，于是说："大家辛苦，我们把方案一个一个仔细研究，从市场、竞争对手、新老用户利益、运营成本、收益等方面考虑周到点，通过新的营销方案要搞出市场轰动效应，开创联通CDMA的新局面。"

由C网部的小姚汇报策划方案。

第一个方案大家通过讨论，认为对老用户的利益考虑不周，新方案会对老用户的利益产生冲突而被否决。

C 网从世纪公司接手过来时，原世纪公司网上有几万用户，这些用户身份较复杂，主要由一批高端客户和长期有号却不使用的客户组成，由于世纪公司放号初期开通了一些没有月固定资费的号段，致使一些号源占用，却仍有预存话费在里面，但这些用户呢，多是世纪发展初期的关系单位、大客户，而这些客户使用的号码是无卡号码，手机是机卡一体机，这种手机国内早已不再生产，市场只存在少量翻新机。如果新方案不兼顾考虑这部分用户，会导致这部分用户大量退网，对公司来说，势必会带来负面影响。

第二个方案对用户吸引力不大，考虑到效果不会明显，市场销售量不可能多也被枪毙了。

这个方案首先，C 网进价高。C 网手机终端与市场销售同类的 G 网手机终端相比，因为规模小、产量低，价格相比要高 20%左右，而且没有行货水货之分，而 G 网手机终端的大品牌水货，又能比行货低 10%~20%左右。这样，C 网手机价格即便不按包销商惯例留出利润空间来，单单是进价，就比市场同类手机高一大截，手机价一高，用户就不会买。

其次，G 网手机价格再度跳水。从 2002 年开始，各类彩屏、炫铃手机刚一进入市场，就迷倒一片消费者，而到 2003 年年底时，手机终端又遭遇到国产手机的压价风潮，波导、首信、中兴一大批国产手机，通过追仿进口手机样式、功能及只需进口手机一半左右的价格，把手机终端市场的利润削减到无以复加的地步。

另外，用户购机高峰刚刚过去。通信市场从 1998 年开始呈现爆发式增长，到 2003 年的时候，第一轮机卡同购的风潮已经过去了，市场上单独换号、单独购卡的占比达到 50%以上，所以该方案也被否定了。

第三个方案因为公司成本风险太大，而且风险全压在我方，也不能实施。

联通公司是个上市公司，财务制度决定了任何市场行为需要绝对慎重地考虑成本风险。

同时，联通公司是通讯行业的一匹黑马，从1998年进入河北市场，从无到有的过程，其渠道对代理商的依赖程度相当大。这种依赖或者合作，在利益双盈的时候是没有问题的。但一旦营销政策有大幅变化、优惠力度过大的时候，这些朝夕相处的代理商，就会像一头头狼一样，其趋利性的一面暴露无遗。他们会充分利用对联通公司流程的熟悉与了解，通过各种手段套取原本是联通投入给客户的优惠或利益，促销活动本来是喂草给羊，却变成散肉给狼了。这绝对与营销的初衷是相背离的，也与公司成本风险控制是相背离的。所以在第三个方案中，虽然活动吸引力足够，用户也会积极参与，但由于成本风险仅在联通公司一侧，在真正实施过程中，是不能够带来真正的用户的，此方案是绝对不可行的。

第四、第五个方案也因为一些市场方面的问题考虑不周而被一一否决。

一上午，五个方案均被否决，和我预测的结果完全一致。这次预测也体现了传统文化在现代企业管理中的作用。

五个方案被否决了，心里更急了，我要求C网部再辛苦一下，拿出切实可行的方案，明天再做研究。

又经过一天的策划，第二天上午，C网部拿出来一个详细的、目的明确又相对稳妥的营销方案，并用当时最具有吸引力的名字为这个方案起了个名字——“震撼”大行动，寓意这次活动将给通信市场、给用户带来前所未有的震撼。该方案主要内容是我们和手机经销商联合实施，即经销商把价值1200元的手机降价为398元，用户购买该手机须在三年内使用CDMA网络，用户每月消费的话费50%多从联通账上划给经销商。这一方案的实施把经销商和联通绑在了一起，形成了利益共享、风险共担。同时，在针对新用户实施政策的同时，还制定了详细周密、针对老用户的回馈政策，既很好地挽留了老用户，又平稳提升了他们对 C 网的使用。

手机便宜了老百姓都愿意买，大量的客户迅速被拢到了联通网下。这一方案在市场上起到了一定的轰动效果。

奇门格局：

2003 年 03 月 03 日 9 时 5 分

癸未年甲寅月乙亥日辛巳时，阳三局，甲戌旬，天辅星值符，杜门值使。

白虎 生门辛 天心星己	玄武 伤门丙 天蓬星丁	九地空 杜门癸 天任星乙
六合 休门壬 天柱星戊	 庚	九天空 景门戊 天冲星壬
太阴 庚开门乙 天芮星癸	螣蛇 惊门丁 天英星丙	直符马 死门己 天辅星辛

分析依据：

1. 为什么说市场不认可？

日干为我、为联通 C 网策划方案，现落艮八宫，时干辛为客户现落四宫，时干辛落宫克日干乙落宫，表明此方案不可行，市场不认可。时干辛落四宫为入墓，主策划方案没作为，不会达到预想的策划目的。

2. 为什么说这五个方案只能求小财？

时干辛代表策划方案，虽宫中临生门利润和处禄地的地盘己，但辛入墓，表明利润不大。日干宫中开加乙只能求小财，故此方案实施后只能求个小财。

3. 为什么经销商和销售人员不赞同这五个方案？

值使门为方案的具体执行人员即销售人员，现杜门为值使门落坤二宫，门克宫凶，宫中上乘九地主迟钝，临天盘入墓的癸主方案实施困难，地盘乙奇也入墓主销售人员犹疑，庚为白虎为阻隔，地盘庚主方案实施中会困难重重，该宫空亡，说明销售人员执行该方案心中没数，底气不足，综断销售人员不赞同策划方案。

4. 为什么要重新再拿方案？

日干乙奇落艮八宫，宫中开门加天盘庚，说明方案和市场需求不相符，九星反吟，天时不利，也表明重新再策划方案。

例三　主客奇门断，节省八十万

由于移动电话的普及，到 2002 年，寻呼业已濒临产品生命周期的终点。石家庄市的寻呼台由兴旺时的 41 家减少到 23 家，用户量锐减，多数商家入不敷出。按照领导班子的分工，今年联通石家庄分公司的寻呼业务由我分管。为了完成收入任务，单靠传统寻呼业务肯定不行，必须设法开拓新业务，寻求新的经济增长点，于是我决定召开业务分析会。大家提出：目前国民经济发展良好，各地货运量很大，利用寻呼网络搞货运信息服务可增加收入。我同意大家意见，责成寻呼部立即开展调研工作。

调研的结果显示：石家庄的货运寻呼网用户约 1000 户，乙寻呼台经营货运信息网已有多年，所有的用户都在这个网上，他们的经营是盈利的。

怎么办？要做这项业务，就得把乙寻呼台的用户争取过来，要争取就必须采取降价策略！估算了一下，降价后即使把全部用户网罗过来，我方一年内也不会盈利，真是取舍难定。正在这时，乙寻呼台货运信息服务费要涨价，用户为之哗然。于是，部分用户自我组织，委托石家庄最大的一

家货运停车场老板找上门来，想探讨一下联通是否可以开办货运信息网。洽谈中，老板同意把他的二百多个货运信息用户转到我们网来，还答应协助我们把其他用户也拉过来。此乃天赐良机，何乐而不为？我当即拍板，安排属下紧锣密鼓地筹划前期准备工作。

消息不胫而走，急坏了乙寻呼台经营货运信息网的李经理。5 月中旬的一天，他找到了我公司寻呼业务部的肖经理，讲明货运网用户量有限，如若两家经营，势必引起竞争，导致两败俱伤。他的来意是要规劝我们别再上这项业务，被我们肖经理婉言回绝。

遭到回绝的李经理，心有不甘地反复约我商谈。我以没时间为借口，推托不谈。

几天后，一个易友电话约我，说有几个周易爱好者慕名想见我一下，我推辞不过，只好赴约。

酒桌上，大家自我介绍，相互引见。最后介绍的竟是乙寻呼台的李经理，我恍然大悟，是李经理利用周易界的朋友借机相见，无疑，还是为货运网一事而来。

席间，朋友们纷纷求测，我一一满足了他们的要求。最后，李经理笑道："可否给我测一测？"我也正想测测货运网的事，便依格局对他说："你目前工作不顺，想调动。有关货运网的事，从格局上看，你将来会移交给我。我这样说，不代表联通公司，完全是以奇门遁甲格局说的，当然，交不交在你了。"我想，不如挑明了好，这格局里显示他的货运网秋后就要移交给我们公司了。

"是，我想调一下工作，你看现在调好不好？"李经理避开工作，先问个人之事。

"暂时不动为好。"我答。

"好，那我就听你的。情况是这样的，我在寻呼台有股份，现在也不敢动。货运网的事最好由一家搞。杜总，你们是大公司，是不是先暂停一下，你这一动，我网上用户都乱套了。我回去给集团总经理汇报一下，下

步怎么办，咱们两家再协商，你看行不行?”

学奇门，用奇门，局上显示利主不利客，须伺机而行。我应选择为主，不去和他硬拼，而是以最小的代价把用户拿过来，此为上策。若硬拼，必然在各方面都受损。对方让我暂停运作，我就依奇门办事，避免正面交锋，暂停货运信息网的筹备工作。于是，我大度地说：“行，咱是同行，按你说的办，我让寻呼部暂停货运网的工作，回去你向老总汇报一下再说。可话说回来，搞货运网是我们省公司的意见，我也顶不住，等你一个月行不行?”

“行，行，一个月时间足够。”李经理显然对我的答复很满意。

5月29日15时30分，李经理来谈货运网一事，提出要我方出资80万元，就把全省货运网上1200个用户转给我公司。真是狮子大张嘴，口气不小，我当即拒绝。虽是拒绝了，可下一步我怎么办呢？按现在的局上显示，仍是能接管过来。不过现在双方心理上都有虚诈之象，对方怕我方强攻，那我就来个“声东击西”，虚张声势，制造假象，指示寻呼部摆出誓做货运信息网的姿态，派人故意和货运网客户、材料供应商谈判业务，造成不再等待之势。

果然，李经理又主动找上门来谈判，由80万降到25万。这时，我方内部有人动了心，想接受这一条件，而我仍不答应，“声东击西”之计照常进行。7月28日李经理又来摊牌：他们老总同意3万元便把用户交给我方，并坚持一分钱也不能再降了。我算算时间，8月8号才到立秋，也就是说，按奇门预测的时机还不到，我仍未作答，其实我心里明白，对方立秋节后必交货运网无疑，我只不过做个样子促促对方罢了。

果然，立秋后不久，李经理口头通知我公司，无偿把货运信息网上的用户移交给我公司。我运用奇门遁甲术没费一枪一弹得到了货运网用户，还给公司节省了80万。

8月29日，两家正式签订移交协议。事后我们双方的合作也非常顺利。

而李经理本人经再三和他的老板协商，于 2002 年 9 月 26 日调出该公司，另求发展去了。

奇门格局：

2002 年 5 月 24 日 12 时 30 分

壬午年乙巳月壬辰日丙午时，阳七局，甲辰旬，天芮星值符，死门值使。

九地 死门丁 天辅星丁	九天 惊门庚 天英星庚	直符 丙开门壬 天芮星壬
玄武 景门癸 天冲星癸	丙	螣蛇 休门戊 天柱星戊
白虎 杜门己 天任星己	六合 伤门辛 天蓬星辛	太阴 生门乙 天心星乙

分析依据：

1. 为什么说李经理不顺？

大局伏吟主破财伤人，又主呻吟，从其坐南方的离九宫看，宫中惊门主官非口舌事，庚加庚主兄弟雷攻，官灾横祸，故断其不顺利。

2. 为什么断李经理要调走？

离宫中是李经理的不顺利状态，上乘九天则是远走高飞之象，又以日干壬为李本人看，现落坤二宫，虽伏吟主不动，但壬下临壬，壬主流动，寅午戌时马星在申宫，日干临马星，所以断李经理有调动之象。

3. 为什么劝李经理暂时不动为好？

大局伏吟，应暂别调动，如急着调动，则不利。

4. 为什么断立秋后李经理要把他经营的货运网用户交给我公司经营?

日干为我，时干为对方的货运信息网，日干、时干均落坤二宫，同宫比和，又逢开门，表明我公司和对方公司的大门开了，该网必归我。

待立秋后，该宫当令时，大门洞开，时干、日干、开门才能发挥作用，这就是应期。

5. 为什么要坚持为主的策略?

李经理提出让我公司暂停信息网的竞争工作，奇门讲：善用奇门者先分主客，然后再明占法。如此时利主，我即为主，此时利客，我即为客，或以进为客，不进为主，在我一心，不可执一。为客为主，任我可也。

该局大局伏吟，利主不利客，不进为主，我方虽有誓做货运网之势，但此时不进为上策，要待机而动。所以，我就势答应了李经理暂停竞争的请求。中途对方要我 80 万、25 万、3 万，我均不答应也是按奇门办的。要 3 万时，我仍不动摇是因时间不到。

结局证明我采用奇门决策的策略是正确的。

例四　汇出两千万，是否有风险

下午就开始下大雾，有朋友叫我我也没敢开车出去，等到晚上雾更大了。十点半多，我准备入睡，这时手机突然响了起来。

“杜总，我现在在外地的路上，马上就到县城了，有一家公司想借我的钱，让我打入 2000 万，你看有危险没有?”梁总焦急地问我。

“这么大雾，你也敢出门，你稍等下，我得看看奇门格局。”天气能见度这么低，梁总还冒着危险到外地，不用问，事情必然很急，不然不会冒这么大危险出远门。

约 15 分钟，我回答：“2000 万没有危险，你可以打过去，不过格局上显示你是做伪财。你的钱打进去是做什么用的呀?”

“你先别问干什么用，如果没危险我可就真打了!”

"可以打，没危险，不存在欺诈，不过时间要稍长一点儿。"

"多长时间?"

"我的格局上显示二数，应该是20天或22天，不可能是200天，因为你临马星。"

"我的钱是打进一个政府机关，他不会动我的钱吧?"

"不会。不过我看你的钱一定不是正道求财的事吧！但也不是犯罪的事，比如贩毒的事。"

"唉！坚决不做违法的事！那事找不到我，不过你说的比较准。不瞒你说，有一个公司想拿200亩地，我听说这块地要挂牌竞标，我也去掺和掺和。报名的单位押金必须先拿2000万，一般单位拿不起，这个公司想让我陪个标，我也怕危险，担心打进去2000万回不来。"

"反正格局上显示你是做虚假之事，但是你没危险，钱，你可以放心打。"

为了慎重起见，梁总到当地后，又反复调查，认为没有危险，和我预测的一致后，第二天，他才把2000万按时打进了对方账户。

事情发展果如所测，2000万元没出任何差错，只是晚了两天汇回来，本来规定20天打回账户的2000万，到第22天才把款打回来。

奇门格局：

2007年01月04日22时40分

丁亥年庚子月戊戌日癸亥时，阳二局，甲寅旬，天柱星值符，惊门值使。

马玄武空 杜门庚 天辅星庚	九地 景门丙 天英星丙	九天 死门戊 天芮星戊
白虎 伤门己 天冲星己	辛	直符 惊门癸 天柱星癸
六合 生门丁 天任星丁	太阴 休门乙 天蓬星乙	螣蛇 开门壬 天心星壬

分析依据：

1. 为什么说打2000万没有危险？

时干癸代表事体落兑七宫，时干宫中上乘值符，而有危险的玄武宫空亡，故表明此事没有危险。

2. 为什么说梁总做的是伪财？

日干戊代表梁总落坤二宫，宫中死加戊做伪财，故说明梁总做的是伪财。

3. 为什么说时间要稍长，是20或22天？

伏吟主时间长，时干癸在兑七宫，兑宫主二、七数，时干癸弱故取小数二数，因此判断为20天或22天。

例五　石狮虽镇宅，切勿乱安排

刘先生是印尼商人，在石家庄投资兴建了一座大型商厦，商厦前面是一个大型综合商场，西面是一家商场和电子城。刘先生打算在商厦的西部和南部各放上两头狮子镇宅，他说已找风水先生看过了。为此，他特地从福建定做了4头大石狮，石狮有1米多高，十分威武雄壮，说有镇宅避邪之功。虽然找风水先生看过了，但由于听人介绍过我，刘先生又特意找到我求测，问我能不能在商厦安放狮子。

我起局后答道："不行，首先，别人会公开反对，这事还可能招惹是非，引起争执；其次，如果你真把狮子放好了，别人不是把狮子砸坏，就是把狮子弄走。"

刘先生听后问道："这是为什么？"

我说："因为大家都知道狮子是避邪之物，你放在自己的商厦门口，表面上看似乎对你有利，但我这局上显示，对你却不利。你安放狮子的目的是为平安、生财，但若遭众邻里反对，招来灾祸，人、财必然受损，依我看不放平安，要放则招灾。你想想，你的狮子向南面咬人家大商厦，西面也咬人家另一个商厦，不用预测，换位思考，你干不干？"

刘先生感到很为难："硕大的狮子基座都建好了，狮子也运回来了，现就放在商厦的地下室中。如果不安放，岂不白白浪费了！"

我给他解释说："以奇门遁甲局上看，凡事宜伏不宜动，如主动做事，则招凶灾，而且必然会引起争斗，破财伤人。"我建议他以和为贵，不要得罪友邻，狮子就不要放了，这样于己于人都有好处。

刘先生的手下坚持要安放狮子，刘先生无奈，又请我到现场对商厦周围进行观测。南门和西门各有两个建好的狮子基座，不放狮子，每个门口像是两个石头平台，若放上狮子则对周边几个商厦摆上了虎视眈眈的四尊凶神恶煞，我仍坚持不要摆放。于是刘先生听从了我的劝告。直到现在，刘先生也没安放狮子，并且，和周围的商家也都相处得十分友好。

奇门格局：

2000年9月15日　14点50分

庚辰年乙酉月丙子日乙未时，阴六局，甲午旬，天冲星值符，伤门值使。

六合 休门戊 天心星庚	太阴 生门癸 天蓬星丁	螣蛇 伤门丙 天任星壬
白虎 开门乙 天柱星辛	己	直符 杜门辛 天冲星乙
玄武 己惊门壬 天芮星丙	九地 死门丁 天英星癸	九天 景门庚 天辅星戊

分析依据：

不摆放狮子的理由有四点，现分析如下：

1. 丙为刘先生落坤二宫，丙加地盘壬，主“火入天罗”，为客（主动者）不利，是非颇多。说明若要安放狮子，必产生很多是非，宫中临伤门也必会发生争斗损伤事。

2. 丙为刘先生，该宫属土，月干乙为周边商厦落震宫属木，正克日干刘先生，且震宫中上乘白虎主凶灾，临开门主公开。说明若要放狮子，周边商厦会愤怒，会公开和刘先生闹事。

3. 时干乙奇也落震三宫，时干克日干，招若是非，又时干又代表狮子，乙加辛，龙逃走，上乘白虎。说明若安放狮子，不是被砸坏，就是被拖走，属破财伤人的局。

4. 该局九星反吟，主做事半途而废，即使摆上了也要移走。故建议不要放狮子。

例六　“下海”不听劝，赔掉三百万

1996年12月26日，单位的张女士到保卫处找我，乐呵呵地说：“老兄给算算，咱今天算什么事?”我说：“别开玩笑，有事测，没事回去干工作。”小张说：“真有事，帮帮忙，帮帮忙。”我问：“什么事?”小张说：“考考你，他们都说找你预测不用说什么事，你都能测出来，我也来试一把。”无奈，我只好起局。

看了看局象，我对她说：“你爱人想辞职，去赚大钱，是不是这个事?”小张说：“是，还真对，今天找你就是让你给出个主意。”

原来小张的爱人是某局副局长，准备停薪留职，下海经商办厂，已通过关系准备贷款300万，事情谈得已有点眉目了，这么大的款项小张不放心，找我预测这事行不行。我测完后摇摇头，很认真地对小张说：“依我看，千万别让你爱人辞职，办厂更不行，放着局长不好好当，下什么海呀?在这里他们领导支持他，回去赶紧劝劝你爱人别辞职，如果他不听，三百万非赔光不可。”小张一听，也严肃了，说：“他当不当局长我不在乎，就怕贷这300万赔了，到时候连利息也还不了怎么办?”我劝小张说：“根据我的预测经验，千万别让你爱人办厂，你要是不听我的劝，真要办厂，什么时间你爱人赔得差不多了，你给我打个招呼，咱们验证一下。”

后果如我所测。1998年4月16日，小张到我新调入的单位中国联通河北分公司人事部找我，一进门就一脸沮丧，说：“老杜，让你算准了，我爱人辞了职，通过关系贷了300万，一年时间300万全没了。上次你预测后，我坚决反对他办厂，我爱人就是不听，现在他账上一点钱也没有了。前两天请客，跑到家里拿了1000块钱，我急得没办法。”我问：“300万不是个小数，怎么没了?”小张说：“我简单给你算一下，银行利息30万，买了两辆汽车38万，费用30万，另外搞了3笔生意都没赚。第一笔是1997年7月办了一个科技有限公司，投进去50万，生产电子防火开关，因产品落后，价格又高，没几个月就完了，净赔28.5万；第二笔是去年8月份与人合伙灌氧气，按合同我们这一方只出25万押金，对方负责设备和产品包销，但对方没有实力，退也退不出来，只好又投进去40万，等于对方骗了我们，到现在也没挣了钱；第三笔与别人搞密封垫产品，对方

出专利，我们出资金，从1997年8月份到现在产品也没生产出来，这就进去了几十万，加上别人还借了点，现在工人工资也开不出来。我这是大概算算，300万全光了，前几天我爱人出差，才走几天，就把银行吓坏了，老打电话找我爱人，银行也怕贷款泡汤了。唉，当时你是极力劝我，不让我爱人办厂，可我说人家，人家就是不听，这真是自作自受。”

奇门格局：

1996年12月26日10时

丙子年庚子月丁酉日乙巳时，阳一局，甲辰旬，天禽星值符，死门值使。

九天 生门乙 天英星辛	直符 壬伤门己 天禽星乙	螣蛇 杜门丁 天柱星己
九地 休门辛 天辅星庚	壬	太阴 景门癸 天心星丁
玄武 开门庚 天冲星丙	白虎 惊门丙 天任星戊	六合 死门戊 天蓬星癸

分析依据：

1. 怎样断出小张是测爱人辞职经商的？

时十乙奇主事体，落巽四宫，乙加辛为龙逃走，必是变动之事，宫中逢生门主经商，巽宫也主经商事，所测事应是为经商事而变动。谁变动呢？开门为工作，庚代表丈夫，二者同落艮八宫，甲辰旬中空寅、卯，艮八宫空亡，开门空主官职、工作空，庚落艮八宫为六仪击刑，主不顺，主辞职，上乘玄武想捞钱，庚下临丙，丙为太岁，为领导支持下海。综合时干宫和空亡宫断出小张来意。

2. 为什么断其爱人办厂不利？

开门代表工厂、商店，办工厂最怕开门空亡和入墓，今开门落艮八宫既入墓又空亡，表示工厂必破败，又艮八宫中庚加丙主贼必来，上乘玄武，主内部有人要捞单位的钱。

另外死门值使测办厂也主凶，甲子戊主资本，落乾六宫为入墓，逢死门、天蓬主资本散失。从求财得利来看，生门主利润落巽四宫，乙加辛龙逃走凶格，为破财，甲子戊克生门，投资不获利，生门落宫又克其丈夫庚落宫，求财不利。

3. 为什么说辞职不利？

辞职好还是不好，我是这样分析的：一是时干克日干，说明辞职的事不好；二是庚为其夫，宫中格局上乘玄武，庚加丙为贼必来，开门临宫主破财快，大凶之象，故断辞职不利。

例七　遭遇价格战，处之需泰然

“对手资费降了”，一得到这个消息，我们两个主管市场的副总立即召开市场人员紧急会议，商讨对策。因为，移动通信市场竞争最为激烈，三个通信运营商经营四个品牌的移动通信业务，我们联通公司占 GSM130 和 CDMA133 两个品牌，在当前激烈的市场竞争中，价格因素颇为重要。但对手为什么降价幅度这么大？

事情还得从年初说起。我在联通石家庄分公司负责新建的 CDMA133 网的市场发展，另一位郭副总经理负责 GSM130 网的市场发展工作。由于 133 网是 2002 年才开通运行，需要一个市场认识过程，一年下来用户发展仍较迟缓。2003 年领导班子重新分工，安排我负责 133 网的市场发展工作。接手后，虽然采取了不少经营措施，但三个月下来没有大的起色，全公司都为之焦急，我和 C 网部的人员更是心急如焚，商讨对策。经过详细

策划终于出台了一个与经销商合作的捆绑销售方案：利用手机低于进价销售，捆绑手机号码，经销商负责垫资进手机，手机差价由我公司用话费分月偿还手机经销商。这样就降低了用户入网的门槛，吸引用户加入 CDMA 网。促销活动定名为“CDMA 震撼大行动”，简称“震撼活动”，于 2003 年 4 月 21 日火爆登场。广告还没做，一下午就卖出 600 多部，市场立马启动了，销量猛增，手机供不应求，还常常断货。一个多月里，我方控制了市场格局，我们的 CDMA 用户量猛增。

竞争对手的手机卡销售骤减，焦急之下，他们于 5 月底仓促出招，也出台了一个捆绑销售政策：用一款低档诺基亚手机配手机卡，每台售价 600 元返 300 话费，手机比市场便宜 300 元，这是个亏本生意，用户本该换手机的就顺手捡了个便宜，形成了网内用户的“洗牌”现象。手机销售了不少，而用户却没有增加，一周下来赔了不少钱，只好叫停。

5 月份我们的“震撼活动”火爆依旧。对手为了遏制 133 的发展，6 月下旬又出“高招”，甩出“杀手锏”：大降资费，本地网月租费由 25 元降为 10 元，接听来话由接每分钟 0.20 元降为 5 元包月，降幅之大令人震惊。怎么办？我公司闻讯立即召开紧急会议，商讨对策。

会议就在我的办公室里进行，八人参会，讨论热烈。归纳起来两种意见：一是对手降资费，我方必须跟进，否则就会造成用户流失；另一种意见是不能受对手牵制而盲目跟进。降价后即使用户量不减，收入也会大减，最终影响利润。大家边讨论边思索，我们两位主管副总也一时难以断定。会场逐渐静了下来，在这举棋不定的时候，郭总突然站了起来，笑着对我说：“杜总，你还是划个格吧，用你的奇门遁甲给遁一把，看看咱们怎么对付降价。”大家对这一提议表示赞同。我随即起局，经简单分析，讲了四点意见：

“首先，对手降价，从奇门商战角度讲要坚决反击，G 网 130 必须跟进，随对手降价。”

郭总插话问：“C 网降不降？”

“C网不能降价。”这时在场的人轰的一声都笑了，因为郭总管G网，我让他降，而我管C网，答复不降。这明摆的事，谁降价谁受损，这不是让130去堵枪眼吗？我也笑了，随后解释说：“这局上就是这么显示的。”“听杜总的，看还有什么？”郭总知道我的第二条意见是以奇门格局说的，所以急着想听以后的分析。

“第三，对手降价是一种错误行为，不符合市场规律，奇门局上显示：谁降价谁错误。”

这时郭总又插话问：“我们G网跟进降价是不是也错了？”

“也是错的，但你不降还不行！”一句话说得全场鸦雀无声。

“133放号会受到很大干扰，但无大的损失。另外，降价后可能还要恢复原价格。”

我讲完这几条后，大家又激烈地议论开来。G网部李经理算了一笔账后讲：“这次降价，按理论计算，对手每月约损失1000万元收入，我们两个网如果都降，损失也要近500万元，这可了不得呀。”

最后意见统一了：G网130降价，C网133资费不降。但会议决定还要公司一把手批准才行。郭总有些为难地说：“一把手的意见是要我们都跟进，进行降价，主要是怕用户被对方拉走。133不降价领导能同意吗？”我坚持说：“133决不能降价，一把手那里我来汇报，业务部只管做业务方案就行了。”大家最终都同意我的意见，会议结束。

会散了，可我心里的压力散不了。这么大的事，万一测错了，损失是无法挽回的，何况又是顶着上级压力作的决策。我再三分析格局，认定不会测错，给领导汇报也简单，打了个幌子说观察两天再降，也就过去了。

第二天，6月13日G网130开始实施降价方案，C网133按兵不动。

两个公司资费降价的事影响很大，6月16日省通信管理局下达了通知书，要求双方单位在24日前停止降低资费的活动。降价本来就是被迫的，这个通知正合我公司的意愿，但不知竞争对手会不会停止降价活动。

20日，分管G网的郭总带着市场部的经理等与对手商谈有关执行省

通信管理局的通知事宜，对手提出：如133的“震撼活动”停止了，他们就停止降价活动。郭总说，133是杜总管的，我做不了杜总的主。对方领导半开玩笑地说：“跟你们杜总说说，我干两年就退休了，别让杜总搞捆绑销售了。”我们市场部经理说：“我们杜总可比你年龄大，没准今年就干一年，明年就退二线了。”对方看我方没有停止“震撼活动”的意思，也毫不让步，反而摆出誓把降价活动进行到底的架势，硬是坚持降价。

面对对手我行我素的态度，我们又召开了市场分析会，经分析认为：对手不停止降价，目的很明确，就是要逼迫我133网停止捆绑销售活动，如不停止，就利用他们的降价活动吸引用户，抢占一部分市场份额。如果我们降价，我们就无法达到收入目标，也偿还不了经销商捆绑销售的手机差价。对手置上级的通知于不顾，硬逼我就范，越是这样，我133越不能降价，也不能停止“震撼活动”。

果不出所料，十几天后，对手撑不住了，只好答应恢复原资费政策。

据7月30日开账统计，我133网比上月收入增加94万元，而郭总分管的130网则下降了23万元。

事隔两个月，我拿着我预测的原始预测记录本和对方公司的一把手谈论此事，该总经理说：“没有损失那么多，一个月损失也就200来万吧。”就按200万计，降价所产生的损失到年底七个月累计下来，也是惊人数字。

奇门格局：

2003年6月13日18时51分

癸未年戊午月丁巳日己酉时，阳三局，甲辰旬，天柱星值符，惊门值使。

直符 开门壬 天柱星己	螣蛇 休门辛 天心星丁	太阴 生门丙 天蓬星乙
九天 庚惊门乙 天芮星戊	庚	六合 伤门癸 天任星壬
九地 死门丁 天英星癸	玄武 景门己 天辅星丙	白虎 杜门戊 天冲星辛

分析依据：

1. 为什么断要坚决反击对手且 G 网 130 必须降价？

该局大局反吟，反吟就应进攻，因为是对手先挑起的降价，所以要坚决反击，用什么反击？以牙还牙，用降价还击对手。

2. 为什么说谁降价谁犯错误？

一是时干主事体，现时干己落坎一宫，景门主策划方案，落坎宫为火入水乡凶，己加丙为悖格，主男者冤冤相害，悖格与玄武同宫，玄武主无理，说明降价方案违反市场规律，破坏了市场秩序。

二是月干戊为同事落乾宫为入墓，主被困无奈，戊下临辛，辛主错误，说明我的同事降价也是一种错误行为。

3. 为什么说我公司的 130 网必须跟进呢？

月干为同行，为 130 网，落乾六宫临马星，戊下临辛，为甲子戊与甲午辛相冲，冲则动。月干生时干，即 130 网生竞争对手，表明 130 网应跟进对手降价行动。

4. 为什么说我分管的 133 网不降价呢？

日干丁代表我分管的 CDMA133 网，落艮八宫，也入墓，主遇有麻烦事，丁加癸主口舌事。日干宫克时干宫，主我不跟进对手降价政策，日干

宫又空亡，空亡主不参与，也主我分管的133网不降价。

5. 为什么断还要恢复原资费？

该局大局反吟，主反复，说明降了价也要恢复原价。

例八 投资失巨款，抽身尚不晚

南方某省的金老板原先的生意不是很红火，自从到石家庄以后逐渐发了大财，最近接连做了几宗房地产生意，眼见着腰杆壮了，脸色红润了，精神头也好了起来。

前些日子一位张姓中介人给他提供了一条信息，说东边开发区有180亩土地可以得手，原先是由某区开发，因资金不到位，领导发话，转让他人，现刚开始运作。金老板一听，为之一振，在中间人的牵线下，几经谈判，和某区开发商达成如下协议：

一、某区开发商将180亩土地的开发证、土地证等转让给金老板；金老板把1260万元资金汇到某区开发商的账号上，金老板取得土地使用权；

二、金老板付款后，某区开发商才能将证件交给金老板。

合同签好，金老板如约将1260万元转出去，但是证件始终未能交付，一拖再拖，一等再等，从2001年拖到2002年的3月3日。金老板心急如焚，巨款付出，不能开工，这不是逼着人跳楼吗？

这天金老板经人介绍找到我："久仰大名，慕名而来，我有一件麻烦事，务必帮忙。"随即把以上情况述说一遍。

我见他着急上火的样子，很体谅他的心情，1000多万，足以压垮一个不小的企业。我起局后，认真分析一下，对他说："你买的这块地是非太多：一、从目前看，你正在犹豫不决，又想等开发土地证，又想拿回资金，心里不知怎么办好，没有最后定夺。"

金老板连声说："对！对！要不请您帮忙呀。"

"二、从大局上看这笔生意赚不了钱，从表面上似乎可以赚钱，实际上不行，最终你还得放弃。”

金老板沉吟：“是吗？要放弃？”

我进一步分析道：“三、对方有事向您隐瞒，而且不是一个人，他们处事不当，这中介人和对方在共同对付你。”

“啊？嗯！”金老板先是一惊，后是肯定，似乎明白了什么。“那您的意见呢？”金老板探询。

“我的意见：第一，从整体策略上，必须放弃买地念头，坚决撤出，尽早抽身，在奇门遁甲局里显示这地方不如其他地方，这个公司也不行。根据格局在兵法上应采取走为上的策略。你想，一块地皮快两年了，你久攻不下，再拖你就亏大了，要马上动。”

“那我那资金怎么办？”金老板急了。

“迅速抽回，向对方要钱，要主动进攻，要钱的时候火力要猛，只要你玩得猛，他就会给钱，这是第二；第三，这笔生意不能再做了，必须坚定信心，不要再犹豫，如果犹豫不决继续等待，即使你拿到土地开发证，你也赚不到钱，这是规律，这格局上说‘求财不得反蚀本’。”我再三强调务必撤出。

金老板见我态度这样坚决，也逐渐下定了决心，他缓缓地说：“您说的这些，我回想起来，确有道理。从2001年至今，我一直拿不到开发证，我怀疑他们有事瞒着我，今天您一说，我想是对的。”

后来金老板不再抱有幻想，采取了一系列措施。至2004年的6月2日，金老板约我见面，吃饭时他又谈起这180亩土地的事，他说：“杜老师，非常感谢您上次给我预测。说实话，当时我还在犹豫，这是一笔大生意，成与败关系十分重大，直到今天这证件还是没着落。”

接着他又谈起他采取的措施：上次预测后，他很快找到对方要求中止协议，退回款项，但对方不愿将已经到手的巨款退还，几经交涉难以实现。见对方如此赖账，他大动肝火，说要采取“各种手段”予以回应，对方见金老板也不是“善茬”，千方百计地凑了1200万元，整数退给了金老

板，那60万元“零头”至今未还。

听完后我说：“对方也不是有意讹你，也很想成交，但就是没有实力，这点你也应该明白。”

金老板说：“我这1260万元钱至今白白让他们用了2年，我前前后后光利息损失就达200来万，如果上次不是您帮我做了重大决策，促使我下了决心，恐怕到今天我还在空等，那损失可就无法计算了。”

奇门格局：

2002年3月31日10时4分

壬午年癸卯月戊戌日丁巳时，阳三局，甲寅旬，天任星值符，生门值使。

九天 开门丙 天蓬星己	直符 休门癸 天任星丁	螣蛇 生门戊 天冲星乙
九地 惊门辛 天心星戊	庚	太阴 伤门己 天辅星壬
玄武 死门壬 天柱星癸	白虎 庚景门乙 天芮星丙	六合 杜门丁 天英星辛

分析依据：

1. 为什么说是非多，且金老板正在犹豫？

日干戊为金老板落坤二宫，宫中生门加死门主田宅官司，上乘螣蛇，必是是非缠身。戊下临乙，乙落坤宫为入墓，地盘入墓说明金老板正犹豫不决。

2. 为什么对方和中介人有事瞒着金老板？

时干丁为对方落乾六宫，丁下临辛为官人失位，说明对方做事没按合同办事。六合为中介人也落乾六宫，宫中逢杜门主保密，加之官人失位，必是有事瞒着金老板。

3. 为什么说这笔生意赚不了钱？

大局反吟，反吟求财不得，还会赔钱，日干宫中戊加庚，说明钱受阻，也说明这笔生意赚不了钱。

4. 为什么采取走为上的策略？

日干戊加庚为飞宫格主“此地不如它地”，日干加庚又为飞干格主“此人不如他人”，该局大局又反吟，故建议迅速撤离。

5. 为什么说火力猛就能还钱？

欠债人天乙为天英星落乾六宫，宫中丁加辛做事不合乎道理，讨债人伤门落兑七宫，与天乙宫比和，放债人值符落离九宫克讨债人和欠债人，说明债能要回。火力要猛是因大局反吟，反吟主快，又主利客，利客则大张声势，火力要猛。

例九　命中潜财源，只待时机转

某品牌活性液肥（中国）有限公司是个合资企业。1997 年 3 月 19 日晚上，该公司李老板通过我的朋友，请我到河北宾馆一叙，并请我就企业的经营态势与企业前景进行预测。我依奇门格局首先对企业目前运行态势指出三点：

第一，工厂现在停产；

第二，企业生产的肥料销出去不少，但货款没收回多少，光出货不回钱；

第三，目前经营状况不佳，资金不足，产品积压，压货 500 多吨，也不愿意再向外出货了。

事实是，当时肥料市场不好，工厂生产的肥料赊销出去后，收不回货款，产品积压 500 多吨，工厂只好停产。所以，李老板听后有些激动地

说："嗯，说得对。"并急切地问道："那什么时候好转呢？"我说："阴历八月份以后就好转，在这之前不会有起色。明年立春后就红火了，前景不错，能发大财。依你现在的状况，根据我的预测，你应改变经营策略，首先卖货应款到付货，至少也要收一大部分款，不能急于出货，而不顾回笼资金；其次要依靠各地代理商推销产品，给代理商一定的优惠条件，通过他们让农民看到该品牌肥料的实惠。再次要加大宣传力度，制作广告、录像带，利用各种办法去宣传产品。"李老板很深沉地一边点头一边说试试。

随后李老板按照我提的几条建议进行运作，首先在各省报纸做广告，又请专家教授制作惠满丰肥料科教片并在中央电视台第七套节目中播出；同时发展、培训代理商，并基本上采取了款到付货的办法。经过一系列的工作，到当年秋分后公司开始好转。翌年立春后，不但销出了所有的积压产品，而且生产供不应求，工厂由一个班次生产扩展为两个班次生产，仍供应不上。仅4个月的时间就盈利七百万元。

奇门格局：

1997年3月19日21时15分

丁丑年癸卯月庚申日丁亥时，阳四局，甲申旬，天心星值符，开门值使。

六合 惊门乙 天冲星戊	白虎 开门戊 天辅星癸	玄武 休门癸 天英星丙
太阴 死门壬 天任星乙	己	九地 己生门丙 天芮星辛
螣蛇 景门丁 天蓬星壬	直符 杜门庚 天心星丁	九天 伤门辛 天柱星庚

分析依据：

1. 工厂停产是以开门预测出来的，开门代表工厂，现在甲申旬，午未旬空，开门在离九宫旬空，又上乘白虎凶神，空则代表停产。

2. 资金缺乏，产品积压是以甲子戊和时干落宫预测的。甲子戊为资本落离九宫，离宫为午火与甲子戊相冲，资本逢冲为财散，戊空亡也主没有资金。产品积压是因时干丁奇为产品，落艮八宫为入库，入库则积压，时干丁落艮八宫属土，日干庚代表李老板落坎一宫属水，时干克日干，货易卖出，但艮八宫中货物逢天蓬破财凶星，又上乘螣蛇，说明卖出货后，收不回资金。地盘丁上乘日干庚，庚为白虎主阻隔，坎宫中又逢杜门主闭塞，所以产品入库，李老板不愿再出售，产品出售不了，经营必然不景气。

3. 改变经营策略的依据是：首先要款到付货，因为时干货物克日干货主，货容易销出去，另外生门为利润，落兑七宫属金生日干李老板，所以只要改变售货方式就可以盈利。

第二要发展代理商，通过代理商推销产品。格局中六合为代理商落巽四宫属木，宫中惊门飞临，主代理商虚惊、担心，六合宫克时干宫代理商不认李老板的产品，但日干庚宫李老板又生六合宫代理商，这说明李老板必须通过代理商售出货物，要加大对代理商的工作。

第三代理商不认李老板的产品是什么原因呢？主要是宣传力度不够，格局中景门、丁为广告，落艮八宫克日干李老板落宫，地盘丁奇落坎一宫"火入水乡"上乘庚金白虎，都主宣传力度不够。发现了问题，策略就出来了，所以建议李老板要加大宣传力度。事实证明这三条策略是正确的。

例十　奇门揭私密，方寸乱酒席

2002年4月21日11时50分，我接到某公司基建办主任刘某的电话，他约我到国际大厦吃饭。本不想前去，但刘主任说有几位朋友特别想见

我，我只好从命。

一进包间，刘主任先给我一一介绍，某乡书记（坐西南方）、某村支书（坐西北方）、村长（坐正北方）、会计（坐东北方），另还有刘主任的部下等一桌共八人。

酒还没过三巡，刘主任就说："今天没别的事，大家随便坐坐，他们久闻你的大名，请你给看看，你先给乡书记划个格看看吧！"

没办法，这种场合早已司空见惯，于是便对乡书记的基本状态依局显示作了叙述。大家都说准确。村支书因以前见过一面，也不客气地说："我问三个事。"

前两个事我回答后，他表示和他预想的结果基本一致。

"我要问的第三件事，请你看看我的汽车怎么样？"村支书又问。

"我前一段好像说过你的汽车左门有故障。现在，你的汽车右后角，也就是驾驶员的对角撞了一个大坑，很大。"我边说边用两手比划了一个直径约60厘米的圈。

这时村支书和村长先是双目对视，然后惊讶地说："没错，前天刚撞的，就是那个角，比你说的也不小，现在还在修理厂呢。服了，服了！你再给我们村长看看吧。"村支书对我说。

村长坐在我对面，黝黑的面孔，不善言谈。格局的显示让我有些吃惊，更有些为难，因为某些内容在此场合下不便言表。若说实话，有他的上级在场，令大家尴尬。若不说实话，别人会说我预测水平低，测得不准。怎么办？酒场上不能全说，还是含蓄一点吧，我心里暗暗告诫自己。

"我给你预测的情况是这样的：首先，不论我的预测正确与否，你今天都不会说实话，因为你做事很保密（实际是诡秘）；第二，局上显示你来钱容易，太容易了。"

这时村长还是沉默无语，只是拿了块餐巾纸擦了一下额头，因为他长得黑，看不到他的汗颜。我仍只顾按其就座的方位低头分析格局，现场一片沉默。

“第三，你的钱来得太快了……哎哟……不能说了，得了，不给你算了，如果咱俩单独说，你会心服口服的。”我的话音刚落，只见他又在拿块餐巾纸拭汗。不知谁问了他一句：“杜总刚说了你两句，你怎么老擦汗啊。”

这时，村支书插话说：“杜总你再看看，我俩搭档得怎么样？”“你俩关系不错，你对村长好，相比之下，你对他更好些。”酒桌上除我之外共有七人，村、乡一方四人，说了三个，最后一位无论如何也得说几句吧。会计坐东北角，我在局上找他的位置。不看则已，一看还是令我犯了难。我只好说：“你的事我今天也不能说，以后有机会咱们单独说。”会计也不说话。这时基建办刘主任说：“杜总，我这里有份合同你看看。”说着就离开座位去旁边的公文包里拿合同。

“合同？你别拿了，我也不用看内容，这局上显示你的合同签订得有问题。”我看着格局中代表合同的符号答道。

“是有问题，你给看看吧！”刘主任边说边走到衣服架旁边的公文包里取合同。

“不用了……”我的话音未落，只听到“砰”的一声，坐在我对面的村长一头扑倒在酒桌上——昏过去了。大家立即忙乱起来。人们把村长从桌上扶起来，只见两股筷子粗细的黄浓水从村长鼻孔中喷射出来，饭菜也给污染了。接着，村长又大口呕吐起来，闭着眼睛，脸色苍白。“掐人中！掐人中！”“服务员！服务员！快叫医生！快叫医生！”人们慌乱地喊着、动着，有掐人中的，也有掐眉头的，也有用餐巾纸擦呕吐物的，室内一片混乱。我赶紧看奇门格局，局上没有不祥的征兆，就安慰大家：“我这局上显示不会有危险，别着急，别着急。”

医生喘着气提着药箱很快就赶到了，让人们把村长抬到长沙发上，量了量血压，高压170。

我站在稍远点的地方，不时有人悄悄说：“你说得太准了，说到村长要害了，也没喝多少酒，都是你测的。”我这时也不知道出了这事对基建

办的人好不好，他们两拨人到一起吃饭是为什么业务，对业务的发展有没有影响，当着村长的上级说村长，也不知道他们之间后果是怎样。我脑子里一点谱也没有，但有一点我清楚，我的预测没有错。

时间不长，村长的脸色先由白变黄，又变黑黄，大家松了口气，医生讲是紧张造成的血压高，没大事。刘主任赶紧让王工程师去买条裤子，好让村长换上。

看看村长没事，大家也没心思吃饭了，我赶紧打圆场："村长喝酒喝多了。"大伙也附和着说："是，是，喝酒喝多了。"实际上八个人才喝了三两酒，乡书记说有事先走，我也借机跟着走了。电梯里只有我俩人，乡书记说："说得好，教育教育他。"情况不清，我也没作答。

据说，我走之后，村长换了新买的裤子，太长了，裤子也没纤边，别人把裤口向里挽了挽，凑合着穿上了。走的时候，服务员还不让走，说是把地毯给弄脏了，赔了饭店100元钱才算了事。

事后，刘主任给我来电特别高兴："杜总，你可立大功了，给我们帮了大忙，我们在他们村买了几十亩地盖大厦，什么手续都办好了，要开工了，就是不让我们垒围墙，就是那个村长百般刁难，他是村里管工程的，让我们把50万以下的工程都给他，还要安排10名村民的工作，非要再附加一个合同。没办法，我们答应了他们的条件，也就是喝酒那天我说让你看的那份合同。这还不行，他还要得寸进尺再加条件，为这事谈了两个月都谈不下来，你一来两句话就把村长给说得昏过去了。他怕了，真怕了，第二天就给我们把合同签了，还签得挺痛快。真好！太感谢你了。"

"这事你为什么不提前打个招呼呢？"我问刘主任。

"咳！我就知道你能测出来，也能把他弄服了，别的法我们用多了，都不行，非你出面不可，你一出面合同就给签了。这好，这好！"

"乡书记和村书记有什么不高兴的吗？"我问。

"他们也都高兴，佩服你用周易教育了他，让他做事收敛点。"

一场预测三方高兴，还解决了大问题。

村长出了这样的惊吓事，按常理应该找我再询问一下或做事检点一些，但可惜的是，该村长在长达三年多的时间里既没找我询问，工作上又不收敛，结果，2005 年 6 月下旬因经济问题被某检察机关逮捕，2006 年 4 月被某法院一审判处有期徒刑五年。

这个局是怎么预测的呢？

奇门格局：

2002 年 4 月 21 日 12 时

壬午年甲辰月己未日庚午时，阳七局，甲子旬，天柱星值符，惊门值使。

九天 丙惊门壬 天芮星丁	直符 开门戊 天柱星庚	螣蛇 休门乙 天心星壬
九地 死门庚 天英星癸	丙	太阴 生门辛 天蓬星戊
玄武 景门丁 天辅星己	白虎 杜门癸 天冲星辛	六合 伤门己 天任星乙

分析依据：

1. 为什么说汽车右后角撞了个大坑？

伤门为汽车落乾六宫旬空，旬空必有玄机，伤门受克说明汽车受损，天任星主宽大，说明汽车撞大坑，乾六宫为六数，故断 60 公分。旬空说明汽车不在单位或家中，纵观全局三宫中格局也较凶，宫中庚金、死门、九地再一次说明汽车左侧的门有故障。

2. 为什么说村长不说实话？

村长坐圆桌北面，坎一宫就是他的状态，宫中逢杜门为保密。天盘癸

落坎宫为临官禄地，说明不缺财，但癸下临辛，辛为罪人或错误，落坎宫受冲动，说明正在犯着错误，癸与辛在同宫应是一贯性的犯错。癸和辛两天干与杜门同宫说明不说实话，也为诡秘。

3. 为什么说村长来钱容易？

生门为财落兑七宫，宫中天蓬为大财，生门宫生村长坎宫，加之癸落禄地，说明大财来找村长，故断来钱太容易了。

4. 为什么断村长的钱来得太快了？

生门宫中辛加戊为午与子冲，冲则动，动则生村长坎宫，坎宫中有天冲星主风励，加之坎宫地盘辛又与子相冲，说明村长来钱太快，且不全是正道的。

5. 为什么说村长虽昏迷，但不会有生命危险？

坎一宫中虽有白虎凶星，癸加辛凶格，但代表村长的还有其他符号，天盘癸在临官禄地比较旺，旺则不凶；另外，再看天芮病星，天芮震、巽二宫，不药而愈，宫中又有丙、丁二奇决无凶险。

什么病呢？仍看天芮落宫，宫中惊门主受惊吓，壬加丁为淫荡之合，必是因预测中秘密淫秽之事受到了惊吓所致。

6. 为什么对会计也不预测呢？

会计坐东北艮八宫，宫中景门、天辅星、丁奇皆主账目、文书等，正与会计所从事的工作相符，但宫中账目上乘玄武，玄武与账目同宫，则主有假账，再看天盘丁奇也主账目，落八宫为入墓，入墓则有猫腻，丁下临己，己为地户为阴污之事，且入墓，综断，该会计在账目上有捣鬼之事，当着他的两级领导是无法明说的。

7. 为什么说刘主任的合同有问题？

景门为合同落艮八宫，临天辅虽合同言辞漂亮，但仔细一看则问题大出，天盘丁奇入墓说明合同将来执行起来有问题，地盘己为地户，主隐晦事，说明合同条款订得不合道理，更重要的是上乘玄武，玄武主虚假，订了合同也不会完全按条款执行，只不过是一方为达目的订一些不合理的条款，而另一方则是为达目的无奈之下骗一下对方算了。合同签订双方还可以天盘日干己落乾六宫和时干庚落三宫分析，两宫相克，又一方旬空，双方必不会完全履行合同内容。

例十一　亟待投资款，测后得心宽

某公司是个大型国有公司，其河北分公司的伍经理于 1997 年 8 月 23 日 10 时给我的手机打电话说：他们的公司和外商共建了一个大项目，资金由外商负责，近期与外商在资金投入问题上发生了矛盾，现在建设急需资金，而外商却迟迟不拨款，伍经理和他们协商好几次了，都不行。最近在总公司的协调下，外商答应继续投资，请帮忙测测最近外商还给不给打款？要打款给打多少？要不打款，为什么？听声音好像很急。我讲现在正在出差的归途上，下午给他回话，伍经理讲你可别忘了，一回到石家庄就给他回电话。

下午，我给伍经理答复了以下几点：

第一，外商不愉快；

第二，现在东南亚金融危机，他们不一定有钱，即使有钱也不会给你再投；

第三，你的项目急需要钱，虽然外商不给你投资但你马上能得到钱，数目是 2000 万，这笔款来源于国内，而且很快就拨过来；

第四，拨款时间在下周末。

基于以上预测，我向伍经理建议把融资的重点放到国内来。

伍经理说：“明天，也就是周一我到总公司去协商让外商尽快打款的事，你说的话我明白了。”

“你去吧，下周你能拿到款，周五差不多，但不是外商的款，我认为是你们总公司的款。”我仍坚持在国内能得到款的意见。

伍经理对我的话半信半疑，又对我反复说：外商已经投了几个亿了，

投资投了半截不可能不投吧？现在项目正在关键时刻，没钱就前功尽弃了。

我再三劝他：还是要在国内下工夫，对国外投资公司期望值不要太高了，这次的钱还是由国内解决。

实际情况是：伍经理周一到了总公司，汇报了资金紧缺问题，总公司领导经研究认为，外商的资金也很紧张，我们不必再去硬求外商，资金由总公司先给垫2000万，星期五总公司给伍经理的公司办了2000万的汇票，伍经理拿到汇票后长出一口气。

事后得知，当时该公司各地市资金都周转不过来了，每天上报最多的就是资金问题，个别骨干员工因外商态度暧昧，公司前途未卜，思想开始动摇，准备另觅出路。省公司财务部经理透露公司账上的钱只够发两个月的工资，若人员出差等再用钱，也就够发一个月的工资。如再拿不到钱，不但项目建设受损，更严重的是公司人员思想就乱了套。这回钱一到手，伍经理自然是高兴得很，见面后和我说："测得准!"

奇门格局：

1997年8月23日10时40分

丁丑年戊申月丁酉日乙巳时，阴一局，甲辰旬，天心星值符，开门值使。

太阴 癸死门乙 天芮星丁	螣蛇 惊门辛 天柱星己	直符 开门壬 天心星乙
六合 景门己 天英星丙	癸	九天 休门戊 天蓬星辛
白虎 杜门丁 天辅星庚	玄武 伤门丙 天冲星戊	九地 生门庚 天任星壬

分析依据：

1. 日干丁奇为伍经理，落艮八宫为外盘又入墓，入墓主在外活动受限，丁下临庚为受阻，上乘白虎也主凶；时干乙奇为投资方落巽四宫属木，宫中逢死门主不愉快，天芮星入该宫主做事有不当之处，宫中有癸加丁主口舌争端；现时干宫巽木克日干宫艮土主投资方对合作有意见，四宫中逢死门，所以暂不会继续投资。

2. 甲子戊为资本落兑七宫属金，克时干巽四木宫，说明投资方暂时无款。

3. 甲子戊资本落七宫为内盘，与日干宫相生，说明总公司内部先给拨款；数量为 2000 万是因兑宫也为二数，根据象、数、理综合分析的原则，故断可给 2000 万元。

4. 应期是这样断的：兑七宫中甲子戊下临辛为甲午辛，戊加辛为子午相冲，相冲则速，在内盘，为近、为速。断哪一天呢？日干丁奇落艮八宫入墓又空亡，辛丑日冲出日干，壬寅日，日干丁出空，所以断周五壬寅日可拿到 2000 万工程款。实际情况是辛丑日谈妥，壬寅日办的手续。

例十二　风光虽秀美，投资务谨慎

郭老板原是机关干部，辞职下海，赚了不少钱。有钱后买了某庄园的一套房，与邻居——某大型企业的刘总经理一来二去，成了不错的朋友。

郭老板的原籍某县有座水库，青山绿水，碧波荡漾，当地有关部门利用这一有利资源想搞旅游、房产等开发。郭某也动了心，在一次串门时和刘总谈了自己的想法。

郭老板说："那个水库周边开发得差不多了，但还有两块大点儿的地，咱们能不能投点资把它买过来，修整一下，搞几栋别墅卖出去，肯定能赚钱。"刘总一听，顿时来了兴趣，两人商定，利用休息日，去现场勘察

一下。

那天两家各自开车，带上家属，行车数十里，来到某县。找到县、乡、村各级干部到水库边上“现场办公”。两人看好水库东北角那一块半岛形的丘陵地，大约有100余亩，三面环水，东北是一条水库工程路，北方约三百米处是通往旅游景区——五岳寨的柏油公路，交通十分便利，而且这片地上还种了不少栗子树，自然环境相当不错，在这里开发别墅度假村效果肯定不错。

于是与村里展开了艰难的谈判。村委会支书可能经历这样的事多了，有了要价的经验，一张口40万元，反复讨价还价降至30万元。郭老板和刘总两人觉得要价还是太高，留下一句话：“我们回去商量商量再答复吧。”

第二天也就是2004年的2月14日早8时，郭老板给我打来电话，把他们的设想和考察结果详细地告诉我，要我预测一下这事能不能办，地价该出多少。

十几分钟后我电话回复：

一、买地不要着急，你不找他，他会找你；

二、地价偏高，应在24万元左右；

三、地的相关证件办不下来；

四、将来会有纠纷，产生官司；

五、此事不宜做，应尽早抽身。

根据以上几点判断，不买为好。郭老板一听，显然出乎意料，电话中着急地说：“杜总，您别走，我马上开车到您那去，有些事电话里说不清，咱们当面谈谈。”

不一会儿郭老板驾到，顾不上寒暄，又把考察的过程说一遍：“那地方山清水秀，交通便利，可利用土地越来越少，建别墅为什么不行?”

情况了解了，我依局上显示向他说明：“一、证件办不下来，可能是指土地转让证不好办；二、盖别墅还要办建筑许可证，恐怕也难办；三、这水库是战备水源库，绝对不许污染，半岛地形三面环水的别墅产生的生活污水往哪里排放？排放到水库绝对不行。”

郭老板很不愿意放弃这个机会，他反复向我介绍这个计划：“这百十亩地建 30 栋小别墅不成问题。您说 24 万的地价，我和合伙人一人只出 12 万，买下地来用推土机推平，划出地块卖一块开发一块，一块地皮卖 5 万元，30 块就卖 150 万元，我又有建筑队，盖别墅又可以赚一笔钱。将来在旅游公路上竖一块牌子——此处售别墅，城里的有钱人就会来买，这样投资并不大，滚动进行，有个四五年肯定大发。”

我不得不承认这个前景也就是钱景相当诱人。但毕竟只是一厢情愿，只考虑山水风景因素，其他因素则考虑不周到。我劝他先不要急办，缓一缓，了解了解，仔细分析后再说，不要骑虎难下。郭老板的热情逐渐下降，头脑冷静了许多，利用家乡的关系打听有关情况，果然正如我所测：

一、土地转让证不能办，只能办土地出租手续，期限 50 年，没有长期使用保障，没有人会来买别墅；

二、战备水源库环保控制很严，连网箱养鱼都严格禁止，盖别墅排污水，当地政府肯定干涉，排到远处，还要占地，麻烦就多了；

三、房产证也办不下来，50 年租期一到，地面建筑白白留下，拆也没法拆，搬又搬不走，留下后顾之忧；

四、与当地村民的关系不好相处，日久天长，肯定会产生矛盾造成纠纷。

郭老板头脑中那幅山清水秀、红墙绿瓦、栗子丰收的美景图很快淡化消失了，一场惹不尽的麻烦事还未产生便被遏止，用“防患于未然”来形容最恰当不过了。

奇门格局：

2004 年 2 月 14 日 8 时

甲申年丙寅月癸亥日丙辰时，阳二局，甲寅旬，天柱星值符，惊门值使。

九天 辛死门戊 天芮星庚	直符 惊门癸 天柱星丙	螣蛇 开门壬 天心星戊
九地 景门丙 天英星己	辛	太阴 休门乙 天蓬星癸
玄武 杜门庚 天辅星丁	白虎 伤门己 天冲星乙	六合 生门丁 天任星壬

分析依据：

1. 为什么断对方愿意把地卖给我方？

时干丙为卖地一方落震三宫，日干癸为郭老板落离九宫，时干宫生日干宫，表明对方愿意把地卖给我方。

2. 为什么断证件办不下来？

丁为证件落乾宫，丁加壬为淫荡之合，逢合不给办。地盘丁主证件落艮八宫，丁上乘庚，庚主阻隔，又逢杜门必办不下来证件。

3. 为什么断将来有官司？

日干癸落离九宫，宫中惊门飞临，惊门加景门主有官司，又有天柱凶星，故断将来有官司。

4. 为什么劝应尽早抽身？

时干丙加地盘己为“火悖入刑”，日干癸加丙为“华盖悖师”，日时均为悖格，求财逢悖格，应尽早撤出。

例十三　代理能否做，奇门指迷津

刘先生是印尼某公司的老板，在石家庄投资建了一座大型商场。以前他曾有事找我测过，因为应验了，所以又专程来找我，向我咨询有关商业代理事宜。

饭桌上，刘先生向我介绍了情况：他原来是印尼地区西门子电机设备的总代理，生意做得不错，利润可观。然而，许多人都看好这个产品后，采取低价竞争，把市场搞得一塌糊涂。负责这一地区销售工作的西门子代表也置若罔闻、不加干涉。一气之下，刘先生放弃了对这一产品的代理。最近，因西门子公司的电机产品在印尼做得不好，公司更换了印尼区域负责人，新来的经理正在寻找合作伙伴。刘先生听到信息，考虑自己实力相当，想重操旧业，故前来问我能不能取得该项设备的总代理权。

我起局答道："可以代理，但办理的过程中有些问题。因为小代理商不如你的资金雄厚，原来他们从公司直接提货，现在要从你这里提货，他们当然不愿意了。"

刘先生马上问："杜老师，你看该怎么办呢？"

我依局向他提出了以下几点看法和建议：

一、和西门子公司可以合作，也能合作成；

二、西门子公司找你的公司，也找过别的公司，但从局上看，竞争对手不如你强；

三、谈判会反复进行，要有心理准备；

四、如果你听我的，这事很快就能办成，就是在战术上，你应该主动找对方，而且要早谈为好。

刘先生听后，面露难色："可我现正在石家庄打官司……"

我坚决地说："机不可失，时不再来。你脱不开身，可以先派部下去找西门子公司谈，不管怎么样，一定要主动，要快！"

刘先生自言自语地说："谈判都是我亲自去的，我不回去……"我知道刘先生不放心手下人去谈这种事。我告诉他，可以先不谈价格，先谈外围的事，若不尽快去是坚决不行的。刘经理见我态度坚决，答应先行派人去和西门子公司洽谈代理电机设备一事。

一年后，我们又见面了。刘先生高兴地握着我的手说："感谢杜老师，上次和西门子公司谈判，按照你的指点，我当即电话告诉我的副手第二天就去找西门子公司。我的副手一去，西门子公司就接见了，但没有马上答复。副手给我汇报后，我让他转告西门子公司的负责人，我过几天就回印尼，以示我对该业务的重视。我的手下也按我的意图，在最初几天里，反复找西门子公司谈。十几天后，我回到印尼，又主动约西门子公司的新经理商谈，最终我取得了西门子电机在印尼地区的全权代理资格，现在我们合作得很好。感谢你的指点，你在商业上的预测可真了不起!"

奇门格局：

2000年9月11日18时

庚辰年乙酉月壬申日己酉时，阴三局，甲辰旬，天任星值符，生门值使。

太阴 伤门丁 天心星乙	螣蛇 杜门庚 天蓬星辛	直符 景门壬 天任星己
六合 生门癸 天柱星戊	丙	九天 死门戊 天冲星癸
白虎 丙休门己 天芮星壬	玄武 开门辛 天英星庚	九地 惊门乙 天辅星丁

分析依据：

1. 为什么断双方合作成功？

因为刘先生原来就是西门子公司的总代理，中间有一段时间不合作了，现在又要重新做总代理。该局九星反吟，反吟主去而复返，返回之象，所以断双方合作成功。如刘先生原先未曾和西门子合作过，判断结果则相反。

2. 为什么断时间不长就会办成？

该局九星反吟，反吟主快，故断很快就会办成。

3. 为什么断西门子公司找了两家以上公司，但竞争对手不行呢？

时干己为西门子公司落艮八宫为入墓又旬空，表明该公司经营有不愉快之事，且又在选择谁做代理人方面心中无数。

月干乙奇为竞争对手，时干己生月干乙，表明西门子公司也找过其他公司。

日干壬为刘先生落坤二宫，处长生状态，且临景门，景门主策略，日干与景门同宫，表明策略正确。宫中又上乘直符，主有实力，也主是同行业中的龙头公司。而竞争对手月干乙奇落乾六宫处入墓状态，宫中虽有丁奇相助，但临惊门之凶门又上乘九地，表明行动缓慢，实力不强，竞争无力。

4. 为什么断会反复谈判呢？

九星反吟，主谈判会反复进行。

5. 为什么在策略上要主动，要早谈呢？

凡事先设主客，为客为主，任我选用。该局大局反吟，反吟就利客，利客时要主动出击，且越早越好，故对刘先生讲要采取为客的策略才能取胜。

例十四 运筹帷幄中，决胜千里外

山东省的田某与单位签订了承包协议，主要做劳务输出工作。前半年曾向外省输出了几批技术工人，但因操作不当，没有赚到钱。1998 年 6 月有朋友传来信息：向新疆输出采摘棉花的民工，兴许能发一笔财。

于是从 6 月底开始，田某与新疆某农场联系，双方很快于 7 月 10 日达成协议：田某向新疆输送采棉民工 3500 人，农场到山东考查核实招收民工情况后，先付民工去新疆的路费共计 15 万元；民工在新疆采摘棉花每公斤可得四角五分钱，田某从中收取 5%做管理费；去时路费由农场支付，返程则由农民自付；如民工招聘不够，每少一人，罚款 500 元。

合同虽然签订了，能否招到这么多人，田某心中没底。据说本地区的某单位去年向新疆输送采棉工，协议定为 3400 人，实际只招了 1980 人，第一列民工专列只运送 800 人，第二专列只运了 1200 人，仅运输费就亏大了，历史的教训值得吸取。更令田某担心的是：从 7 月 10 日发出 5000 份广告之后，到 7 月 26 日半个多月过去了，连一个报名的都还没有。而且已经与铁路部门签订了专列合同：第一列 1700 人，8 月 23 日晚 22 时准时发出；第二列 1800 人，8 月 25 日晚 22 时发出。屈指算来还有不到一个月的时间，如果再招不到民工，这两个专列 3500 人，铁路按每人票费 180 元收，假若新疆方面来考察，民工没招够，15 万元定金再不能落实，后果将不堪设想。

一夜没合眼的田某于 7 月 26 日早 7 时多就给我打来长途，要求预测一下：这笔生意能不能做？是赔还是赚？民工能招多少？棉花长势如何？民工收入会有多少？有没有麻烦事？

接话后我认为：这是一笔赔赚数万、数十万的大生意，干成了，新疆产的棉花就不会烂到地里，山东的农民也会增加收入。今年山东地区种了 100 多万亩西瓜，成熟后价格特别低，每斤只卖到 3~5 分钱，每亩地不仅不能赚钱，反而要倒贴100多元。农民种西瓜赔了，如从摘棉花上找回来，也是利国利民的大好事。

我仔细地分析起我刚起好的奇门格局，做出如下判断：

一、生意能成，领导比较支持，与新疆方面合作不成问题；

二、能赚钱30万左右；

三、新疆农场的十五万定金能打过来；

四、能招民工4000人，最多可达4400人；

五、新疆棉花长势不错，但也不是最好，成熟期可能迟点，但不知因何原因受点损失；

六、农民收入人均800元左右，比预想的可能少点；

七、在整个过程中要有点是非口舌的麻烦事，农民的组织纪律性较差，可能会出现争斗打架现象，也会出现民工的流失；

八、目前招聘工作中的战略战术不妥，特别是不重视宣传，不愿花钱做广告，如果不改变策略，民工将招不够数。

鉴于以上情况，我建议田某：

一、加大广告宣传力度。深入各镇各村，找当地领导，让当地农民熟悉的领导出面做工作，使农民消除顾虑，吃下定心丸，放心去新疆挣钱；

二、为防民工流失，一定要签好协议，要有制约措施；

三、做好组织工作，每一步都要制定详细的行动方案和对突发事件的处理预案，主要包括上车前、途中、下车，抵达目的地后的吃、住，农民的工资及与新疆方面的合作等问题；

四、后期要注意口舌官司，但也不会有大的凶事。

与田某通话的时间很长，很费心力。他仔仔细细地询问，我不厌其烦地解答。他深信与我的通话会对他的行动有重要的指导作用；我也很清楚我的每一句话都可能会对他的经营决策活动产生重大影响。在以后的行动过程中，他一直让我预测并指导他的行动，我也一直非常关注这一事情的进展过程。我想应当让事实证明：中华民族的传统文化与现代化的经营活

动结合起来，将会产生多么重大的作用。

田某是个雷厉风行、很有魄力的人，听了我的一番分析，放下电话，信心倍增，召集工作人员，研究具体方案，立即放手大干：

一、迅速加印5000份广告在各县广泛散发；

二、在当地电视台大做广告并连续播出；

三、请新疆该农场负责人（均为军人）着军装在电视上发表讲话，欢迎农民到新疆帮助收棉，农民出于对解放军的信任，心里踏实多了；

四、亲自带人到各县找县长、县委书记及劳动局长联系输出民工事宜，请求当地领导大力支持；

五、改变招聘办法：过去农民要报名，先交30元报名费，现在在30元报名费用中，由中介人收20元，另10元做上车保证金，农民登上火车，即退还10元钱。这样就大大调动了农村干部的积极性，他们把本村农民组织起来集体报名，干部们得到了组织中介费，而农民由于有了村干部的组织也放下心来，结伴报名，还能得到返回的10元钱，积极性大增。

由于战略战术对头，又实施得力，自8月7日至14日，一下子就招进4100人。14日以后报名的人仍络绎不绝，每天都要谢绝二三百人，最多时达四百人，虽如此仍有走后门请求当民工的，不得已又增加了52人，总人数达到4152人。人员虽超，但因是包车专列，运输费用并没有增加，无形中又节约了一大笔开支。田某的心情由阴转晴，愁眉苦脸变得喜笑颜开了。

这天晚上，田某和两个助手在一起喝酒，谈起民工蜂拥而至，两个助手提出何不趁热打铁，再招一列车民工？田某也感到再招2000人不成问题，一拍桌子：行！就再招一列。但是又一想：还是谨慎一点好，请杜老师测一下再定吧。于是通动手机，一个电话打过来，请我定夺。

我二话不说，果断答复："坚决不能再增加一列，否则前功尽弃，一分钱也挣不到。"

田某对可能到手的大钱不挣不太甘心，反复向我述说"大好形势"，

但我始终以奇门结果告之："决不能干，再增一列，必赔无疑。"

最终将田某说服，打消了再增一专列民工的念头。

事情的发展果然在预测之中：

十五万元运输定金按时到位；民工招聘4152人，分两个专列按时发出。到新疆后，组织工作严密，农场的大巴车等在车站，民工一下车就被接到各个分场，吃住得到妥善安排。

棉花长势很好，但成熟期推迟一周左右，让民工等待了几天。恰在此时，天公又不作美，9月17日晚上，霜冻提前到来，棉花受到一定损害。原来设想在两个月内，每个民工收入千元左右，最后统计只有八百余元。

进入9月，口舌官司时有发生：9月2日上午，某分场员工与民工发生争执。9月22日晚，六分场某连职工与民工争斗，有四人殴斗致伤住院。9月12日，六分场七连民工乘坐送开水的拖拉机发生交通事故，车翻后将一女民工的脾脏砸坏住院做手术，还烫伤了一名民工。

各个农场为在棉花成熟期间抢摘棉花，采取各种手段争夺民工，而民工则是哪里有利就奔哪里去，哪怕报酬多给一分钱也动心，民工流失1000多人，因此在结账时，农场一方相应地扣回了流失民工的部分进疆路费。

10月26日和11月8日，进疆民工分两批顺利返回山东。

12月中旬将所有尾账结清，此次输送民工采棉获纯利36万元。

事后田某对我谈起他当时的一些情况：

开始发了5000份广告，一个报名的也没有，我就不敢再做广告，因为做一次报纸和电视广告就要付出4800元。你预测我能招4000人，我很怀疑是否测错了，因为当时连一个报名的都没有，但一想以前你给我测的都准，我相信按你所测盈利30万，应该干一次。我最佩服的是你及时劝阻我增发第三列专列，因为新疆农场都按合同招人，再增加2000人就安排不了。如果盲目过去，棉花成熟期又晚了几天，各农场都安排满了，光专列费用就要损失36万，还不要说其他，真悬啊……另外，你测我赚30万，多出的6万到了嘴里也得吐出去，本来36万已经到手，但回到山东

后，农民说我给他们的报酬算得不对，找我闹事，我给他们退了一部分钱，还有几个人上法院把我给告了，说我克扣民工的伙食费，官司打了一年多，又退了一部分钱，最后还是应了你测的30万这个数。哎，真没办法啊！

奇门格局：

1998年7月26日上午8时

戊寅年己未月甲戌日戊辰时，阴四局，甲子旬，天辅星值符，杜门值使。

直符 伤门戊 天辅星戊	九天 杜门壬 天英星壬	九地 乙景门庚 天芮星庚
螣蛇 生门己 天冲星己	乙	玄武 死门丁 天柱星丁
太阴 休门癸 天任星癸	六合 开门辛 天蓬星辛	白虎 惊门丙 天心星丙

分析依据：

1. 为什么断这笔生意能成？

输出民工的目的是求财，我是从两个角度来断成不成的。首先，田某是以中介人的身份出现的，一方面与新疆签订了输送民工的合同，另一方面要动员组织民工去新疆采棉，而田某只收管理费，所以，我们把它看成是中介生意，那么在格局上就显示出：日干己为当地农民，时干戊为新疆农场，六合则为中介人田某。现日干落震三宫，时干落巽四宫，二宫比和双方满意，六合落坎一宫生日干宫和时干宫，说明田某对农民对农场都负

责任，此笔生意必能成交。

再从合作求财来分析：日干为田某一方，时干为新疆一方，二宫比和，也说明双方合作成功，且公平交易。

领导支持是：戊为太岁为上级领导，直符为直接领导均落巽四宫，与日干比和，说明各级领导和主管部门都支持这次民工进新疆采棉行动。

2. 为什么断能赚30万？

按古人说法，一般大局伏吟主破财伤人，那我为什么大胆地断出要赚30万呢？这是因为：日干己为田某落在了震三宫，宫中逢生门为利润，日干坐于生门上，古人还有“生门之上好求财”一说，太岁、直符、甲子戊(资本) 与日干比和，哪有求不到的财呢？宫中上乘螣蛇主田某在这次求财中绞尽脑汁设法得财，当然也主其相信预测之术。得多少财呢？天冲星为财星落本宫为相，为得财多，三宫为三数或八数。三数或八数中的哪一个呢？日干己在震宫为病地，必取小数“三”，根据格局中的象、数、理综合分析应得30万元。

3. 为什么断定金能打过来？

日干为田某落三宫，甲子戊为资本，为定金落巽四宫，二宫比和，说明定金必能得到。

4. 为什么断可招民工4000人呢？

日干为田某，时干为民工。现时干戊落巽四宫为临官禄地为旺相，说明民工多，宫中逢伤门主竞争，落四宫为四数，旺相为4000人。我还以伤门为专列，时干为民工，天盘戊为一列，地盘戊为一列，共两列，按常理断，一列2000人，两列4000人。

有了4000民工，那民工去不去新疆呢？时干戊与日干己二宫比和，必去无疑。

5. 怎样断新疆棉花长势的？

天辅星为棉花落巽四宫，临太岁戊和值符为长势好，伏吟主成熟晚，逢伤门又伏吟主受损，综合断，棉花长势应为上中等水平。

6. 怎样断农民人均收入是800元左右的？

时干戊为民工，生门为利润，二者落宫为比和关系，主得财较丰。时干戊为民工，下临甲子戊为财，宫中又有伤门，伤门主竞争，说明民工极想多得到一些报酬，但伤门在宫又主少得一些报酬。生门为利润三、八数，按理分析应得800元。比预想的少一些（田某预计每个民工可得1000元）。

7. 为什么断民工有打架和流失现象？

时干宫中逢伤门，伤门加杜门主变动、失脱、官司、桎梏、百事凶。又九星伏吟主伤人，伤门主争斗，民工必有打架争斗事件，也主官非口舌。伤门在巽主变动，伤门加戊又主失脱难获，说明民工有流失现象。

8. 为什么说目前田某战略战术不对头？

日干为田某，景门主战略战术，主宣传广告，现景门落坤二宫，宫中有庚和天芮病星，主策略不对头，上乘九地主迟慢。日干宫克景门宫表明田某不愿意做广告，不重视招聘策略，如不改变策略，自然也就招不上民工了。

例十五　竞拍虽成功，专利难经营

2000年5月初，北京某公司王总经理给我打来电话，要求预测拍卖会的事。

王总经理是位中年女性，精明强干，现经营着一家公司。“五一”节时经人介绍，她专程从北京赶来见了我一面，还了解了我研究周易的一些情况。回到北京不足三天，就打来电话求测。

王总在电话里讲，5月11日在北京将举行“中国首届医药高科技拍卖会”，会上将拍卖一种中药止疼剂的产权。这种止疼剂叫“桂深止疼合剂”，可代替麻药止疼，而且对人体没有副作用，经济前景非常好。王总想在竞拍会上拿到这种药的产权，但不知能否成功。

预测后我答复她，拿不到手，最好别参加拍卖会了。当时王总也没明确表态。

我也知道，王总也不是个简单人物，我一句话，人家就能不买了？

果不出所料，2000年5月9日11时20分，王总给我打来电话，再次要求预测拍卖会的事，并称：通过摸底，起拍价为3亿元人民币。我仍劝她放弃竞拍，但王总执意参加，说买号牌的钱都交了，必须参加。

当王总说出3亿元的起拍价后，我以为听错了，这么高的售价，可能吗？于是又问了一下价格，确为3亿元人民币。

我依奇门格局答复王总：

一、拍卖会上竞争激烈，会反复竞价；

二、价格要竞到带6的数字，你应有心理准备；

三、你没资金，买上了资金也难到位；

四、你如果真想买上，应采取的战术是：必须第一个到达现场，选在会场西边就座。经过几轮竞争，就可以买上。但我再提醒你一下，即使你买上了，也做不成这宗事，奇门局上显示这叫：半途而废。

我讲完后，王总解释说：资金是没有，但只要把药的产权买到手，下一步就可以和别的单位合伙搞，借鸡下蛋，让别人出钱，这次拍卖会只要能中拍就行。听着王总志在必得的话，我也只好由她去了。

时间过得真快，转眼就到了11日。晚7点多，王总从北京又打来电话："杜老师，今晚北京电视台要直播拍卖会的情况，国内外有一百多家新闻单位参加。我现在已经进入拍卖会场了，按你说的，我第一个到达了会场，坐在了西边位置上，我的号牌是199号，拍卖会8点开始，9点结束，你还有什么要嘱咐的没有？"

我回答："没什么了，祝你成功！"说完，我立即打开电视机。近8点，只见拍卖会会场上，王总身穿蓝底小白花上衣，坐在会场的一侧，格外显眼，她的后排坐着两位助手。

8时整，拍卖会正式开始，拍卖师开始叫3亿元的起拍价，始终没人

举牌，又改为拍10%的股权，起拍价3000万人民币，拍卖师叫了三次，只见王总向后排的助手示意，助手立即举起了牌。拍卖师叫着3000万，另外一个方向的人举了牌。拍卖师又叫着3100万，王总示意助手要了3300万。拍卖师的3300万三声刚过，又有一个竞拍人举了牌。这时，王总回头给助手讲了几句话，助手直奔数字“6”，叫了3600万。拍卖师一遍一遍地叫着价，无人再举牌。竞拍“桂深止痛合剂”10%的股权，王总成功了。

当晚21时10分，王总的电话来了：“杜老师，你猜结果怎么样？”

“我在电视里看到了，祝贺你竞拍成功！”

“我们非常高兴，谢谢你的指导。”

竞标成功了，事情的最后结局怎么样？半年后，我又给王总通了电话，问起“桂深止痛合剂”的运作情况。王总讲：“和你预测的一样，虽然买到了手，但最后也没做成，当然，原因不在我们一方啦。”

奇门格局：

2000年5月9日11时20分

庚辰年辛巳月丁卯日丙午时，阳四局，甲辰旬，天任星值符，生门值使。

九地 景门庚 天心星戊	九天 死门丁 天蓬星癸	直符 惊门壬 天任星丙
玄武 杜门辛 天柱星乙	己	螣蛇 开门乙 天冲星辛
白虎 己伤门丙 天芮星壬	六合 生门癸 天英星丁	太阴 休门戊 天辅星庚

分析依据：

1. 为什么建议王总第一个到达现场？

因为该局九星反吟，遇反吟局利客，当利客时则先声夺人，先行动，先到达，先举牌。

2. 为什么断拍卖会上要反复竞价？

九星反吟，所以断要反复竞价，竞价必然激烈。

3. 为什么断拍卖会所拍价格要带数字 6？

甲子戊为资金，为所拍产权的价格，现戊落乾六宫，后天数为 6 数，故断价格为带 6 的数字。

4. 为什么断王总没有资金？

甲子戊为资本落乾六宫入墓，又下临庚，庚为阻隔，综断王总没有资金。

5. 为什么让王总坐在拍卖会西边就能买上呢？

从局上看时干丙落艮八宫为空亡，空亡主事不成，应在了 3 亿元拍卖不成（这一点我没测出来）。让其坐西边是选择了有利于王总能买上的空间，西边是兑七宫，宫中逢开门，大门洞开，又逢时干丙落艮八宫之生，必能买上，所以劝王总坐拍卖会的西边。

6. 为什么断即使买上了，也做不成？

王总是为求财而来，现九星反吟，书曰：遇反吟，求财不成反蚀米，也主半途而废。又因，时干丙落艮宫遇旬空，时干空亡，主事情不成。再加上以前的预测，综断：即使买上了，也做不成。

例十六　盲目求发展，企业陷泥潭

市场经济的建立，给民营企业家提供了大展身手的机会，不少企业家白手起家，由小到大，迅猛发展，思路越来越宽，步子越来越大，取得了

骄人的成绩。

纪老板原是某厂工人，头脑灵活，后升为车间主任。厂子改制后成了民营企业家，生产各种家具，效益也不错，被选为县人大代表，经常外出参观学习。他看到南方的企业家资本发展很快，深感思想跟不上趟，苦思冥想，决心走一条大投资、大企业、大名牌、大发展的道路，但毕竟要冒很大的风险。究竟可不可行？这一天他找我给他出主意。

2000年1月5日，新年刚过，天气严寒，下午3时25分，纪老板顶风冒雪找上门来，一边拍打着身上的雪花，一边说明来意："杜局长，你看我搞个大投资项目，行不行？"我让他先坐下慢慢说，他简要地说明了想投资一个大型塑钢门窗企业，对市场需求做了调查，对竞争对手也做了了解，认为这个项目大有前途，只是投资太大，看看可不可行。

我没有马上表态，于是纸上起局，不等我看完，立即对他说："不行，不盈利，不能搞。"这一连串的三不，表明了我坚决的态度，使纪老板大感意外："怎么会不行呢？"

我仔细推敲完格局，一一对他分析："一、战略决策不正确，从奇门局上讲这叫自找麻烦；二、如果真要建厂，从投资的角度看，只赔不赚，不但不赚钱，而且连成本都收不回；三、从市场营销的角度看，虽然塑钢业刚刚兴起，但同行较多，存在着销路不畅、难以赚钱的问题。一句话——这买卖赔钱，你不能干。"

纪老板听我这样分析，不以为然。他坚持自己的观点："我和你想法不一样，现在国家放开建筑市场，形势非常有利，塑钢材料需求量也大，应该不会有问题。"

我问："你做家具厂挺好的，为什么非要改行做这个呢？我刚参加了一个高级人才培训班，讲课的经济学专家就说干经济是不熟不做。你做家具已经轻车熟路，继续做就是了，为什么非要走一条不熟的路？"

纪老板态度坚决，主意已定："我不能老做科技含量不高的传统行业，若干年以后，我的家具行业走到尽头了，我也就完了。我应该有忧患意识和超前意识，人无远虑必有近忧，我及早安排转型生产项目，搞点高科技含量的新产品，企业才能发展，才能不被市场淘汰。”

按说纪老板说的并非没有道理，反映了一个有战略眼光的企业家的雄才大略。但是我还是相信我的奇门预测：“我们用另一种传统的思维方式来看这个问题，奇门遁甲局上显示投资不行，肯定赔钱，还是建议你不要做。”

纪老板不甘心，在以后的两三个月内又找我预测了几次，因为我们之间关系还很密切，说话也就少了客气，几次为此事产生争论甚至争吵，我坚持说：“不行，不能搞。”纪老板固执己见：“全国到处都在宣传，塑钢是替代木材的新产品，高科技含量，型材产品正由铝合金向塑钢转型，市场看好，销路畅通。杜局长，你预测的和我想的不一样，和市场现实也不一样。”我一再劝他：“按说你非要搞这个项目，我也干涉不着，但我们是朋友，还是要对朋友负责，我完全是据奇门格局说的，这一次投资太大，如决策错了，你就倒大霉了，你还是和你的班子开会好好研究研究吧。”

纪老板坚持己见，很快在几个月后引进了 12 条塑钢生产流水线，购买机器设备总价值 800 多万元，随后购进原材料，调试生产。结果到年底，机器老是调配不好，出的产品质量总达不到设计要求，不是毛刺太多，就是外观不齐，好不容易产品生产出来了，但型号太少，不好出售，惹得纪老板心急火燎，又硬着头皮找我预测。见他执迷不悟，干到这个结果，我也很无奈，再一次表示反对意见，劝他及早下马，迅速处理善后事宜。没想到纪老板态度反而更加坚决。他说:“我已经找专家做过咨询，他们诊断我的厂子规模太小，产品种类少，没有竞争能力，建议扩大生产规模，再进几条生产线，成为北方塑钢一霸，那时肯定火起来。”这一次劝说又没有成功。

纪老板决心大干一场，于是，新购地 80 余亩，又投资 600 万元购买了不同型号的生产线 14 条，增盖了厂房，招收了工人，仅购生产线两次即投资 1400 万元，算上其他开销，总共向银行贷款 3000 万元，加上自己筹

资的1000万元，总投资额为4000万元。纪老板准备红红火火地向前腾飞了。

按说规模大了，知名度高了，厂子应该有起色了。但事情常不以人的意志而转移，再怎么努力也翻不过身来。纪老板面临两个强劲的竞争对手：一是保定的嘎马斯集团，一是东北的实德集团，这两家塑钢企业起步早，质量好，价格合理，产量大，占据了北方大部分市场份额。纪老板起步迟，品牌没打出去，质量比竞争对手差，价格虽然比较低，但问津者寥寥无几。价低还赔本，根本无法与名牌抗衡，且纪老板对市场需求想象得过于乐观，也不知当时市场调研怎么做的，专家怎么答复的，实际上建筑行业由于各方面的因素，并不是无限制的扩展，这次大决策给纪老板的产品销售带来很大困难。工厂规模大，产品产量大，但销量小，产销不成正比，积压了满仓库货，很快资金周转不动了。到2003年工厂处于半开半停状态，到了年底彻底停工不再生产。

这期间，纪老板焦头烂额，欠银行3000万贷款。银行见厂子要黄，紧追不放，仅利息每年就高达300万元，26条生产线维护费每月16万元，每年达192万，虽不生产一年下来利息和维护费也要500多万元的开销。纪老板急火攻心，坐卧不宁，使尽了浑身解数，采用了鼓励销售、加大提成、找建筑公司联营等方式，但无一奏效，最后只好关停生产线。实际上大部分中小型塑钢厂都是昙花一现，赔钱的多，赚钱的少。

此举造成了严重后果，纪老板原先开得不错的家具厂，因生产资金大都调拨给了塑钢厂，使家具厂周转困难，也濒临破产，真是新桃子没吃上，老桃子也烂了。重大的决策失误，使纪老板陷入难以解脱的困境。

一个好的决策会给你带来大批的财富，同样一个坏的决策也会给企业带来毁灭性的打击。

几年过去了，2004年的一天，我们又见面了，纪老板一脸晦气，很尴尬地说："杜总，你的周易是对的，不论是我创业初期，你给我的指点让我发展，还是后期的失败，都说明你用周易给我预测的大事是正确的。"

我问他现在厂子如何，他叹了口气说："银行的贷款还欠着，工厂开不了工，生产线处理也没人要，积压的产品卖不出去，就这么天天拖着呢，暂时还没办法。"

奇门格局：

2000 年 1 月 5 日 16 时

己卯年丙子月壬戌日戊申时，阳四局，甲辰旬，天任星值符，生门值使。

直符 伤门壬 天任星戊	螣蛇 杜门乙 天冲星癸	太阴 景门戊 天辅星丙
九天 生门丁 天蓬星乙	己	六合 死门癸 天英星辛
九地 休门庚 天心星壬	玄武 开门辛 天柱星丁	白虎 己惊门丙 天芮星庚

分析依据：

1. 为什么说决策错误，属于自找麻烦？

景门主计划、建议、决策，景门落坤宫，加死门主会因钱财引起官讼。景门加戊也主为财惹麻烦。表明该计划不好。时干为部属，均落坤二宫，上乘太阴主策划，说明部属也提出了意见，现日干预测人克时干宫，说明预测人一意孤行，不听部属建议。综断决策错误，自己给自己找麻烦。

2. 为什么说投资不盈利？

甲子戊为资本落坤二宫，生门为利润落震三宫，生门宫空亡主无利

润，生门利润克甲子戊资本宫，表明投资不盈利反赔本。

日干壬为预测人落巽四宫，乍一看格局不错，特别是日干壬上乘直符、逢竞争之伤门、天任之吉星、加地盘戊形成小蛇化龙格，大有腾飞之势。但仔细一看，壬在四宫为入墓，日干入墓求财不得，壬在巽形成辰辰自刑，伤门与壬同宫主凶，伤门加杜门也主破财。

3. 为什么说同行也经营不好，也要退出市场，且对预测人构成威胁？

月干丙代表同行落乾宫为入墓，表示发展不好，不盈利，丙加庚主退缩又与宫中惊门、白虎、庚同宫，说明部分同行日子也不好过，同行丙宫为金直克日干壬巽木之宫，主将来同行对预测人威胁大。

例十七　作假不可取，诚信得第一

奇门遁甲号称帝王之术，在诸数术中最具理致。其来源于军事上的排兵布阵，对现代商战具有一定的指导作用。

某市信用社的李主任是工作上争强好胜的女强人。1998 年底全市 46 个单位要按全年利润完成情况排定名次，李主任决心要拿第一。

离报表还有几天时间，李主任带领手下几员大将做了充分准备，并从各个渠道获得信息，认为今年获得第一名不成问题。

谁知半路杀出个程咬金——据悉兄弟单位的霍主任上报的数字比她多出了 200 万。李主任闻听着了急，上午急忙把报表从上级财务处要了回来，准备把数字搞上去，与霍主任争个高低。谁知这消息又被霍主任知道了，也立即把报表抽了回来，这一举动又让李主任得知。1999 年的元旦，李主任召集手下科长晚上加班，准备把指标再提上去。但是指标提高，第一拿上了，明年的工作咋干？李主任不禁犯愁，再说倘若霍主任把指标降下来，可就坑了自己了，你长他降，差距拉大，明年任务就费老劲了。是加指标还是减指标？对方抽回报表是加还是要减？他若加是加多少？要是减又会减多少？李主任摸不透对方，进退两难，主意难定，众科长面面相觑，众说纷纭。焦急之中，李主任忽然对科长们说："我认识杜新会，他是河北省周易研究会的理事，何不向他求教？"大家都劝李主任赶快打电话，在这关键时刻指点迷津。

李主任打来电话，简单说明情况，并问这种事情能测吗？我回答："应该可以，因为奇门就源于军事，指导人们怎样战胜对手。"我立即布局，分析了敌我双方局势，又依奇门格局拿出了指导方案，而后，答复如下：

一、你今年工作有成绩，应该拿第一，你的业绩指标是真实的，但你犯了一个小错误，报表报早了，你的各项指标底数让对手提前知道了。

二、对方是男的，他的业绩指标是虚假的，我这奇门符号里显示有作假的标志。

三、对方抽回报表是有人帮他，不是增而是降。降的数字是三或九，我认为是降300万，这样，你要增指标就是上当了。因为你一增就会增200万以上才能超过他原报表数字，他要是降300万，可你又增200万，明年你们的任务差距就是400万，你的工作将很难干了。

四、根据以上情况你应该采取的策略是：保持平常心态，降一或六数，我认为应降100万。他要增指标，明年他没法干，他要降，你比他的利润指标还高。

五、关于争第一，依我看你能争第一。

李主任听了我的分析，极为赞赏，决定保持平常心态，降下100万利润指标，为明年留点利润。众科长按照主任的指使，加班加点干到深夜，第二天一早把表报了上去。

第二天下午2点，李主任打来电话，很高兴地对我说："杜老师，我真佩服你，今天上午46个单位的名次已经排定，我们是第一。霍主任他们也正如你所测：真降了300万指标，我也按你所说降了100万，财务处一排名我们比他还多32万，他们是1120万，我们是1152万。说真的，全系统谁都知道我们干得不错，我们的收蓄率比他们高多了，这我们还留有

余地呢。他们造的表肯定是假表，按你的指点，我们不但不加指标反而下降，这是竞争对手绝对没有想到的。他大幅度地降下指标是想明年把我们狠坑一下，幸亏我没有上当，你的奇门真奇，实在感谢!”

奇门格局：

1999 年 1 月 1 日 17 时 55 分

戊寅年甲子月癸丑日辛酉时，阳一局，甲寅旬，天心星值符，开门值使。

直符 开门癸 天心星辛	螣蛇 休门戊 天蓬星乙	太阴 生门丙 天任星
九天 惊门丁 天柱星庚	壬	六合 伤门庚 天冲星丁
九地 壬死门己 天芮星丙	玄武 景门乙 天英星戊	白虎 杜门辛 天辅星癸

分析依据：

1. 为何说李主任的利润指标真实，但犯了一个小错误？

日干癸为李主任落巽四宫，宫中上乘直符表明气宇轩昂，天心星主正直，开门主工作，说明李主任在工作上很正派。日干癸下临辛，辛为金牌、为第一，子月辛金旺相，落四宫为入库，不为入墓，综断李主任的报表没有作假。

癸下临辛，辛又主错误，逢开门，说明李主任不注意保密，报表过早，让竞争对手知道了她完成利润的底细。

2. 为何断竞争对手利润指标虚假？

戊为月干、为竞争对手，落离九宫，宫中上乘螣蛇主虚假，逢天蓬星主对手野心大，做大假，故断对方的利润指标做了假。

3. 为何断对方撤回报表要降 300 万？

仍以月干戊宫来看，戊下临乙奇为有贵人帮忙。上乘螣蛇主狡诈，月干为竞争对手，时干为指标，月干克时干，说明对手不想报高指标了，逢休门主退缩，戊在离为子午相冲，冲则动，离火主三数，故断降 300 万。

4. 为何建议李主任降 100 万指标？

日干为李主任，时干为指标，时干克日干，必是降指标才对。减多少才好呢？时干落乾六宫，乾宫代表 1 和 6 数按理分析，应减 1 数，即 100 万。

5. 为何劝李主任保持平常心态？

日干癸落四宫为六仪击刑，说明李主任为争先进大上肝火。地盘辛落四宫为入库，一方面主李主任在加指标还是减指标的问题上还犹豫不定，另一方面主李主任在争先进的问题上还没摆正位置，所以我劝她要保持平常心态。

6. 为何断李主任能拿第一名？

古人经验遇反吟则半途而废，可我为什么却断李主任能拿第一名呢？这主要依据是：辛主金牌，地盘辛上乘日干癸，天盘辛下临日干癸，李主任和金牌同宫，这就决定了李主任要得第一名，遇反吟主快，也主反复。

在预测中，单看相生相克容易断错，特别是这个局，辛为金牌克日干癸，月干又克辛，那谁得金牌呢？不可能谁也不得，所以细分析谁与金牌同宫谁得。

例十八　土地荒城外，高价也不卖

石家庄市棉纺厂的干部张茹静，退休后老有所为，不甘在城市享清福，与丈夫一起回到正定县老家，承包了几十亩薄地搞起了养殖。老两口

的光荣事迹还刊登在了《石家庄日报》上。

一日她与丈夫到其姑父家闲坐，听说我在研究周易会预测，就让其姑父领着找上门来。

张茹静过去和我同在一个厂工作过，一见面自然不用介绍。听了她的叙述我对她的气魄深为钦佩。

她说：石家庄市西北黄壁庄水库附近有座小山叫翠微山，约有70亩地大小，其使用权归电子部54研究所，是54所的试验基地。山上建有一座小二层楼，还有几间平房，已经闲置多年。她老两口实地看过两次，打算通过熟人介绍去找54所的领导花个三四十万元把这座荒山买下来办养殖场，让我看看能否成功。

于是我起局，局上显示对方不肯卖。我笑着问她："你买人家的地，人家以后就不做试验了吗？"

"他们早就不做了。这楼是50年代建的，很小，离石家庄市很远，孤零零的一座石头小山，荒草遍野，没有人烟，闲着也是闲着，咱给他几十万，他也不吃亏。这样两头乐的事他还不答应？买了以后我和老伴就搬到山上住了。"张茹静很自信，话说得也很有道理。

我看她这么认真，按局上判断，开始给她泼冷水："你的想法很不错，但我预测你买不成。主要原因是人家不卖，用我这局上的话说是天时不利于你，你找关系去说说，但最好不要先投入，投了也白投，你买不成。"

"我买不成，别人能买成吗？"

"别人也买不成，谁买都不卖。"

张茹静还是去试了试，过了几个月给我回了话：托人说了说，办不成。详细情况没有谈。

1999年1月，我恰好代表联通河北分公司到54所商谈购买所内微波楼之事，该所领导态度很坚决："我们54所的地皮决不会出卖，出租倒可以。我们为官一任，要是把地皮卖了，别人会骂我们是败家子。别说微波楼了，去年有人出200万元想买黄壁庄水库附近的翠微山试验场，我们所里都没答应。”

我听他谈到的这座小山正是张茹静想以三四十万买的那座小山，就问这位所长，那荒山闲着也是闲着，为什么出到200万还不卖了它？

所长说：这试验场闲着可以，荒着也可以，就是不能卖。所里都是知识分子，对这种事反应非常敏感，谁要是真给卖了，不把领导骂死才怪，所以出再多的钱也不能卖。

奇门格局：

1998年4月8日11时20分

戊寅年丙辰月乙酉日壬午时，阳一局，甲戌旬，天芮星值符，死门值使。

九地 休门辛 天辅星辛	九天 生门乙 天英星乙	直符 壬伤门己 天芮星己
玄武 开门庚 天冲星庚	壬	螣蛇 杜门丁 天柱星丁
白虎 惊门丙 天任星丙	六合 死门戊 天蓬星戊	太阴 景门癸 天心星癸

分析依据：

1. 为什么断张茹静买不成呢？

首先，先观大局，大局是九星伏吟，伏吟利买贷，但是又主伏而不动；其次，再以日干为买方，时干为卖方这一对矛盾来分析，现日干乙落离九宫属火，时干壬落中五宫寄坤二宫属土，日干宫生时干宫，买方极想买下这块地皮，但卖方旬空，空则不成，又坤二宫中逢伤门，伤门主争

斗，在这里主所要条件高，加上旬空和伏吟这两个因素。综断应为，对方由于客观原因，无诚意卖地，所以生意无法成交。

2. 为什么劝她通过关系去说合买地之事时不要先投入呢？

九星伏吟，在策略上就应处于不动状态，如果动则破财，所以劝她不要先行投入（送礼）。

例十九　若先发制人，反败定可胜

（一）

李厂长经朋友介绍找到我，称其在河北省某县租赁承包了一个工厂，想预测一下工厂的状况。我预测其状况有以下几点：

第一，你的工厂目前亏损，很不景气；

第二，工厂内部不团结且凶事不断；

第三，你为此事伤透脑筋，毫无办法，你想干又干不下去，想撤又犹豫不决；

第四，最终你得放弃经营这个厂。

李厂长听了我的预测后说："说得挺对，我已经投进300万了，要是不干就亏大了，继续经营行不行？"我说："不行了，产品质量太差，厂里内部也不行，越干越亏损。"李厂长又问："那你看我今后怎么办好？"我说："撤，悄悄地撤，不让出租方知道，不然损失更大。"李厂长说："回去我们研究研究。"

经过反复研究，李厂长决定采纳我的意见，人员、车辆悄悄撤离了。1998年5月初，李厂长又见到我说："你的一句话值了300万。去年我让你测工厂的事，你让我撤，我听了你的话，果断采取了撤离的措施，不然现在得赔进500万。这厂是1993年我租赁承包的，期限8年，只干了4年就不行了。一是产品太次；二是当地的老百姓当临时工，不服管理，净动手打干部；三是出租方有个电厂，咱用他们的电，一有矛盾就拉闸，第一次停电就达三个月，后来又停了两次，损失大啦。没办法，不撤不行了，正好你预测撤了好，我们赶紧撤了，撤离前压了他们300万电费没缴，咱也亏不了什么，现在他们老找咱协商怎么办，我说用我投资的设备顶电费，对方也没办法。你的预测真行，和打仗差不多。”我说：“奇门遁甲本身就主要用于战争，用于现代的商战也是同样的。”

（二）

1998年6月9日我下班刚到家，李厂长又把我接到他的办公室，开门见山就说了起来。原来李厂长自从撤离后，对方派人一直追着他要300万电费，李厂长采取了不予理睬的态度，让手下人去应付，几个回合下来，对方感到在李厂长的地盘上要债，劳民伤财还没效果，于是放出风来：如再不解决，就要法庭相见。下级将情况汇报上来，李厂长也很气愤：他们电霸作风，想停电就停电，搞得我们无法生产，又想告我们，就是法院判了，也执行不了。但李厂长毕竟是个有头脑的人，发火归发火，冷静一想，将来和法院作对是行不通的。下步怎么办？还是请我来预测一下，作个参考。

我依局答复李厂长：“这局上显示谁当原告谁胜，谁当被告谁倒霉，法院向着原告，依奇门指导，你想取胜就得当原告，你应当先下手起诉对方。”从战术上讲先发制人则胜。

“起诉对方？能行吗？咱们欠人家电费。”李厂长还没思想准备。

“你必须起诉对方，否则你就亏大了，这事必须要快办，局上显示反吟，这说明速度快，也表示宜乱中取胜。”我坚持我的意见。

李厂长思考了一会儿下了决心，决定先行起诉对方，以攻为守，出其不意，攻其不备。但仍不放心，又问了我两个问题：一是法院向着我们吗？二是官司的最终结果会不会判我方还给对方付钱？

我又答复：第一，如你当了原告，法院肯定向着你；第二，最终结果是调解，你再退给对方 60 万了事。我又补充道：你们要注意收集证据材料，这方面对你们不太有利。

李厂长讲：“前边你指点我们取得了初步胜利。商场如战场，我们再给他打一仗，下步我们仍按你的意见办，不过我得再上会研究一下，争取先下手。”

第二天李厂长召开领导班子扩大会，分析了形势，并提出先行起诉对方的意见，会议形成决议，决定起诉对方。

1998 年 6 月 15 日该厂向某市中级人民法院经济一庭递交了诉状。起诉书中诉电厂电霸作风违反合同和政府有关不能随意停电的精神，多次停电，给工厂造成损失，导致被迫停产，要求电厂赔偿经济损失 300 万元。

当对方接到法院的传票时都愣了，他们根本没想到李厂长的厂会先起诉，因为他们也于 6 月 18 日向市法院经济二庭递交了起诉状，状告李厂长的厂欠交电费，只可惜他们晚了三天，双方为争当原告，先开了战，法院只能依法裁定，按时间顺序先诉者为原告。原、被告双方都清楚，谁败诉谁就至少损失 300 万元，作为李厂长一方损失就更大了，因为国家有规定，欠电价是按欠价的月 9%计罚的，300 万电费每月就罚 20.7 万，18 个月就是 372 万，加本金应为 672 万，这可是个天文数字。所以双方都派出了得力人员出庭。

这官司打起来是马拉松式的，规定法院审理期限为 6 个月，结果没按时审完，延长了 6 个月，又没审完，又延长了 6 个多月。双方唇枪舌剑，各自举证。开始李厂长一方证据不足，代理人设法在庭审中使被告方吐出全部证据，而后再收集证据反驳对方，多次开庭，越开对原告方越有利。

官司从 1998 年 6 月打到 2002 年 3 月，一审判决书判决原告赔偿被告 58.3 万元，与我预测的赔偿对方 60 万元基本接近。接到判决书李厂长非常高兴地说：这官司打得绝了，这奇门遁甲是真厉害，如当时不撤离工厂，损失就大多了，撤离后如不当原告，让对方先告了我们，我当时在当地有500多万元货款没收回来，对方一搞诉讼保全，扣住这500万就全给人家了，那可就把我老底全给端走了。

（三）

李厂长的官司一审胜了，被告肯定是不满意啦，正当李厂长高兴时，被告向省高级法院提起了上诉。李厂长得到消息，有些担心，一是怕对方找关系走后门，二是怕高法改判，领导班子会上反复分析、讨论，也没个结果，上午一散会，李厂长急忙拨通了我的电话，请教下一步怎么办。当时，我也正准备下班，一听李老板变了调的声音，赶紧预测。说实在的，我接到电话时也一惊，待起完局才舒了一口气。

“别急，对方上诉，但省高法不理睬，说通俗点就是维持原判。你放心吧，如果官司打输了，我面子也不好看。”我把预测结果告诉了李老板。

“杜老师，你给认认真真地看看，这回对方急了，听说要不惜血本，一定打到底。省高院我们一个人也不认识，对方一走后门准得改判。”看来李老板这回是真有点怕了。

“不管对方有没有后门，我这奇门遁甲局上显示省高法最终是维持原判，再说，就是有后门也不能决定一切，法律在那摆着呢，谁违法就告谁。”我还是坚持我的意见。

“这样吧，下午你再好好分析分析，对方要是走后门，我们不行也托人活动活动，下午咱们最好见个面。”李老板虽然不那么放心，但似乎也平静了一点。

下午4点多，我们见了面，我答复仍是省高法最终会维持原判，但案子时间要拖得长一点。劝告李厂长对被告的上诉不要理会，更不要去托人走后门。

事实是，对方按时上诉到省高级人民法院，经过半年多的一系列审理工作，省高法维持了市中级法院的判决。省高院的判决书正式下达后，李厂长一颗悬着的心才放了下来。

2004 年我们见面时，他还当着好几个朋友的面赞赏这场官司打得有水平，全凭奇门遁甲指导胜了对方。

第一个奇门格局：

1997 年 10 月 27 日 8 时

丁丑年庚戌月壬寅日甲辰时，阴八局，甲辰旬，天辅星值符，杜门值使。

直符 杜门壬 天辅星壬	九天 景门乙 天英星乙	九地 辛死门丁 天芮星丁
螣蛇 伤门癸 天冲星癸	辛	玄武 惊门己 天柱星己
太阴 生门戊 天任星戊	六合 休门丙 天蓬星丙	白虎 开门庚 天心星庚

分析依据：

1. 断该工厂亏损一是以该奇门局是八门九星伏吟断的，伏吟主破财，主亏损；二是开门为工厂落乾六宫伏吟上乘白虎主破财伤人，格局又庚加庚大凶之格；三是时干壬和日干壬同落巽四宫为六仪击刑大凶，日干四宫中杜门加杜门主破耗亏损。

2. 断工厂内部不团结、凶事不断，是因：开门为工厂落乾六宫，上乘白虎主凶事，格局是庚加庚主兄弟失和，官灾横祸，开门工厂乘凶神，凶格又克日干宫，必是工厂内部争斗不止，凶事连连。

3. 日干壬为李厂长落巽四宫，壬落巽四宫为六仪击刑主大凶，宫中壬

周易与商战

加壬为自刑，说明李厂长自己决策上有错误。为什么干不下去？天盘日干壬落四宫为入墓，说明李厂长被囚困，有劲也施展不开，地盘日干壬也入墓主李厂长犹豫不决，所以说李厂长伤透了脑筋。

4. 最终要放弃经营该厂是因：开门带凶神、凶格落乾六宫属金，日干壬落巽四宫属木，现正是金旺木衰之时，旺乾金冲克衰巽木，当然要放弃经营该厂了。

5. 为何说该厂产品质量差？

时干壬为产品逢击刑和自刑，说明质量太次，自刑也主是因为自己工厂内部的原因，造成了产品质量差。

6. 为何要悄悄地撤？

壬为日干下临壬，壬为大水，主流动，在这里主走，日干逢击刑主辞职，主撤退，四宫中逢杜门，杜门主隐蔽，所以要悄悄撤为宜。如公开撤，开门宫中庚为白虎，为阻隔冲克日干李厂长，对预测方则大为不利。

第二个奇门格局：

1998 年 6 月 9 日 18 时 20 分

戊寅年戊午月丁亥日己酉时，阳三局，甲辰旬，天柱星值符，惊门值使。

直符 开门壬 天柱星己	螣蛇 休门辛 天心星丁	太阴 生门丙 天蓬星乙
九天 庚惊门乙 天芮星戊	庚	六合 伤门癸 天任星壬
九地 死门丁 天英星癸	玄武 景门己 天辅星丙	白虎 杜门戊 天冲星辛

分析依据：

1. 为什么说谁当原告谁就胜诉？

值符为原告落巽四宫，天乙天辅星为被告落坎一宫，开门为法官落巽四宫。他们三者各自的状态如何呢？

先看原告，四宫中临开门与法官同宫比和，说明法官在执法中倾向原告，但宫中有天柱破军星必有损失，格局壬加己为“凶蛇入狱”主词讼理曲，败诉。

再看被告，坎一宫中景门属火入水乡凶，上乘玄武，主无理。己加丙为火悖地户，主男者冤冤相害凶格。

同时天乙生值符和开门，表明被告被原告牵着鼻子走，处于被动不利地位，生开门说明求着法官办案。总之当被告不利，当原告有利。

2. 为什么断当原告有利还要赔对方 60 万呢？

本身原告就欠对方电费 300 万，要把损失降低到最低程度就行。现甲子戊为资金，落乾六宫表明 60 万，克巽四宫中的值符原告，而却生坎一宫中的天乙被告，必是原告赔被告 60 万了事。

第三个奇门格局：

2000 年 3 月 6 日 12 时

庚辰年己卯月癸亥日戊午时，阳三局，甲寅旬，天任星值符，生门值使。

螣蛇 伤门戊 天冲星己	太阴 杜门己 天辅星丁	六合 景门丁 天英星乙
直符 生门癸 天任星戊	庚	白虎 庚死门乙 天芮星壬
九天 休门丙 天蓬星癸	九地 开门辛 天心星丙	玄武 惊门壬 开柱星辛

分析依据：

1. 为什么说省高院不理睬被告的上诉，最终会维持原判？

开门为法官落坎一宫逢空亡，空亡主法官不管，宫中辛加丙为威制之合，合则不会改判，故断最终会维持原判。宫中上乘九地，主案子处理时间长。

2. 为什么说李厂长不必采取任何行动呢？

日干癸为李厂长一方，落震三宫，癸落三宫为旺相，癸下临戊为击刑，说明李厂长心情不好。宫中上乘值符主百灾消除，宫中癸与戊相合，合则不动，故劝其不必走后门或采取其他行动。

例二十　工程虽告急，谈判看时机

2002 年 10 月，我公司在某县城修建光缆管道工程，该工程围绕县城修建。在修建县城东南侧的光缆管道时，由于这里还是正在规划中的道路，没有设计好水准线，我方施工队大致预测了一下水准就开始施工了。后来公路修好后，我方有三个光缆竖井高出地面约 10 厘米。施工队正准备改造的时候，发生了一件小事故，一名行人路过时被高出地面的竖井绊

了一下，刚刚做的裤子被撕裂了，无奈施工队陪了人家800元钱。赔了钱还没完，该县有关部门说我们施工不规范，不合乎施工质量要求，于是开出了30万元的巨额罚款单。

这么高的罚款谁敢接受，我方工程现场负责人及施工队多次派人与该县进行交涉，都没有结果。我方不接受30万元的罚款，县里也有办法，所有在该县的联通公司的工程都被停止了，看来不交罚款就别想再搞新的工程了，可通信网络急需要扩大，工期紧急，急得施工队团团转。无奈事情汇报到我这里，听完汇报，感到事情有些棘手，棘手也得处理，我还是军人作风，困难面前不推托。在10月中旬我到该县去和有关部门领导进行了协商，当时，该县有关部门给了我点面子，把罚款的数目降了一点，说："老总亲自来了，那就罚20万吧。"这与我方的愿望相差甚远，当时我就给县部门的负责人讲："我们是上市公司，要接受审计监督，罚款无法入账，希望能够妥善解决，让双方都过得去。你们非要罚20万，数额太大，我当下作不了主，回去请示一下，过几天再来汇报。"第一次就吃了个闭门羹，只好打道回府。

这种大额罚款不用请示，谁也不批，我分管的工作，我必须解决。网络急着开通，工期紧逼。10月29日，我又去处理这一问题，到该县约40分钟的路程，司机开着车，我闭目深思，在该县发生的事情肯定是我方无理，今天去谈判怎么个谈法？后果如何？思来想去没有结果。还是用奇门预测，看看这谈判怎么谈。于是坐在车上起局预测。格局是这样显示的：

1. 该局大局伏吟，遇到这样的局，从时空上看是利主不利客，我去找对方我是客方，对方是主方，对他有利，对我是不利的，但下属已经和对方约好了时间，我不去又不行，怎么办？奇门是一门能指导行动的预测术，在这种情况下我得用奇门指导我变不利为有利。

2. 格局中日干庚代表我，时干庚代表谈判对方，均落乾六宫，宫中逢开门主为工作事而谈判，也主在谈判中对方会明确提出罚款数额，庚加庚的格局为"兄弟雷攻"，意思是双方各持已见，互不相让。测出了对方的情况，我怎么应对这场不利我方的谈判呢？

3. 遇伏吟局采取的策略应是不急、不躁、待机而动，若急动则吃大亏，这次去谈判不成功，在谈判中应尽量避开正题，先把感情拉近，以后再适时谈罚款之事。

主意拿定，车也到了，我公司的县区经理早在门口等我，我给他交代了一番。

到了对方办公室，一谈对方倒很痛快，显出很客气的样子来，说："您老总来了，行，我们再让让步，少罚点，再减两万吧！18 万。"我一听，和预测的一样，马上就说，"我今天是专程来拜访局长的，这些小事不急着解决，咱们先去吃饭吧，认识认识，交个朋友。"对方以为我会在饭桌上和他谈罚款的事，我只是谈天说地，最后就是不提罚款的事，只是交朋友。这次虽然没有谈成，但却把关系给缓和了。给以后的圆满解决问题打好了基础。

回来以后，我们又进行了几次协商，由于我们不急不躁，耐心商谈，按照奇门预测的策略进行。所以，到 11 月中旬，对方终于吐了口，让了步，双方经友好协商，我方交了罚款 5.1 万元，总算圆满解决了这一问题。虽然耽误了 20 多天，但给公司省了十几万。

奇门格局：

2002 年 10 月 29 日 15 点 40 分

壬午年庚戌月庚午日甲申时，阴八局，甲申旬，天心星值符，开门值使。

白虎 杜门壬 天辅星壬	六合 景门乙 天英星乙	太阴 辛死门丁 天芮星丁
玄武 伤门癸 天冲星癸	辛	螣蛇 惊门己 天柱星己
九地 生门戊 天任星戊	九天 休门丙 天蓬星丙	直符 开门庚 天心星庚

分析依据见文章中的三条。

例二十一　情断失巨款，本利得归还

山东青年小王二十来岁，长得高大威猛，相貌端正。高中毕业未考上大学，又不甘在淄博农村耗费青春，由于家境贫寒，父母多病，家里欠下6万余元外债。于是于1998年与朋友结伴来到石家庄开创天地。

小王有文化脑子灵，白手起家，赚了一点小钱之后不愿再卖苦力，学会了开车，正好中山东路一个小卖店的女老板有辆出租车，小王受雇于女老板，老板给他开工钱，小伙子也勤奋，嘴也很甜，每天阿姨长阿姨短的让女老板很高兴。女老板有个女儿小赵，与小王年龄相仿，也开着个小店，经常由小王开车接送上下班，一来二去，日久生情，小赵见这山东小伙长得不错，人又机灵，还有技术，渐渐产生一种说不清的感觉，而聪明的小王从小赵的眼神里似乎也读懂了什么，两人由心照不宣到渐入情境。

由于在出租行业混久了，接触的人多了，信息也广了，小王渐渐不安于受雇于人的处境，也动开了经商的心思，认为还是这玩意儿来钱快。于是在开出租车的同时，逐渐做起倒卖旧车的生意，知道哪里有旧车要出

售，先借钱将它买下，洗洗刷刷，修修补补再以稍高的价格售出，然后连本带利还清借款，剩下利润归己。就这样倒腾了几年，小王挣了不少钱，挣钱之后不胡花，寄回山东老家。五年过去了，不仅六万余元的旧债还清，还花了七八万元盖了八间瓦房，经济上彻底翻了身。

在几年的倒车过程中，小王少不了与女老板合作，总是在需要本金的时候女老板慷慨解囊，解决小王购车的本金，然后小王连本带息如数归还，再加女儿对小王有那么点意思，这个准丈母娘也乐于帮忙，由于双方的紧密合作，互相在经济上都得了利益。

也正应了那句老话："人无百日好，花无百日红。"正当小王事业蒸蒸日上，满心喜悦要与小赵喜结良缘的时候，小赵却亮起了红灯。小王在石家庄混了五六年，眼看着要变成"大龄青年"，这在城市也许不算回事，可在农村，再找对象就有点困难了，所以2003年2月7日，春节过后，小王与小赵谈起婚娶之事，没想到"剃头挑子一头热"，小赵虽对小王有好感，但照顾不起小王山东的农村家境，认为小王虽然能挣钱，但比起城市，贫困的农村却是一个填不满的无底洞，这几年小王挣的钱全都寄回了老家，这也无可厚非，但觉得婚后将会有很大的麻烦。于是小赵毫不犹豫地回答："我们做朋友可以，做夫妻绝不可能，你寄钱给家没有错误，但结婚过日子总这样可不行。"虽经小王反复解释，甚至表示愿意婚后将收入交由小赵支配，但小赵意欲已决，毫无商量的余地。小王5年的情感等待和心血耗费，一下子受到了极为沉重的打击，见她如此绝情，心想这口气怎么就能甘心咽下，我5年的精神损失如何赔偿。

刚与小赵分手后，小王迅速来到女老板店里，趁小赵不在跟前。小王依旧很热情地招呼女老板说："阿姨，我一叔伯哥找到一辆桑塔纳，转手可卖10.6万元，但要8万元的本钱，也就是几天的事，阿姨您再帮帮忙。"女老板一如既往，马上取出存折说："没有8万，只有3万。""3万也行。"小王拿走存折，第二天就取走了3万。

小王取出钱后，胆也壮了，什么法律不法律的，感觉三万太少，认为

不足以弥补损失，于是马上又找到开女老板出租车的另一搭档司机孙某，也以同样的理由要借他3万元，然后让孙某去找女老板还钱。但孙某没那么多，只借给他3600元。小王给孙某打了借条，并称要女老板偿还。同时还给小赵写了一封信，密封后交孙某转交，随即携款离开了石家庄市。

2月8日晚上，小赵回家后，女老板向她诉说了小王借走3万元之事，小赵一听就急了："妈，您怎么还借钱给他，我昨天已经向他挑明了，我们成不了了。"女老板一听脑袋发懵，忙说："这里还有他给你的一封信，快看看上面写的什么。"小赵不看则已，一看大发雷霆，原来信上写的是"你城里人咋样？你不是看不起我吗？我照样让你摸不着南北，钱到了我手里，我就不还，你去哭吧……"小赵母女又气又急，再传呼小王，早没了踪影。

原来小王携款径直回了老家。"求婚不成泪纷纷，五年回想欲断魂。借问媳妇何处有？不在城里在农村。"别看小赵瞧不起小王，这两年在农村小王可算是冒尖户，很快有人找上门来说媒，回家只一个多月就结了婚，甜滋滋地过起了小日子，至于钱的事早飞到九霄云外了。

这边小赵母子心急如焚，似热锅之蚁，也不知小王跑到哪里去了，3.36万元的巨款难道就飞了不成？后经反复查询，才找到小王的老乡，摸清了小王在山东淄博的原籍地址，又费尽周折找到小王家村里的电话，一打电话，小王不在，有人将其母亲找来，王母不知对方是何人，只是据实告知：小王在石家庄待了五六年，听说搞了个对象也吹了，回来时特别伤心，我们费心给他找了个媳妇，结婚以后就又出去了，究竟在哪儿，也说不清楚。

小赵母女见索债无望，想来想去觉得小王手段恶劣，诈骗钱财，应属犯罪，通过法律解决。于是告到公安局，公安局说你们双方认识还有经济往来，这是经济案件，不属公安管。又找法律顾问咨询，律师说这不属诈骗，因为你们雇他开出租车已好几年，相互了解，并有过倒卖汽车的合作关系，因此构不成诈骗罪。

女老板走投无路，欲哭无泪，也不知她通过什么渠道知道了我会预测，于2003年2月20日辗转来到我家。一大早我要准备上班，她就敲门进来，急匆匆地要我给她测测这钱能不能要回来，我一看表，正是7时20分。

她把事情的来龙去脉细说了一番，我理解她焦急的心情，马上起局，几分钟后我对她说：

一、不必担心，钱可以要回来，可能还有些利息；

二、你必须秘密地寻找小王，找的时候要动脑筋，要灵活，必要时设个小计谋，设法套出他的地址或电话找到本人；

三、局中显示，小王家是他母亲当家，你能制住其母亲，这事要通过他母亲解决。

我这样一说，女老板心里似乎有了底儿，不像刚来时那么着急了。她走后，又多次给小王的母亲打电话，软硬兼施，连哄带吓唬说："事情不大，只是小王拿着养路费手续，走时没交代清，打好几次电话了，如你家再不说，我们就向公安局报案了。"农村人老实，又怕消息传出去了在村里丢人，无奈王母告诉她，小王可能又回石家庄了，但具体地址不详。

女老板开始留意在石家庄寻找小王，并通过熟人找公安局，公安局的人说：这够不上诈骗，但可以帮忙把钱要回来。

从3月份开始，女老板坐上自己的出租车满市里找，终于在4月20日晚10点钟，在世纪饭店发现了小王的身影，女老板立即通知公安局，迅速抓住了小王，并拘了40多小时。经过简单的审讯，小王答应还钱，到23号上午，小王还给女老板3.5万元，除了本金3.36万元外，那1400元就算是利息吧。

奇门格局：

2003年02月20日07时20分

癸未年甲寅月甲子日戊辰时，阳九局，甲子旬，天英星值符，景门值使。

九天 景门壬 天辅星壬	直符 死门戊 天英星戊	螣蛇 癸惊门庚 天芮星庚
九地 杜门辛 天冲星辛	癸	太阴 开门丙 天柱星丙
马玄武 伤门乙 天任星乙	白虎 生门己 天蓬星己	六合空 休门丁 天心星丁

分析依据：

1. 为什么说不必担心，钱可以要回来，可能有利息？

测讨债以值符、伤门、天乙星三者关系来看。现值符落离九宫，伤门落艮八宫，天乙也落离九宫，欠债人天乙天英星生伤门讨债人，必能要回欠款，且利息能回一部分。

2. 为什么要秘密行动，采取小计谋才能要回？

时干、日干均为戊，戊既为该事，又为预测人，现落离九宫。宫中临死门，死门加戊应采用虚假手段，所以让预测人秘密行动，设计从其母口中摸到了小王的活动地，并通过相关部门讨回了欠款。

3. 为什么说小王母亲当家，这事要通过其母亲解决？

太岁癸为小王的父亲，与癸相合的戊应为其母，现戊落离九宫，日干落宫与戊同宫，同宫比和，说明预测人从其母“死加戊”能套出小王情况，且戊落宫中上乘直符，表明其母在家当权，又表明其母正直，其母落宫中戊落离宫还与地盘辛相冲，冲则动，动则为我所利用。

例二十二 测后心坦然，顺利迎高官

房地产开发商王老板近年来在石家庄市开发了一个较大的住宅小区，该小区的名气不小，再加上王老板有市政协委员的头衔，使他成了一个颇有知名度的人士。

忽然有一天晚上，王老板给我打电话，说第二天省长带领部分政府有关人员，要到住宅小区来视察。他让我预测一下，小区的业主们会不会拦住省长闹事。王老板的语气中夹杂着焦虑和不安。

对于王老板所说的闹事，我前些天曾给他预测出来了，略知一些内情。原来，业主们入住小区后，发现部分房屋有质量问题，于是就有少数业主组织了一部分人，多次和王老板交涉，提出一些赔偿条件。由于条件有些苛刻，双方的想法差距较大，因此一直没有达成一致的协议。正在这时，省长要来小区视察，不但要听他汇报工作，还要走访少量入住的业主，听取业主们对小区的反映。本来，省长来视察是一件名利双收的好事，可在这节骨眼上，好事也可能变坏事，这能不叫王老板担忧吗？

我预测之后，直率地告诉王老板："业主们是有不满意的，但不会发生不愉快的事，明天没人闹事。从我的预测来看，省长视察期间应该是顺利的。这个格局上显示，你临值符，则百灾清除，所以你就放心吧。"

"肯定不会有人闹事吗？"王老板还是有点不放心地问。

"肯定不会！"我语气坚定地答。

"那就好，那就好，我是太担心了，开发这么大个小区，发生点问题也不算奇怪，我正在全力解决，我怕的是有人趁省长视察时闹事。"

放下电话，我也觉得事关重大，还是谨慎些好。我反复推敲格局，认为明天王老板不会在省长面前丢面子。晚上 22 点 45 分，我又主动给王老板回了电话，告诉他明天的事一切顺利。王老板感激地说："我虽然听你说没人闹事，但我还是很担心啊，我现在怎么也睡不着觉，万一业主闹事就大事不好了。”

“我的预测有80%以上的把握，你就放心好好睡觉吧。”我安慰王老板。

第二天下午，我与王老板通了电话。王老板高兴地说：“杜总，你测得真准啊！省长来到小区视察，先围着小区转了一圈，又去了幼儿园和居民家里，一切都顺利。太谢谢你了！”

奇门格局：

2002年1月24日20时48分

辛巳年辛丑月壬辰日庚戌时，阳五局，甲辰旬，天英星值符，景门值使。

玄武 休门辛 天任星乙	九地 生门丙 天冲星壬	九天 伤门乙 天辅星丁
白虎 开门癸 天蓬星丙	戊	直符 杜门壬 天英星庚
六合 惊门己 天心星辛	太阴 死门庚 天柱星癸	螣蛇 戊景门丁 天芮星己

分析依据：

为什么断不会有人闹事呢？

首先，看局中闹事者与预测人之间的生克关系，相生则平安，相克则闹事。现庚为闹事者落坎宫属水，日干壬为预测者落兑宫属金，两宫金水相生，必平安无事。

其次，日干、时干也是一对矛盾，分别代表预测人和居住的业主，两

宫也是金水相生，而且，日干壬落兑宫临杜门主保密，说明省长来视察之事，王老板对外暂时保着密呢，时干庚宫中临死门，表明业主虽有意见，但发泄之大门被关闭，加之，庚加癸之格主“官司停止”，故也不会有人闹事。

最后，再看日干壬落宫，宫中上乘直符，直符为吉利之神，遇凶事百灾消除，所以，综断省长视察期间不会有人闹事。

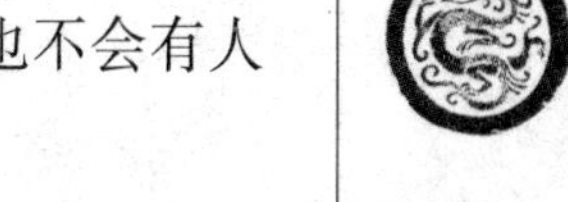

例二十三　财大不听劝，不赔也难赚

朋友田老板搞房地产生意，手里有不少钱，气魄自然也就壮了。2001年12月24日上午10时30分给我打来电话，中午邀我到省会某高级饭店吃饭，顺便给他在该饭店投资的大项目拿拿意见。我问：“什么大项目？”他说：“我要在该饭店搞一个全市最豪华的洗浴中心，不仅在全市而且在全省都要有名。”听了他的雄心壮志，我随即起局，感到不乐观。但我并未急着给他回话。过了一会儿，11时10分，他又打来电话再次邀我到现场去看看，为慎重起见，我又一次起局，心里有了底。

到了某饭店，田老板一见我，踌躇满志地说：“杜老兄，我要在这里投资700万，搞一个第一流的洗浴中心，要最高标准，最豪华的装修。你帮我策划一下，看行不行。”

我当下没有表态，说：“先看看再说。”

田老板兴冲冲地领我上了五楼，整个一层面积约1500平方米，装修还未开始，地面还是水泥麻面，但田老板似已胸有成竹，他指点着各个方位说：“这里是收款台，那里是餐厅，这边是休息室，那边是洗浴室，还有包房，包房内还有洗浴室、蒸气室。从硬件上讲绝对豪华一流。”

从饭店位置来讲，地处市中心繁华地段，灯红酒绿，车水马龙，是个赚钱的好地方，难怪田老板信心十足。

但我还是给他泼了冷水，我按起局预测结果告诉他：“你是搞房地产

周易与商战

的，想搞洗浴中心，根据时空格局分析，局上显示：你要搞这个洗浴中心不但不赚钱，反而会赔钱。开张后客人太少，没客人你赚谁的钱呢？局里还显示有好多事不好办，阻力太大，最后为财的事引起矛盾。据此我建议你不要投资，不能上这个项目！”

田老板的热情被我的凉水当头一浇，有点吃不住劲，不解地问：“怎么不行？我搞房地产这么多年，还没遇到什么挫折，干这个就不行了？”

我出于好心还是劝他：“我在北京高级人才管理培训班培训时，老师讲得一句著名的话就是：不熟不做。你不内行，隔行如隔山，搞这种经营你绝对不行，最好别干。”

田老板急了：“我不行？别人干行不行？”

我耐心地说：“别人干可能行，你就不行，包括这项投资你要投就赔钱。”

田老板仍不服气：“我不干也行，那你看看还有什么事？”

“别的事倒没有，就怕你回去就变，还得投资，反正我告诉你了，要干就赔本。”

“我不干，让朋友干去吧。”田老板似乎下了决心。但我心里明白，我的规劝不一定起作用。

本来田老板这次找我，是想让我给他加一把火。没想到我在火上反而浇了一瓢水。

田老板终究没有被说服，从他房产开发资金中拨出700万元，经过半年的装修，洗浴中心开张。

2004年5月，田老板因其他事情又一次找到我，见面就说：“真不好意思再见你，上次你测得太准了。”我问：“你一定没听我的话，赚了吗？”田老板摇摇头说：“和你测的结果一样，不景气，客人太少，房租太贵，不过也没赔什么钱。”

接着他给我简单谈了后来的经过：

“洗浴中心开张后，原以为客人不断，但因投入大，档次高，收费当然也高，来者寥寥无几，再加上周围中低档的洗浴中心吸引了大多数客人，挣的钱还维持不了日常开支。我一看这不行，又想起你预测时说的话，我与合伙人一起商量了一下，不能再撑下去了，得迅速离开这鬼地方，恰好有人也想收购这个洗浴中心，我赶紧转给他了，到2003年6月以760万元的价格正式卖了出去。虽说是赚了60万元，但我投资的700万元若一年半的时间投到别处，早就赚多了，这实际上是赔了，再加上操心费力，担惊受怕，得不偿失。另外，洗浴中心由于占了我700万元，其他房产项目拖着，给不了施工队工程款，工程队采用罢工形式要挟，闹得我心里挺腻歪，还把其他工程也耽误了。真后悔当时没听你的话，老兄真是金口玉言，今后大事必须听你的。"

我说："那时我预测都是破财的局，不动则已，动则破财，可惜没有说服你。"

田老板不解地说："也怪了，事先我花了两个月派人作了很多调查，下属也写了可行性报告，还咨询了一些专家，都认为能赚钱，可就不赚钱！"

"那是西方的投资管理模式，它主要是依据调查的数据作分析，但你调查的数据准不准就难说了。我是依据奇门遁甲的时间、空间、数理组成的模型进行测算的。我不反对西方的管理科学，但我们中国的传统文化在现实社会中的作用也不能低估。就这次洗浴中心投资之事，你用了两个月，我只用了十分钟，两者如结合在一起，你再决策就会更准确。"我回答了他的不解。

"吃一堑，长一智，下回投资前一定听你的！"

奇门格局：

2001年12月24日10时30分

辛巳年庚子月辛酉日癸巳时，阴一局，甲申旬，天任星值符，生门值使。

太阴 杜门壬 天心星丁	螣蛇 景门戊 天蓬星己	直符 死门庚 天任星乙
六合 伤门辛 天柱星丙	癸	九天 惊门丙 天冲星辛
白虎 癸生门乙 天芮星庚	玄武 休门己 天英星戊	九地 开门丁 天辅星壬

分析依据：

1. 为什么说不能投资？

该局大局九星反吟、八门伏吟，求财遇反吟、伏吟不但不赚钱，反而还要赔本。

2. 为什么断开洗浴中心会遇到很多难以解决的事，因财会引起很多麻烦？

辛为日干为田老板落震三宫处绝地主运气低下，辛下临丙为悖格，逢悖格应尽早抽身，辛加丙主做事逢合，合则有困难不好解决，辛加丙还会因财引起矛盾、口舌是非或官讼。

3. 为什么断开张后客人少？

时干癸为客人落艮八宫主沐浴状态不旺，癸下临庚，说明该洗浴中心消费档次太高，客人消费不起。宫中日干辛落震三宫克时干，说明预测人制订的价格，会把低消费人群拒之门外。

4. 为什么断田老板不会听劝，最终会投资？

一是日干逢辛丙合，说明田老板听不进去我的预测意见；二是日干宫中逢伤门主建洗浴

中心的决心特别大；三是大局反吟，虽当着我的面表示不做了，遇反

吟要反复，故断还要投资。

例二十四　开业盼吉利，却遭风和雨

中国联通邢台分公司因多种外部原因没有按时开通 GSM 移动电话网，被上级通报批评，总经理和副总经理被扣罚了全月的业绩工资，全体员工的业绩工资也被暂时下浮 20%，为此，其主管单位联通河北分公司的总经理亲自督战邢台，才使工程工作和中国电信的互联互通工作得以顺利进行。

7 月 7 日上午 10 时整，我突然接到省分公司派到邢台准备开通仪式的某秘书科长从邢台打来的电话：明天举行的开通仪式至关重要，还要向邢台的下岗职工捐款，邢台市市级领导和各界要人参加，你能否给测一下明天的天气状况？要是有雨，我们好早做安排。

当时我面前正好摆有现成的奇门格局，就随口答道："明天有雨。"

"能肯定吗？"某科长又问。

"能。"我答道。

"那我们可按你的意思，准备雨具了。"

"准备吧，肯定有雨，雨不会太小。"我的口气使在座的一位同志感到吃惊，他说："杜部长，你这一手真不简单，你不是正在测足球赛吗？怎么又测起下雨来了，看来奇门遁甲真是奇妙无穷，明天我也到邢台，要真下雨可就麻烦了。"

第二天一早，还未到上班时间，某科长就传来信息："雨具已经准备好了，现在邢台的天空乌云密布，阴得像一张黑脸，只是目前还没有下起来……"

1998 年 7 月 8 日上午 9 点多，位于闹市区的联通邢台分公司门前，彩球飘扬，军乐齐鸣，参加开通仪式和看热闹的人围了一片。原定 9 点 18 分正式举行开通仪式，因我预测有雨而提前剪彩。大约 9 时 20 分左右，总经

理正讲着话，雨点便不客气地开始往下砸，工作人员准备好的雨具这时全派上了用场，由于是雨中即景，情景交融，邢台市长、电信局长、劳动局长、总经理在讲话时，真是越讲越有劲，越讲越鼓舞人心。

会后大家开玩笑说：这叫风调雨顺。

说来也凑巧，联通邢台分公司开通仪式后，一炮打响，实现开门红，在全国三省九市的开通工作中争了个第一名。

奇门格局：

1998年7月7日10时

戊寅年己未月乙卯日辛巳时，阴二局，甲戌旬，天蓬星值符，休门值使。

九地 生门乙 天冲星丙	玄武 伤门丙 天辅星庚	白虎 杜门庚 天英星戊
九天 休门辛 天任星乙	丁	六合 丁景门戊 天芮星壬
直符 开门己 天蓬星辛	螣蛇 惊门癸 天心星己	太阴 死门壬 天柱星癸

分析依据：

天柱星主雨、壬、癸为水，天辅主风。天柱星落于乾六宫，宫中见天盘壬和地盘癸，必是下雨之象，天柱如落坎一宫为旺象，带壬主大雨，带癸主小雨。现天柱落乾六宫为比和之宫，说明雨不太旺，虽带壬水，只能是中雨。

天辅星主风落离九宫主旺，又逢伤门之凶门，必有风。另外整个格局中，三宫中辛加乙为白虎猖狂，遇有虎猖狂也主有风。天辅落离宫，离火主三数，应断风力三级。

例二十五　判决难执行，有理须强硬

1992年11月14日，河北信息服务台从石家庄物资贸易中心购买了一辆三峰牌面包车，车款共计6.7万元，在欠款3.7万元的情况下将车提走，物资贸易中心多次催促对方补交余款，但是该单位直至破产也未能补交。

1993年7月23日，物资贸易中心将此案诉讼至法院，由于河北信息服务台已无力偿还，依据法律程序又改诉该单位的上级主管。1994年6月29日，法院下达民事裁定书，判由河北信息服务台的上级主管单位偿还车款3.7万元及利息7000余元。但该单位领导称本单位是事业单位，不能用国家行政拨款还债为由不予偿还。法院虽有判决但一直无法执行。

1995年6月物资贸易中心领导经过研究，将追讨欠款任务交给我。1995年11月6日上午我召集保卫处其他同志开会研究，副处长梁志海同志对我说："这笔欠款已追了好几年都未追回，法院虽有判决也不好执行，不如你用奇门遁甲预测一下，看这笔欠款能不能追回来?"我说："以前我虽然没有管这笔欠款，但曾经测过，还是能追回，现在我再测一次看看。"随即我便起局预测。经过分析，我对大家说："这次不但能要回本金，而且利息也能要回来。"大家听后都说：处长是不是测错了，能还本就不错了，别说还利息了。我又检查了一遍，认为预测程序没问题，于是我说："从奇门上看这笔欠款能追回来，而且有利息，不过暂时还不了，主要是因为法院怵欠款单位，下一步抓紧找法院，催一下法院。"

不久我们便与法院联系，执行庭王庭长说："被告是省直的事业单位，不好执行判决，要不你们先到被告单位看看他们有什么值钱的东西，必要时查封他们的东西，去的同时也催催他们还款。"

1995年11月14日，我与梁副处长准备去被告单位催促还款，去之前

我用奇门预测并将预测结果告诉他，我说：“此行必与被告方发生争吵，且利客不利主，也就是利进攻一方，今天肯定要吵架，我们一定要设法占上风，火力要猛点。”

梁副处长点头表示明白。

次日，早8时10分我们到省某事业单位张副主任办公室，事先我已有了时时为客的准备，先声为客，进门后我们便很和气地自我介绍说：“我们是市物贸中心的，来催一下服务台那笔欠款。”

“服务台的事别找我们，我们还找不到他们呢?”张副主任一听就不太高兴地说。

“法院有裁定，不找你们找谁?”

“你出去，我还要办公!”张副主任立即站起来指着我说。

我一看对方出言不逊，正中下怀。马上也站起来，朝他的办公桌猛拍一掌，震得桌子上的杯盖都掉下来了，并且大声说：“你欠钱不还，有什么资格让我出去，法院裁定你们单位还款，难道你不清楚?你们办公司光知道挣钱往口袋里装，欠了债你不管了，你算什么干部?”

“你敢骂人?”张副主任急了。

“你要是不还钱，我还要揍你呢，不行就把我们单位的职工叫来，咱们一块到省政府去评评理，你们欠钱不还还有什么理。”动手是不可能的，奇门要的就是这种气势。持续了近一小时，围了一大堆人，我们按方案气势逼人，张副主任不敢再吭声。可能是对方怕我们单位职工到省政府上访，一会儿对方单位进来另一位领导答应研究一下，给法院一个答复。这次讨债实际上是一场戏，但为今后的工作打下了基础。

1996年7月中旬，保卫处配合法院冻结了省某事业单位存在银行账上的6.1万元，冻结账户后对方没有反应。我们趁势找法院，不久就将款划归我公司，除收回欠款3.7万元之外，另又收回利息2.3万元，此次讨债大获全胜。

两次预测格局如下：

第一个奇门格局：

1995年11月6日9时10分

乙亥年丙戌月辛丑日癸已时，阴九局，甲申旬，天柱星值符，惊门值使。

直符 杜门庚 天柱星癸	九天 景门辛 天心星戊	九地 死门乙 天蓬星丙
螣蛇 壬伤门丙 天芮星丁	壬	玄武 惊门已 天任星庚
太阴 生门戊 天英星已	六合 休门癸 天辅星乙	白虎 开门丁 天冲星辛

分析依据：

1. 为什么断本息全还？

值符为债主落巽四宫属木，天乙天辅星为欠债单位落坎一宫属水，伤门为讨债人伏于震三宫。天乙生值符和伤门宫，伤门宫又与值符宫比和本息全还之象，八门伏吟主迟还，也主利讨债。

2. 为什么断法院怵欠债单位？

值符为原告落巽四宫，天辅星为被告落坎一宫，开门为法院落乾六宫，开门法官伏吟主不愿主动去执行。什么原因？丁加辛主官人失位，又开门生被告克原告，故断法院怵被告，虽有判决而不执行。

3. 为何要采用催法院之策略？

开门法官伏而不动，宫中格局丁加辛为官人失位，主没履行职责，所

以要催法院，让法院动起来，使其不失位，依法执行判决。

第二个奇门格局：

1995年11月14日7时1分

乙亥年丁亥月己酉日戊辰时，阴五局，甲子旬，天禽星值符，死门值使。

太阴 休门己 天辅星己	螣蛇 生门癸 天英星癸	直符 戊伤门辛 天禽星辛
六合 开门庚 天冲星庚	戊	九天 杜门丙 天柱星丙
白虎 惊门丁 天任星丁	玄武 死门壬 天蓬星壬	九地 景门乙 天心星乙

分析依据：

1. 为什么断欠债能还？

债主值符，欠债人天乙天禽星，讨债人伤门三者同落坤二宫为比和，此债必还。九星伏吟利收敛财物，利讨债。

2. 为什么此行必要干仗，且利客不利主？

时干戊主事体落坤二宫，伏吟利讨债，门主人事，现伤门讨债人落坤宫，天盘木克地盘土，客克主，必然干仗，且利客不利主，另外天禽星为阳星，时干戊加阳星上也利客。所以选择在讨债中要大张旗鼓。制造声势，如要干仗则主动进攻，火力要猛，故我们选择为客，虽在对方单位，对方人多势众，但我们策略对，结果大获全胜。

例二十六　讨债是否顺，测后赴津门

1998年6月14日，某化工有限责任公司总经理封某打来电话："老杜，我有点事请你帮忙给测一下。现在我的货销出去不少，可对方总给不了钱，我准备两天内亲自出马去一趟天津要账，你给测测能否要回点货款？"

我起好奇门格局后电话答复封经理："我也不清楚你去什么单位要账，就依局给你说三点意见，供你参考。第一，你们双方相处的关系不错；第二，你去后不是很顺利，对方只能给一部分，不可能全给，但只要你去就能要回一部分款，数目可能在200多万；第三，你这两天去不成，18日才能去。"

封经理听后说："对方是个大企业，现在欠我几百万，但他们现在的经济形势也不景气。我请你预测是为了心里有个底，只要你说能要回来一部分款，就值得去一趟。"

6月18日前，因有事封经理想走没走成，18日才脱开身带车去天津要欠款。

6月23日下午15时多，封经理从天津打来电话说："怎么要账这么不顺利呢？你再给测测这一趟能否要回点货款呢？"看来封经理讨债不太顺利。

我很快答复："虽然有点不顺，但你肯定能拿回一笔钱，我上次说给200万，这回测也是200万。你耐心等两天，千万别心慈手软，要摆出一副不拿钱决不离开的架势，对方肯定让你拿回一部分货款。"

"好！听你的，我再待几天，争取拿回点钱去。"封经理听了我的答复信心倍增。

7月2日封经理给我打电话说："我已回到石家庄，天津的欠款要回来230万，办的承兑汇票，款已入账了。"

"你在天津待了几天?"我问。

"一共10天。"

"要款难度大吗?"

"现在回头看这次到天津要账难度还不算太大。6月23号给你通了电话后，我就天天找他们催，他们还不错，给了230万，以前要账从没给过这么多。天津方面欠别人款也很多，要账的人有好几拨，别人一分钱也没拿走。真是和你预测的一模一样，非常感谢!"封经理对我的指导很满意。

奇门格局:

1998年6月14日19时1分

戊寅年戊午月壬辰日庚戌时，阳九局，甲辰旬，天辅星值符，杜门值使。

九地 惊门乙 天任星壬	九天 开门辛 天冲星戊	直符 休门壬 天辅星庚
玄武 死门己 天蓬星辛	癸	螣蛇 生门戊 天英星丙
白虎 景门丁 天心星乙	六合 杜门丙 天柱星己	太阴 癸伤门庚 天芮星丁

分析依据:

1. 为什么断封经理和欠债单位关系处得不错?

伤门为讨债人，天乙为欠债人。现伤门和天乙天芮星同落乾六宫，同宫比和，说明两家关系还不错。从日干与时干落宫看也一样，日干代表封经理一方，时干代表对方，日干壬落坤二宫属土，时干庚落乾六宫属金，日干宫生时干宫，双方一直关系较好。

2. 为什么断去天津要账虽不太顺，但能要回 200 多万？

值符为债主，伤门为讨债人，天乙天芮星为欠债人。值符生讨债人和欠债人，讨债只能还一部分，伤门和天乙同在乾六宫，说明双方协商处理还债之事，二者比和也主能还一部分，但宫中伤门属木落乾金之宫为宫制不利，又癸加丁、庚加丁格局较凶，断要账不会很顺。

能要回 200 多万是因戊为资本落兑七宫，宫中逢生门为吉象，戊下临丙奇也为吉象，但戊落七宫处死地，兑宫先天为七数，后天为二数，戊处死地应取小数才对，所以断 200 万，戊为资本下临丙奇，有三奇相助可多断一些，要回 200 多万就是这样分析出来的。为什么不断 20 万呢？周易讲象、数、理，封经理的厂比较大，产品销量也大，断 200 万符合封经理的实际情况，也就是说分析得合理。

3. 为什么断封经理 18 号出发？

日干为壬落坤二宫为长生状态，说明封经理目前状况不错。壬为阳水，主流动，日干临壬表明封经理的决心很大，但壬下临庚，庚主阻力，今日是辰日，壬处墓状，要想走，须待壬水当令之日才能动，18 日是丙申日正逢壬水当令，又临马星当值，必然要动。

例二十七　遥测辨真赝，名画赚八万

1997 年 5 月 7 日 17 时 40 分，我接到河北省沧州市南皮县王某打来的长途电话说："杜老师，我这有幅画，请你用奇门遁甲给测测，是真的还是假的，不知道能测吗？"

奇门遁甲是一个时空数理模型，测画的真假也不会有问题，故我马上说："能测，你过 10 分钟再打过来电话。" 10 分钟后王某又打来电话问预测情况，我回答："我先说一下画的情况，首先说这幅画是一幅不带彩色的画；第二，这幅画比较旧，时间较长；第三，这幅画是真画，而且是高

级别的画，是名人画的；第四，你想买下这幅画。”

没等我说完王某就急着问我：“这画肯定是真的吗?”

“是真的。”

“我要是想买下来能行吗?”

“能行！准能买下来。”

“买下来好吗?”

“当然好啦，买下来就能赚大钱。”

“前边你测得都对，我把情况说一下，这是一幅齐白石的六蟹图，挺大，我就是吃不准画是真的还是假的。再一个，齐白石一生以卖画为生，民间散落他的画太多，买了又怕赔钱。杜老师你再给我好好看看，我是买还是不买?”王犹豫地说。

“一定买下来，你给对方压价，最高出 9000 元，最低出 3000 元，我也不知道人家给你要多少钱，不管怎么样最好是买下来，你应该赚 8 万元。”我边看奇门格局边答复。

“别说赚 8 万元，就是赚 8000 元也行啊。我现在老觉得这画不保险。”听得出来王某的高兴中带着疑虑。

“你知道这画怎么来的吗?”

“是个农民，收废品从老百姓家收来的，他让我看着给价，现在因吃不准真假，我也没给他说定价钱。”

“为了保险起见，你找个地方鉴定一下，但这个机会你别错过，一定要买下来。”

“行，就听你的，我想法买下来。”王在电话里下了决心。

过了约一星期时间，王某又给我打来电话说：“杜老师，太谢谢你了。我才从北京回来，我前几天让你预测那张画后，和卖主谈了谈，说我想仔细看看，先押了 2000 块钱，悄悄带着六蟹图到北京荣宝斋鉴定了一下，这画是真的，他们劝我在北京参加拍卖，还给我贴了标签。我怕卖价低了，又怕卖不出去再贴钱，就带回来了。”

1998 年 3 月 25 日王某又打来电话，说了齐白石六蟹图的情况，他以 3000 元的价格买进，在家只放了一个多月就以 8 万元的价格卖了出去，赚了一笔钱。

奇门格局：

1997 年 5 月 7 日 17 时 40 分

丁丑年乙巳月己酉日癸酉时，阳四局，甲子旬，天辅星值符，杜门值使。

九天 杜门乙 天冲星戊	直符 景门戊 天辅星癸	螣蛇 死门癸 天英星丙
九地 伤门壬 天任星乙	己	太阴 己惊门丙 天芮星辛
玄武 生门丁 天蓬星壬	白虎 休门庚 天心星丁	六合 开门辛 天柱星庚

分析依据：

1. 该画为何不带彩色？

景门主画卷落离九宫，宫中六仪主颜色。天盘戊属性为土，颜色为黄色，地盘癸属性为水，颜色为黑色。

2. 怎样断画卷旧，时间长？

该局八门伏吟主时间长。

3. 为什么断是真画，且是名人字画？

景门主画卷，天辅吉星临之，六仪戊和癸合，合则吉，上乘直符主高级、高档、名画，所以断该画为真画，且是名人所画。

4. 怎样看出王某要买下这幅画的？

景门为画，天盘戊与画同落离九宫，戊为甲子戊，离九宫为午火，子午相冲必主动。时干癸主货物落坤二宫，日干己主买主，落兑七宫，时干坤土之宫生日干兑金之宫，王某必然想买下这幅画，但日干兑宫中临惊门，说明王某顾虑重重，怕买下假画，上乘太阴也主王某要精心策划一番。

5. 为何要力劝王某买下该画，并断出要赚钱？

王某预测的目的就是要我帮其出主意，该奇门局八门伏吟，宜收敛钱财，宜买货，测买货时干生日干，不管好货孬货都有利，所以该画卷应买下来。能赚钱是生门主利润，现落艮八宫属土，生日干兑七宫金，且生门宫中上乘玄武主投机，逢天蓬星主盈大利，说明这是一笔很有利的生意。

6. 买价和卖价的价格是怎么断的呢？

戊为资本落离九宫逢冲，离为三数，九宫又主九数，所以断 3000 或 9000 元能买下来。生门主利润落艮八宫为八数，因有天蓬、玄武在宫故断 8 万元为卖出价。

例二十八　办厂定赚钱，但要历磨难

我的朋友大郝在某事业单位工作，有一天，他突然打电话给我说："我准备自己办个化肥厂，生产全元素化肥。你帮我测测看能不能办成，要是办成了，能不能赚钱？"

大郝只简单地说了个大概意思，我也没多问，经过预测我答复说："你的工厂方位是在东边 30 里，厂房为老厂房，你投资 70 万或 200 万，这个工厂能办成。你是阴历 8 月份投的资，明年元旦前后就能产出化肥，只要一生产就能赚钱，而且这次你要赚大钱了。一过春节，到阴历 2 月就能赚大钱。这里有你们领导支持你，你放心大胆地干吧。根据我的预测经验，你这回赚钱的机会来了。"

大郝道："行啊，老杜，你测得越来越准了，说得有门。我是在东边租了个乡镇企业的旧厂房，离咱们市也就是小30里吧，买专利花了7.7万，买设备以及其他投入下来也得60多万，总共加起来差不多也就是你说的70万吧，准备年前后出产品。至于赚钱不赚钱这就难说了。你说领导支持，我不说你也明白，也有他一股，当然他得支持啦，你再预测一下我注意点什么呢？"

"你注意别引起口舌官司就行，主要是别让别人坑你钱财就行。"我回答。

1997年5月份，经与大郝联系后验证，事情的发展过程是：他从银行贷款200万人民币，个人又凑了10万，其中办工厂用了70万，留下30万做流动资金，另100万借给了帮助从银行贷款的人。这个人用款半年多，还不起账了，用三辆进口小轿车顶了欠账，用大郝的话说："后悔没听你的话，可把我坑苦了，我把三辆顶账的小轿车处理完之后，赔了好几十万。不过工厂办得倒不错，我这个厂是1996年12月18日出的产品，你测我要赚大钱，还真赶上这拨了，刚出产品时，正赶上小麦打冬水追肥，化肥卖得很快，刚一过春节，又赶上小麦返青追肥，又卖了一大批。仅这两拨，钱就回笼得差不多了。到1998年春节后，就全部收回了210万的总投资。到1998年5月份，已盈利几十万了。"大郝的喜悦之情溢于言表。

奇门格局：

1996年11月14日17时20分

丙子年己亥月乙卯日乙酉时，阴九局，甲申旬，天柱星值符，惊门值使。

玄武 伤门己 天任星癸	白虎 杜门丁 天冲星戊	六合 景门癸 天辅星丙
九地 生门乙 天蓬星丁	壬	太阴 死门戊 天英星庚
九天 休门辛 天心星己	直符 开门庚 天柱星乙	螣蛇 壬惊门丙 天芮星辛

分析依据：

1. 怎样断出工厂厂房情况的？

生门为厂房落震三宫为受宫制，上乘九地，应为旧房，时干和生门同落震三宫主厂房方位，震为东方三宫为三数，故断东边 30 里。

2. 为何说办厂投资 70 万或 200 万？

戊为资本落兑七宫，先天八卦数为二，后天八卦数为七。根据象、数、理的原则，办化肥厂如断为 2 万或 7 万，这就太少了，要断 700 万或 2000 万，个人办厂，有些太大了，所以取了个中间数。

3. 为什么说要赚大钱了？

日干乙代表大郝，时干也是乙又代表事，二者同落震三宫，宫中生门代表利润，天蓬星为财星，亥月正当令，又落入子孙宫，必是求财有利，更重要的是由九地、生门、乙奇组成重诈之格局，主求财大发。

4. 怎么看出领导支持的？

值符为直接领导落坎一宫属水，逢开门既为一个单位，又主知情，值符宫水生日干宫木，说明领导支持。

5. 为什么要注意防凶灾？

首先日干宫中有天蓬星，该星既有捞大钱好的一面，又有破财的一面；其次值使门为惊门落乾宫而克日干宫，惊门主官司口舌。再次看月干己落巽四宫，月干为朋友与日干宫比和，月干宫中上乘玄武，玄武主贪财暧昧之事，所以断要注意口舌官司，防别人坑其钱财。

例二十九　聆听奇门劝，稳中得升攀

1000万是什么概念？如果一个城市低收入人口每月花费400元的话，那么1000万是2.5万人1个月的开销或是700人3年的生活费用。如果有一个不大不小的老板扬言3年要赚1000万的利润，你相信吗？

不过王老板也不是空夸海口，他这几年做板材生意一直是以“大跃进”的步伐向前迈进的，由几年前的年收入数千元到几万元，后来由我几经指点，近几年每年利润由三四十万到了七八十万元，后来又上升到百十万元。王老板喜上眉梢，雄心勃勃，心想现在虽然不是“人有多大胆，地有多大产”的年代了，但是假如我“胆子再大一点，步子再快一点，办法再多一点”，我的生意必然是芝麻开花节节高。只要我再加大投入，扩大规模，大干3年，挣个千万富翁当不成问题。王老板苦思冥想，沉浸在美好的计划和前景之中：如果真的实现3年赚上1000万，那我3年之后又该怎么样呢？

王老板对周易预测还是十分信任的，因为他刚开始从某单位停薪留职干板材生意的时候效益并不好，每年也只有几千元的收入。偶然的机会，他与我相识，我用周易的方法给他指点了几次，生意大有起色，效益成几何级数迅速增长，老板的形象也树立起来了。

这一次他又想起我，1999年2月20日上午，他找到了我，先说了近几年生意上的发展，又谈到他的宏伟计划，说：“我想着再多贷点款，扩大规模，目标就照着3年赚它1000万。您给咱看看可行不可行？1000万能不能到手？”

我虽然一直很赞赏王老板的才干与魄力，但是听他今天如此一说，我

还是心头一震，大吃一惊。1000万毕竟还算是天文数字，行与不行不能只凭感觉和口说，还是起局预测一下。

结果出来后，我告诉王老板："从现在看，如果你扩大投资规模，还是可以增加不少利润，但是你把目标定到1000万去努力和实施，结果将十分不利，从各个角度看你肯定实现不了。如果硬要实施，拔苗助长，结果必然赔钱。"

王老板见我如此给他泼冷水，精神准备有些不足地说："这几年我不是发展得挺好挺顺利吗？怎么再扩展就会不行了呢？"

"局上显示你现在只能在现有的基础上按部就班，稳步发展，以滚雪球的方式赚取利润。急功近利，想一口吃成胖子，一是不可能，二是必倒霉，你得调整。"

王老板有些扫兴："调整？你说调整是怎么回事？"

我对他说："我起这局是伏吟局，在策略上就表示宜稳不宜进，而且你的计划不符合客观规律，如果硬干，必然失败，所以得调整计划。"

虽然王老板面色不悦，但因前几次我给他的预测和指点不但准确，还起到了作用，因此他迟疑地说："那好，我调整计划，你说我应该怎么调整？"

我劝他："你也就是1年弄个100多万，3年最多赚上400多万就不算少了，这3年能赚500万就顶破天了，再多不可能，如你非要赚1000万，那就违背了事物发展规律。说简单点，拔苗助长就得倒霉。"

王老板倒还是听劝，说回去调整一下计划，没那么大的财气，就慢慢来，3年先挣它500也成。

实际上王老板1999年当年赚140万，2000年160万，2001年200万，3年500余万。业绩应该说也相当辉煌了。

事隔3年后，我们有机会又碰到一起，谈到这个话题，我说："当年我劝你不要冒进，结果怎样？"王老板微笑着说："杜大哥，你测得真准，我当时说3年实现1000万，也是根据市场情况和我的情况，当时生意好做，真火。但找你一测，给我泼了一盆冷水，大发展的信心受到了打击，但是我头脑清醒了许多，从事实上看，你的预测是正确的，这几年我稳扎稳打，每年挣进百十万，3 年也就是 500 万。想起来也有点后怕，如果当时真要扩大规模，销售渠道还没建起来，销路肯定不畅通，说不定货就会砸到我手里，有可能危及到我的商业信誉。看来光凭想象和魄力，不注重客观现实是不行的。真是谢谢你了。”

奇门格局：

1999 年 2 月 10 日 10 时

己卯年丙寅月癸巳日丁巳时，阳六局，甲寅旬，天芮星值符，死门值使。

螣蛇 杜门己 天柱星丙	太阴 景门戊 天心星辛	六合 死门壬 天蓬星癸
直符 乙伤门癸 天芮星丁	乙	白虎 惊门庚 天任星己
九天 生门辛 天英星庚	九地 休门丙 天辅星壬	玄武 开门丁 天冲星戊

分析依据：

1. 为什么判断王老板每年能赚 100 万多万，3 年最多赚 500 万？

一是日干癸为王老板落震三宫，处长生之地，表明王老板目前状态不错，宫中上乘吉神直符，有乙奇、丁奇贵人相助，生意不错；生门为利润落艮八宫，天英为财星旺相应取大数，即艮宫主 5、8、10 则取 10 数，生门逢空亡，利润减半为 5 数，断年利润应在 150 万或 180 万，王老板问的

是三年利润数，故断8数的一半为4数或取小数5数，即400万或500万。二是生门宫中辛加庚，让步才能得利，强进则适得其反。

2. 为什么断王老板再投资仍可增加收入？

甲子戊为资本，落离九宫，生门为利润落艮八宫，甲子戊宫生生门宫再投资仍可增加利润。

3. 为什么达不到3年赚1000万的目标？

该局大局伏吟，伏吟说明计划实现不了，1000万的利润也实现不了。遇伏吟局应稳步发展。等待时机，若大发展，就超出了自身承受能力。

对上述三点，建议在发展规划上应循序渐进，量力而行，不能冒进，这就是王老板的事业发展规律，若不听劝告，3年非要达1000万利润，则违背了事物发展规律，必然造成不应有的损失。

例三十　狂赌陷深渊，奇门救人还

假如有一个失去理智的醉汉在公路上驾车，面临万丈深渊，无人及时制止，那又将是什么结果？今天我就遇到这样一位醉汉，在求财的路上面临深渊硬要向前迈。奇门遁甲格局是怎样显示的呢？

我的朋友田某是舞文弄墨的书法家，字写得不错。电话中说："我有个朋友，某单位的副总经理，最近有点事，我介绍他找你，你给他指点指点。"我说："指点还谈不上，帮帮忙还可以。"

2004年4月16日晚22时，我正看书，电话铃响，这么晚了，谁会来电话？一接，陌生人："杜老师，我是田某的朋友，他说跟您说了，有件事请您帮忙给测测。"

我也不问对方测什么事，随即起局，直来直去对他讲："我还不是很清楚你要测什么事，但是局中显示：一、事情怨你，也就是说，你缺理；二、你好像是动了钱财，数目还不小，应该是30万左右；三、账目也有问题，你可能做了假账。你是不是要测与钱有关的事？"

电话那边传来田某朋友沮丧的声音：“是，与钱有关，是赌球的事，我过去用电话赌足球赛的输赢，现在我用电脑上网赌球。”

“地下赌球，国家明令禁止，你怎么能干这个呢？是不是输了几十万？”我问他。

“咳！别提了，输啦！我动用了32万元公款，你算得真准，那你看我是不是要被抓起来，有没有坐牢的可能？”

我一边看局一边对他说：“一、必须把钱还回去，即使你今天不找我预测，还钱这一步也是必不可少的，这在局中有显示；二、你必须立即退出赌场；三、这局上显示退钱了，就不会坐牢。”

“那您看我这事还可以隐瞒多长时间？”

“一个星期，在一周左右你必须把钱还上，否则必定倒霉。”我毫不犹豫地回答。

“哎呀，一个星期，我上哪弄那么多钱？我的命也不值那么多钱。”

“我给你指的退钱的路你必须要走，局上显示，这样你还可以不坐牢，不退钱，不用预测，你也得坐牢。”

电话那端没有声响，是犹豫还是在思考？

我又补充一句：“你还是有办法还钱的，抓紧时间。”

第二天，4月17日中午12时，田某朋友又打来电话：“杜老师，我有个重大决策，请您再给我测一下，我准备最后再拼一把，看看能不能捞回本钱来。”

我一边起局一边问：“什么重大决策，怎么拼？怎么捞？”

他说：“我和朋友商量好了，借来一辆本田车，这车价值30来万，我准备上赌场用汽车再赌一把，赌上50万，死活就是它了。”田某朋友咬牙切齿，面临生死关头，赤膊上阵，大有不捞回本钱不罢休的势头。

他急不可待地又说：“你说我有办法，我有什么办法呢？借又借不着，抢又不能抢。”

我说：“你先别急，我先看一下，沉住气。”“这回我跟赌场也说好了，

赢了翻本，还钱还有余，输了就拿这辆本田车顶账。”

这时我已起好局，马上告诉他：“我测的是破财伤人之局，大局已定，如果你再赌，必输无疑，这是其一；其二，不光今天你要输，就是今后你再去赌，也没有赢的可能。”

“我从哪跌倒，从哪爬起来，从赌场输的还要从赌场赢回来，我就不信我会光输不赢。”

电话中他反复多次地问我以后还有没有翻本的可能，我也不厌其烦地反复劝说应悬崖勒马，及早回头，不要越陷越深。

但是田某朋友似乎觉得30多万像做梦一样，一夜之间就没了，这口气实在难咽。

我一再告诉他：“靠赌场你永远翻不回本来，奇门遁甲古书解释你这个局的原话是：‘远行车折马死。’意思是你赌的时间越长，次数越多，你输得越惨，后果会越严重。”

“我与朋友们都商量好了，他们把车都借给我了。”这人还是不死心。

“你说到你的朋友，局里显示和你同去的朋友也输了20万，对不对？”看来对输红了眼的赌徒不来点真的是不行了，我说他朋友输多少钱，目的是告诉他，我连你朋友输钱都能测出来，你的事就更能测出来。

“真输了，我朋友是输了20多万，哎呀！真准！”对方有些惊讶。

我看他实在执迷不悟，油盐不进，又不愿看见他迈向深渊，我换了个话题，问他赌球的来龙去脉。

“你是去年立秋后就开始赌球的？”我问他是不是。

“是，我2003年8月7日晚第一次赌球，开始是用电话下赌，有输有赢，基本持平。后来赌上了瘾，赌注越来越大，用电脑直接上网，输了几万块钱。上星期三也就是4月7日，我带了15万公款，本想捞回输了的几万元，没想到，一晚上又把15万全输了。我想这家伙真不得了，赶紧赢回来，再也不干了。可越急越输，越输越急，一下子输了32万公款。杜老师，您劝我的好意我心领了，但我想这辈子光凭我挣的这点钱永远也补

不上了。补账大概只有百分之零点几的希望，太渺茫了。”对方说了经过，又有点看不到光明。我们虽不相识，但这时如不拉他一把，可能毁了他一生，必须拉他！

“你也应该为老婆、孩子、老人着想，把你抓起来，她们怎么办？怎么在社会上做人？留得青山在，不怕没柴烧，你还得想办法借钱，人在就不怕挣不上钱。如你今晚再赌必输无疑，这是天意，也是事物的规律！”

我真怕他一脚跳入万丈深渊，他一家子也跟着倒霉。说到家里，田某朋友叹了口气：“是啊，我家也不富裕，小孩儿得了白癜风，到北京、上海也总治不好，还花了不少钱，把我抓起来了，孩子的病也治不了了。”

在我反复劝说下，田某朋友的情绪逐渐好转，他说：“既是天意，我今晚也就不去赌了，车也不借了。老婆孩子一大家人，我也无处可跑。”

我特意强调：“现在科技这么发达，你赌球都用上电脑了，你跑了，全国公安电脑联网，抓起来，迟早得还钱，不如早还还来得及。再说这局是伏吟局，对你不利，跑是跑不了的。”

后来经验证：

一、当天晚上田某朋友确实没有再去赌场赌球。他跟朋友说：“杜老师预测我再赌还输，不去了。”

二、4 月 23 日他主动向领导坦白交代了挪用公款做假账赌球之事，并保证陆续借款还账。

三、4 月 27 日，他还了 25 万元，是费尽周折跟亲戚朋友东挪西借的，剩余 7 万元，承诺尽快还清。

5 月的一天，他在田某的陪同下特意找到我：“哎呀，我真是后怕。那时我的脑袋全乱了，什么都不想，一心想捞回来，幸亏杜老师用周易反复劝说我，告诉我这是天理、天意，我经过激烈的思想斗争接受了杜老师的劝说，向亲戚朋友借钱时他们埋怨了我几句，但也借给我了，不然真不知是什么下场。求财还是走正道吧。”

奇门格局：

2004 年 4 月 16 日 22 时

甲申年戊辰月乙丑日丁亥时，阳五局，甲申旬，天柱星值符，惊门值使。

九地 生门壬 天英星乙	九天 戊伤门丁 天芮星壬	直符 杜门庚 天柱星丁
玄武 休门乙 天辅星丙	戊	螣蛇 景门己 天心星庚
白虎 开门丙 天冲星辛	六合 惊门辛 天任星癸	太阴 死门癸 天蓬星己

分析依据：

第一局：

1. 为什么断这事怨李经理？

日干乙为李经理落震三宫，上乘玄武，玄武主奸盗之事，又主无理之事。再时干丁主事体落离九宫，丁加壬为淫荡之合，所测事必是李经理无理。

2. 为什么断李经理所测事涉及了钱？

日干乙落三宫临禄地，乘玄武，主有不正当的欲望，时干丁又落离宫，临禄地，丁加壬主用不正当手段获取利益，宫中戊为钱逢冲，主钱动了，天芮星主贪婪之星，断应为不正当得利之事涉及了钱。

3. 为什么断李经理账目作了假？

景门主账目，落兑宫，上乘螣蛇主虚假，时干丁既主事又主账目，加壬主淫荡事，必是做了假账。

4. 为什么断没危险？

日干乙落震三宫处临官旺相地，宫中除玄武外均为吉利符号，故断无牢狱之灾。

5. 为什么劝其退还公款？

日干乙落三宫，宫中临休门，休门主退，退则吉利，故劝其禁赌并退还公款。

例三十一　忌扬汤止沸，宜釜底抽薪

汤：开水；沸：沸滚，扬汤止沸是指从锅中舀起开水再倒回去，想制止水的沸腾，比喻办法不彻底，没从根本上解决问题，而从锅底下抽去柴禾，水才能凉下来。这个说明了生活中的常识的成语典故为人所熟知，同时也常常用在对手之间的斗智斗勇上，我与某单位在竞争中采用此策略，收到事半功倍的效果。

乙寻呼台退出寻呼行业，无偿地把他们所经营的货运信息网转移给我联通寻呼台。谁知半路杀出个程咬金——丙寻呼台挖了墙角，把原在乙台的三名骨干寻呼员用高薪给挖走了。随之还把他们所掌握的货运客户也带到了丙台，使我们损失了大约40%的客户量。

丙台这一手够厉害，原先丙台没有此项业务和技术，这一下子力量壮大，对我台形成强有力的竞争。丙台并不因此罢手，而是凭借这三位技术骨干趁势扩大业务，由其老总带队，到客户源集中的地方大力宣传：说什么乙台已解散，丙台是永不消逝的电波，后台强大，技术过硬，已有不少用户改换门庭，投靠丙台。我们也不甘示弱，由我亲自带队，针锋相对地摆开擂台，加强宣传，争取客户。几天下来，效果并不理想。我思索着：我台原先没货运业务，丙台也同样无此业务，只是有了三个骨干，才开创了这项新的业务。我们与他争夺客源，他们这三个骨干和客户很熟，我方

难从根本上拉住客户。要是以三十六计中釜底抽薪把这三人挖来为我所用，丙台失去骨干，这项业务自然土崩瓦解。

此计是否可行？2002年9月2日18时52分，在某货运宾馆吃饭时，货运宾馆老板也提议说是否能拉过这三人，这个意见与我不谋而合。由于很熟，他建议我先预测一下，我起局后说："还不行。"货运老板很奇怪："为什么不行？"我说："对方现在不愿意过来，主要是经济原因，他们想在丙台发大财，不过从局上看迟早还是要过来的。"当时在场的还有我公司的几个人，不约而同地问："什么时候能过来？""一年以后吧。"听我这么一说大家有些丧气，但还抱有一线希望，有人提议："不管过来不过来，能不能先找他们谈一谈，看看他们什么态度？"我说："可以，不考虑预测的事，丙台之所以与我们对抗，主要是这三个人掌握着一部分用户，这是关键。我们应该下点力量，你们把这三人中的头找来，我亲自和他谈。"

经过联络，他们三人之中的头头——现在丙台货运信息网的李经理与我们见了面，小李还年轻，家在晋州。我与他谈了我台与丙台的力量对比，企业和个人的发展前景。联通是国有企业，而丙台属于个人承包。但是李经理似乎很坚定，不为我的话所动，说："我们到丙台，没有考虑什么待遇问题，我们三人都是农村的，发了誓：赔赚在一起，一定要拼搏一下，争取有大的发展。目前我们签订的是承包合同，将来我们想扩大货运信息网，搞成代理商，制作微机软件，再扩大规模。杜总的好意我领了，我也知道联通有发展，我们三个人的事，我一个人还做不了主。"看来小李的决心很大，一定要混出个人样来，听不进我的劝说。最后他还表示："非常感谢杜总的关心和器重，只是这事不能一人做主，还要跟他们二人商量一下。"

第二天李经理打来电话说："我们还要留在丙台，原因不好说明，我们仨商量了，死活也要一起干，谁也不许做叛徒，我自己也不能扔下他们一个人过来。"态度这样坚决，我也不好勉强，这和奇门测的结果是一样的。

一年过去了，2003 年 8 月 17 日我正在家里休息，下午 6 时半，突然电话铃响，接过来一问，说是李某某，我很疑惑：“我不认识你呀，请讲得更详细些好吗？”对方说：“杜总，您不认识我啦，我就是丙寻呼台的李某啊，一年前，咱们还有过一次交谈。”

噢！我这才回忆起来，我们是有过一次接触，但是他那次那么坚决地拒绝了我，为此，这回我也并不热情。他说他要找我谈谈，肯定是想归属我公司，我当然不会答应，我马上对他说：“我很忙，没时间，有事你可以和部门经理去谈。”不等对方说完话就放了电话。

挂断电话以后，我接着看电视节目，看着电视，又一想：“我做领导的，刚才是不是有点急了？也没问他找我有什么事就放了电话，这样做不太合适吧？”心里疑惑，不由得在纸上起局，并思考：如果他要是想到我联通公司来，收不收他？局上显示：一、顺守者吉，也就是说对方想归属我，我应该答应他，这样做对公司有利；二、从商战上说，可以把对方收归于我方，这样对我方有利。而且根据我平日了解丙寻呼台因客源稀少，经营惨淡，李某打电话来肯定是想归属过来。我想若是此种情况，应按奇门预测的办，不能感情用事，让他过来，为我所用，多一个用户就多一份收入。于是我马上打电话指示我寻呼台的张经理接触一下丙台的李某。张经理回话说：“他已经给我打过电话了。说给您打过电话，还没说完，您就把电话给挂了。杜总，你说吧，怎么办？”我告诉张经理：“马上派人跟他谈谈条件，只要能带来客户，可以接收他。”

后据李某讲：丙台为和联通竞争抢客户，提出客户从乙台转过来后，免除两年的服务费，丙台基本上没效益，无法再干，原先的宏伟蓝图难以实现。

李某过来以后，带来了 200 多个客户，当然我方收入增加，而丙台的此项业务也随李某的转台而逐渐萎缩。

回想起来，市场的竞争常常是人才的竞争，在市场竞争中应注重理

智，感情用事是不妥当的。这次如不用奇门预测，可能就受损了。

第一个奇门格局：

2002年9月2日18时52分

壬午年戊申月癸酉日辛酉时，阴四局，甲寅旬，天任星值符，生门值使。

玄武 景门壬 天英星戊	白虎 乙死门庚 天芮星壬	六合 惊门丁 天柱星庚
九地 杜门戊 天辅星己	乙	太阴 开门丙 天心星丁
九天 伤门己 天冲星癸	直符 生门癸 天任星辛	螣蛇 休门辛 天蓬星丙

分析依据：

1. 为什么断竞争对手不能归降于我方？

日干为我，时干为对手。现日干癸落坎一宫，癸下临辛，辛为错误，说明招降对手是错误行为，该宫空亡主不会成功。

时干辛主事体落乾六宫，辛与丙合，说明该人不归我是因事相绊，临天蓬星是想干大事业，发大财。地盘辛也主对方，落坎一宫，辛上乘癸，癸为天网，天网网住对手，则事不成。天盘辛下的丙入墓，表明对方在到联通还是不到联通这个事上有些犹豫。

2. 为什么断明年还要归顺我方？

时干辛上乘螣蛇，主变化，时干辛又生日干癸，对方最终还要归属我方。

3. 应期是怎样断的？

该局时干与日干一内盘一外盘主时间长，值使生门也主应期，现落坎一宫，一宫断一数六数，以理断，故讲一年。

第二个奇门格局：

2003 年 8 月 17 日 18 时 40 分

癸未年庚申月壬辰日己酉时，阴八局，甲辰旬，天辅星值符，杜门值使。

六合 死门丙 天蓬星壬	太阴 惊门戊 天任星乙	螣蛇 开门癸 天冲星丁
白虎 景门庚 天心星癸	辛	直符 休门壬 天辅星己
玄武 杜门己 天柱星戊	九地 辛伤门丁 天芮星丙	九天 生门乙 天英星庚

分析依据：

1. 为什么说来者现在处在困境中？

时干来人落艮八宫，己落八宫为入墓，入墓则受困。

2. 为什么对方归属我方后，对我方有利？

时干己宫生日干壬落宫，说明对方愿意归属我方，日干壬加己主顺守者吉，意思是对方找上门来想归属我，我应顺其自然，接纳对方才对。若不顺其自然，壬加己还有一层意思，就是“大祸将至”，肯定对我方经营不利。

3. 这次分析我还结合天三门的原则进行了分析，即：日干临天三门则

宣张招抚之旗，应欢迎对方归属我方。

例三十二　巨债实难讨，奇门支高招

石家庄市正定县的个体户李老板原在广东搞纺织品生意，认识了广东省南海市某印染有限公司的黄经理。

黄经理为提高印染质量，急着想购置一台进口蒸呢机。印染的布料经过这台设备整理后，布料柔软，手感特好，质量、价格可以提高很多，但在当地很难寻到质量和价格都很适当的这种机器，于是黄经理把这心事透漏给了李老板。李老板很想做这一中介生意。

经过多方打听，李得知天津某毛纺厂有一台闲置的九成新意大利进口的 KD90 型蒸呢机并欲转让，该机购进价为 320 万元，最低转让价 210 万元。李与广东黄经理一联系，黄嫌要价太高。李老板又多次与天津某毛纺厂进行艰难交涉，讨价还价降到 190 万元。黄经理虽然想购机，但一时手头紧，拿不出钱来，天津方却坚持一手交钱一手交货，双方相持不下。

好不容易促成的买卖眼看要“黄”，李老板苦思冥想出了个万全之计，即签订三方购销协议，先由李老板垫付 190 万元购买蒸呢机运到广东，由广东和天津购销两方直接谈判设备的质量验收等问题，李对此不介入，只管垫付资金。3 个月后，购方要连本带息及中介费共付给李 230 元。合同 7 月生效。这样李可赚 40 万元。

很快两个月零二十天过去了，为确保按时收回垫支的货款，李老板提前 10 天从石家庄赶到广东南海市，催促黄经理尽早准备资金。

而广东省黄经理自从把设备运到广东后，立即组织技术人员安装，一试机发现机器有问题，再试机还是有问题，多次调修仍不能投入使用。原来是关键部件电脑板有了毛病。

黄经理正为此事大伤脑筋之时，李老板前来讨债，黄经理闭口不谈 190 万元垫付资金之事，而是大谈特谈机器的毛病。是啊，数百万元买回一堆不能使用的“废物”，搁谁谁也不高兴。

但是李老板也自有话说，强调合同规定：设备的质量好坏，由购销双方鉴定，与中介方无关。黄经理对此也无可奈何，但又不想出这一大笔“冤枉钱”，于是推托机器款未凑够，没有付款的意思，李天天催，黄天天推。

10月15日，已经超过还款期近一周了，李老板心急火燎，但又不能表现出来，白天要账，晚上回宾馆急得团团转，怎么也想不出一个好办法来。猛然间想起了远在数千里之外的我，于是立即打来电话：“杜老兄，我现在广州要账，请你给测一下，这账能要回来吗?”

我当时正准备去上班，接到电话立即起局，简单预测后告诉他：“账能要回，但时间稍长点，对方有点不愿给。你抓紧跟他要，千万别灰心，肯定能要回。至于方式，我认为采取温和态度为好，不急不躁，不行就到他单位去‘上班’。”

接话之后，李老板信心倍增，每天到黄经理办公室一坐，不多说什么，接连几天黄经理招架不住，先付了150万元让李先回去。李收下后，按我所说并不忙“打道回府”，而是仍天天到黄办公室准时“上班”。

又过了半个月，到10月31日，李老板将所有的出差物品从宾馆转移到黄经理的办公室，乐呵呵地说：“你给不完我款，我也没法回去交代，只好在你办公室里住下了。”黄经理颇有身份，又顾及脸面，实在也经不起李老板的这一“软招”，当天签单，将所欠80万元全部还给了李老板。

机器有故障，黄经理只好到意大利请来了厂家的技术人员进行调试。李老板事后说：“我给你打电话时急得嘴上起燎泡，舌头都溃疡了。”

奇门格局：

1997年10月15日7时50分

丁丑年庚戌月庚寅日庚辰时，阴三局，甲戌旬，天芮星值符，死门值使。

玄武 杜门庚 天蓬星乙	白虎 景门壬 天任星辛	六合 死门戊 天冲星己
九地 伤门丁 天心星戊	丙	太阴 惊门乙 天辅星癸
九天 生门癸 天柱星壬	直符 丙休门己 天芮星庚	螣蛇 开门辛 天英星丁

分析依据：

1. 为何断这笔债能要回？

讨债仍以值符（债主），天乙（欠债人），伤门（讨债人）三者的生克关系来判断。

先从大格局看，该奇门局八门伏吟，伏吟宜讨债，宜收敛钱财，这是能追回欠款的大好标志。

再看值符与伤门、天乙天蓬星的关系。值符落坎一宫属水，伤门落震三宫属木，天乙落巽四宫亦属木，值符与伤门宫相生，表明债主与欠债人关系较好，且债可全部收回。伤门宫与天乙宫二者比和也表示讨债可成。

2. 为何断时间稍长点，且对方不愿给？

伤门为讨债人落震三宫，宫中上乘九地，九地主迟缓。八门伏吟也主迟慢。

另外，日干、时干均落外盘也表示时间长。

天乙蓬星落巽四宫，上乘玄武主无理，也主贪财、暧昧，逢杜门主不想给，宫中又有庚，主阻力，故断对方不愿意给。

3. 讨债应采取的策略？

八门伏吟主软磨，不能吵闹，以软代硬逼对方。伤门宫与天乙宫比和也表明采用温和方式较好。

例三十三　修庙本行善，莫图把钱赚

修桥盖庙，自古以来被称为善举，很多有钱人都向这个方向投资。近些年来随着经济的发展和宗教信仰自由政策的落实，不少地方陆续恢复了宗教活动场所，但也不乏以赚钱为目的的投资者，打算从旅游或香火钱中获取高额利润，确实也有“成功”者，可如今宋女士的这种修庙理想是否能实现呢？

2000年10月17日，已届中年的宋女士衣着得体，容光焕发地找到我。她是通过熟人介绍而来，见面就很客气：“久闻杜老师大名，今天我有一大事，需要请教杜老师，一定不要推辞。”虽然过去我们素不相识，但看她十分认真和诚恳的样子，知道此事一定非常重要，于是我劝她慢慢道来。

原来，宋女士的丈夫办公司，几年下来赚了钱，正在考虑如何进行再投资再赚钱。恰巧前不久，有人介绍了一个大项目，西边井陉和鹿泉之间的某村要重修一座大庙，这庙古已有之，只是已经荒废，拟在旧址重修，以吸引游人香客，而且这座古庙十分有名。

听她说到这里，我笑着问她：“你打算投资，建好后是行善，还是要盈利？”

宋女士有些不好意思，但也很坦率：“当然不能赔钱了，这座庙过去名气可大了，能制药治病，是佛家庙，这几年我手里还有点钱，我正在考虑把庙修修。”

“那你是阔太太行善事了？”我开玩笑地问了一句。

“行善事是一方面，主要是看看我的投资能不能收回来，这种投资行不行？“

“好吧，我来看一看”

几分钟后，我告诉她："第一，局上显示你有不少资金；第二，显示你非常担心，怕投入的钱收不回来；第三，投资后不会盈利，单纯行善事可以，赚钱不可能；第四，修庙的事你干不成，若盲目投入必赔无疑，如果别人干，可能还行，但也赢不了利。我劝你最好放弃。"

宋女士半信半疑，思考半天，本来信心就不是很足，听我一说，更加慎重，最后她问："那我炒股行不行？"我说："也不行，要赔。"

"能赔多少？"

"三四十万吧。"

当地有关部门得知宋女士有修庙意向，不断派人找宋女士商谈，但宋女士依我所测，始终不吐口，无奈，有关部门只好另觅投资者。

2004 年 7 月 29 日晚 7 时，我接到了一个电话，是宋女士打来的："杜总，我向你汇报一下那年修庙的情况。2001 年有关部门投资 20 万，另有三个人集资合股 200 万投资建庙，地址在装院路南头，盖了正殿和两个侧殿，规模还可以，到如今香火不旺，赔钱是确凿无疑，那四周都没有什么旅游景点，孤零零的一个庙，也没有人到那里去旅游，人气一直不旺。要说也是，现在都有医院了，为病去拜佛的人肯定少了，卖门票根本不行。还有你给我测的炒股赔钱，我炒股还真赔了，基本上赔了 30 多万，盖庙我听了你的，没有盖，避免了损失，但炒股没听劝，30 多万扔到股市里了。"

奇门格局：

2000 年 10 月 17 日 10 时

庚辰年丙戌月戊申日丁巳时，阴三局，甲寅旬，天柱星值符，惊门值使。

白虎 惊门戊 天冲星乙	六合 开门乙 天辅星辛	太阴 休门辛 天英星己
玄武 死门壬 天任星戊	丙	螣蛇 丙生门己 天芮星癸
九地 景门庚 天蓬星壬	九天 杜门丁 天心星庚	直符 伤门癸 天柱星丁

分析依据：

1. 为什么说宋女士资金充足？

甲子戊为资金落巽四宫，处旺相之地，日干处禄地，说明其资金充足。

2. 为什么说宋女士非常担心投资回报？

日干戊代表宋女士与惊门同宫，惊门主忧虑，巽主神经，宫中又上乘白虎凶神，故断其非常担心投资回报。

3. 为什么说其投资不盈利？

戊为投入资金落巽四宫属木，生门为利润落兑七宫，现生门克甲子戊，必是赔本不盈利。

4. 为什么说盖庙之事成不了？

时干丁主事体落坎一宫，丁下临庚，说明事逢白虎拦路，困难重重。又时干宫空亡，只能空想，最终做不成，宫中上乘九天主好高骛远。

5. 为什么说投资股票也会赔本？

生门主利润落兑七宫属金，克甲子戊资本巽四宫之木，必赔本。赔多少？地盘甲子戊也为资金，现落震三宫为六仪击刑，击刑也主损失，震三宫主三数，以理断赔30万。

例三十四　投资八十万，是赔还是赚

1998年12月17日，一道难题摆在刘老板面前。已经十几天了，吃不香睡不着，坐卧不安，一下子80多万哪，扔出去，搞好了，百万富翁，搞不好，倾家荡产，债台高筑，几辈子还不清。刘老板颇费心思，主意难定。

要说刘老板也不是遇事拿不定主意的优柔寡断之辈，改革开放不久毅然辞去别人看来还不错的公职，跑起“单帮”，在商海中几经“呛水”拼搏，有了一些积蓄本钱，更主要的是他头脑灵活，积累了更多的经商经验。到1999年他搞起了板材生意，每年也有几万元的收益，摊子不大还算红火。

刘老板所在的某县板材市场，占尽交通之便，规模逐渐扩大，在全国也闻名遐迩。出于各方面的考虑，县有关部门和市场管委会要求市场规范化现代化。其主要措施之一就是改变过去那种“露天大集市”的交易方法，变随地支桌算账为入室交易，提升市场档次和扩大知名度。

刘老板已经干了两年多了，在市场内也租了200多平方米的场地，平常也就是现场支桌，晚上撤走，没什么不便。现在市场管委会已经多次召集各经营老板开会，讲明市场发展方向和意图，动员大家投资购买将要建造的商铺式营业楼房，每平方米1500元，谁交钱谁占据。

大势所趋，刘老板考虑再三，左右为难：自己这260平方米露天地搞成三层楼房店面，要投入40多万，行不行？恰在此时，邻居的营业面积也有260平方米，意思是两家相连，关系不错，想一下子转让给刘老板，这下两处合一就是530平方米，投入增加一倍达80多万。刘老板想要又怕烫手，不要又怕失去发财的机会，怎么办？

刘老板突然拍起脑门：“唉？有了！”原来他在经营板厂之初，曾有事经朋友介绍找我预测过，使他获利不少，这回猛然想起了我这个“杜老师”。

1998年12月17日，他给我打来电话，先是客气了一番，再一次表达上次对我预测结果的谢意，接着又很不好意思地求我给他预测一下，这次80万是投还是不投，结果会怎样?

既然老板相求，又是百八十万的大投资，于是我起局告诉他：“这房，风水好，旺财，买后你会发达，你一定要买，肯定会赚钱。”刘老板在电话中回答：“有些朋友劝我买，市场管委会，邻居也都一直在劝，但也有一部分人不买，怕砸了。我现在是拿不定主意。”

我再一次劝他：“买下肯定赚钱，这是个机会，不要错过，态度要坚决不要犹豫。从我这格局上看你有点不愿意买。”

“是，一方面我生意刚起步，资金缺口太大，交了买房预付款流动资金就缺大了；另一方面吃不准在那个破地方买房对不对，下边是铺面，二层是办公室，那么大的面积，我干什么用呢?”

“我不是说过了吗，风水好，买了就发达。”

刘老板思虑了一会说：“那好，我听您的，我就下决心买下来。”

事过一年，刘老板找到我，面带喜色：“太感谢您了，杜老师。我买房子买对了，多买了一套，生意扩大了一倍。现在房子升值一倍，就是不做生意卖出去，也多赚一倍的钱，没想到这房子一年就能翻一番。”

我说：“你买的商铺方位不错，从风水学上讲，风水好聚财，是发财的地方；从买房的角度说买了后有利，各方面考虑都有利，所以我当时力主你买下。”

果然，刘老板的生意越做越顺，原先他的业绩排在整个商场的后几位，现在逐渐移到了前几位，每年的利润有数百万元。

奇门格局：

1998年12月17日13时30分

戊寅年甲子月戊戌日己未时，阴四局，甲寅旬，天任星值符，生门值使。

九天 伤门己 天冲星戊	九地 杜门戊 天辅星壬	玄武 景门壬 天英星庚
直符 生门癸 天任星己	乙	白虎 乙死门庚 天芮星丁
螣蛇 休门辛 天蓬星癸	太阴 开门丙 天心星辛	六合 惊门丁 天柱星丙

分析依据：

1. 为什么说新店铺风水好，将来旺财？

时干己为店铺落巽四宫为旺地，日干戊为刘老板落离九宫也为旺地。时干宫生日干宫，主店铺风水好。生门为财利落震三宫，生门宫生日干宫，主财来生刘老板，故断必然旺财。

2. 怎样断刘老板买房后要发达？

测买房，值符为买主落震三宫，生门为房屋也落震三宫，二宫比和，买后必发达。另外，从买货的角度看，时干宫生日干宫，不管好货孬货，买后必盈利。

3. 为什么劝刘老板不要犹豫，应果断定下买的决心？

日干戊为刘老板落离九宫，宫中逢杜门，说明刘老板不愿意买商铺。上乘九地主拖拉，前边已断风水好，买后发达，故劝其坚决买下。

例三十五　对手虽猖狂，处之需得当

“山下旌旗在望，山头鼓角相闻，敌军围困万千重，我自岿然不动。

早已森严壁垒，更加众志成城，黄洋界上炮声隆，报道敌军宵遁。”

这是毛泽东主席1928年秋天在井冈山写的《西江月》词一首，表现了毛主席面对强敌，从容不迫的豪迈气魄。几十年过去，商场如同战场，竞争对手当然不是敌人，但伟人气魄常常给我们巨大的鼓舞和支持，使我们在风云变幻的商战中保持冷静的头脑以便作出正确的决策。如今面对竞争对手突然发动的商战，我该如何处置？

2003年的5月底，我联通石家庄分公司发起“震撼大行动”，改变以往销售的方法，采取了手机与卡号捆绑销售的形式，联通与手机经销商联合促销，即把每部手机降价500至700元，采用两年内用话费返回经销商弥补降价损失的形式，调动了手机商的销售积极性。这种新颖的销售方式使我联通市场占有率迅速扩大，销售状况异常火爆，给竞争对手带来了不小的威胁。

但是谁都没有闲着，面对严峻形势，竞争对手也在考虑采用新的策略抢占市场。这一天，某手机经销商急急火火地来对对我说：“不好啦，对手开始反击了，这一招实在厉害，明天他们要在全市和各县用诺基亚310型手机打我们了，销售价600元，其中赠送话费300元，还返给经销商话费100元，赔着钱要跟我们干了。”600元的手机，实际相当于只花300元就可以买到，而从市场价来看，这款手机至少也要600多元。亏血本这么干行吗？

从商战经验看，有时为了挤垮对手，不惜血本，以小的代价，先把对手打掉然后再抬高价格，这种事情屡见不鲜。但这一次他们来得更猛烈、更迅速、更彻底，用这一手反击我们的“震撼大行动”，确实给我们造成了极大压力。

怎么办？对手要向我进攻了，我应采取什么策略？一时还没什么好办法，还是起局看一看。这一看，我心里有了底，我对经销商说：“不要怕。一、对手的政策虽然对我们有妨害，但问题不大，他们打不过我们的‘震撼大行动’；二、局上显示他们‘官人失位’，是错误的营销行为，这叫赔

了夫人又折兵；三、对手的行动半途而废，长不了；四、策略上讲目前我们的销售形势大好，对方甩出手机降价这一招，我如果和对方硬拼，势必再降价，那我们就没利了，绝不能上对手的当，我们采取不理他的策略，他们愿意怎么卖就怎么卖。”

“我到各处调查了一下，他们光内部就订出去不少机子，情况有点不妙。”经销商有点沉不住气了。

“哎呀！你沉住气吧，学学毛主席的我自岿然不动，咱还按咱的方法卖，这几天注意观察对方动向就行了，我也把着关呢。”我嘴里这么说，但心里也顾虑，怕测不准影响了市场局面。我还是照例召开了市场分析会，大家分析后得出的结论和我预测的完全一致，我这才放下一半心来，另一半心放不下来，是因为还不知竞争对手这一招的结果如何，所以，我每天都时时关注着竞争对手的销售情况。

果然，对手降价卖手机也仅仅维持了一个星期，这活动就悄然停止了，他们搞的这项活动造成了自己客户内部“洗牌”，大部分是原有客户和员工该换手机了，趁此机会弃旧换新，手机放出了不少，但净增客户并没有多少，等于是卖出去的手机供老客户换手机了。这真是赔了夫人又折兵。所以这一销售政策仅仅实行了一个星期，再也不敢维持下去了，只好停止。

竞争对手想用手机降价的“杀手锏”一面遏制我公司搞的“震撼大行动”，另一面发展他的客户。一举两得的攻势，让我的“不予理睬”战术给化解了。

奇门格局：

2003 年 5 月 30 日 14 时 49 分

癸未年丁巳月癸卯日己未时，阳二局，甲寅旬，天柱星值符，惊门值使。

螣蛇开 门壬 天心星庚	太阴 休门乙 天蓬星丙	六合 生门丁 天任星戊
直符 惊门癸 天柱星己	辛	白虎 伤门己 天冲星癸
九天 辛死门戊 天芮星丁	九地 景门丙 天英星乙	玄武 杜门庚 天辅星壬

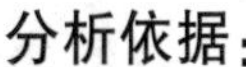

分析依据：

1. 为什么断竞争对手打不过我们？

月干丁为竞争对手落坤二宫，处于沐浴状态，不旺。日干癸为我方落震三宫，处长生之地，旺相。现日干宫克月干宫，说明对手采取的销售政策打不过我方正在实施的政策。

2. 为什么断竞争对手的营销政策是错误的？

月干丁下临辛形成“官人失位”格局，说明对手为争夺市场采取的销售政策是不符合市场规律的，必然赔本。

3. 为什么断对手的行动会半途而废？

该局八门、九星反吟，反吟就主做事半途而废，这和实际情况是一致的，其卖的手机越多，贴补的钱越多，亏损越多。

4. 为什么在策略上不理睬对手？

对手的行动是不符合市场规律的赔本销售，又断此行动会半途而废；另日干癸处旺相说明我方销售声势大、形式好，而对手丁处衰地，说明对手只用小部分力量或小部队干扰我方火爆的销售行动，故我方应采取不理睬对手的政策。日干乘直符也说明对方不会给我方构成较大威胁。

例三十六　违约欲诈骗，房主枉贪婪

俗话说“林子大了，什么鸟都有”，联通的基站站址都是租用的，东家有的很友好，有的则差点，个别人看着联通是块“肥肉”，张开大嘴想一口吃成个“大胖子”。2003 年 4 月，某县驾校的王老板气势汹汹地找到网优部。

王老板做生意发了财，正巧某公司破产拍卖，他买下地皮办了一所驾校，一副暴发户的派头说：“你们联通在我驾校楼上租房架基站，铁塔有辐射，对身体有影响，弄得我们驾校教练睡不好觉，你们必须马上把它撤走，如果不撤，从现在起每年交租金 20 万。”

对王老板的要求，网优部的人没有马上答复，只是说：“我们向领导汇报一下再说。”王老板悻悻走后，三天两头打电话，催问此事。为达到目的，还多次采取拉闸断电的手段，逼我就范。为此，公司领导开会研究，决定由我来处理此事，这是个棘手事不好处理。

我先派人摸清来龙去脉，这个基站于 1996 年 8 月租用了某公司五楼两个房间和部分楼顶，安装有通讯设备和铁塔。由于联通公司发展迅速，该基站已成为联通石家庄分公司北片传输网的骨干节点，合同规定年租金 1.8 万元，期限 15 年，2011 年到期。合同是和某公司签订的，2002 年这个公司倒闭，把房产全部卖给了驾校，于是，就出现了驾校让我们搬家的事情。如果搬家，难度相当大，因此，我公司多次派人与王老板协商，王老板态度蛮横：要么搬走，要么每年拿 20 万块钱，没什么好说的。而且以“正常停电”为由，使信号传输屡受影响。

看来问题有些严重，搬也不好搬，给他 20 万我们也办不到。这种进退两难的情况下我起局预测得出结果：一、这事不宜起诉，劳民伤财，于事无补；二、基站必迁无疑；三、谈判虽不愉快，但可成功；四、谈判中应采取软硬兼施的策略，不能和对方只讲道理，必要时来点小动作。来什么小动作我也不清楚，只有现场发挥了。

27日，我和律师等4人到了该驾校，一个副校长和后勤科长出面，对方仍然态度粗鲁、出言不逊，还是那句话："没什么好说的，要是还用我的地方，每年拿20万，不拿，你搬走。"面对对方这副派头，我也不上火，很平静地对他们说："咱们依合同办事，有合同约束，合同受法律保护，不是由谁怎么说怎么算。"

副校长一听，把手一挥："合同你与谁签的你找谁去，你没和我签，我不听那一套，跟我说不着。"

"怎么说不着！合同是受法律保护的，你是单位我也是单位，我们都应该以法律来讲话，合同法有规定产权变了，不能影响合同的执行。"

"这事你别和我说，合同是原单位签的，你去和他们说，打官司我们奉陪，愿意到哪告就到哪告。"对方整个一法盲，不管法不法的，拧住一个劲，就是不认原合同。

这时，律师也以办公室主任的身份说话了："你们这种情况属于合同执行中的产权转移，在法律上叫做'买卖不破租赁'，房产权转移了但不能影响原租赁合同的执行。"

我问他们："你看过合同吗？"

副校长说："我没看过合同。"我让律师找出合同让他看，他看了一下，送给后勤科长，这科长看了半天小声地对副校长说："哎呀！这一条对咱们不利呀。"

副校长说："我们商量一下回头再说。"

我抓住机会毫不放松："这合同第六条明明写着出租方若转让本合同中的出租房屋及楼顶产权，则本合同对新的产权人继续有效。那你们怎么就不遵守呢，如果打官司，你们能打赢吗？再说凭什么你要我们20万？你怎么不要100万？你打听一下，在全国有没有这样的价格，有没有这样的先例？"

经我这一连串的进攻，对方那蛮横的劲头有所瓦解。科长还算是个明

白人，也不避讳我们，对副校长说："这第六条制住咱们了，这合同订得挺细，一环扣一环。"

但副校长仍不甘心："他们就是搬走，今年这20万也得留下。"

我毫不客气地回击道："你一分钱也捞不着，不找你们赔偿违约损失就算不错了，你们还跟我们要钱！"

谈了一会儿，我心里想，光讲大道理对方不听，这谈判中的小动作是什么？环顾四周，突然看到该驾校为炫耀自己，在墙上挂有与有关部门领导人合影的大照片，看到这张照片我底气就更足了，我指着和他们一起合影的中间那位领导说："这个人你认识吧？"

"怎么不认识，就是他管着我们。"副校长有点骄傲地说。

"是啊！他管着你们，那就好说，你知道他和我是什么关系吗？"对方听我这么一说，知道我和这位领导一定很熟，副校长虽不说话，但看得出来，面部表情有所改变。

"石家庄就这么大一点地方，别把事搞得那么僵，到时候领导也不说好，法律上也站不住脚，显着不好看。"我趁热打铁说。实际上，照片上的领导和我在部队是关系非常好的战友。

后勤科长自知无理，赶紧收场说："杜总，今天你们先回去吧，容我们再商量一下，一两天就给你回话。"

28日对方答复，基站可以搬出。29日夜我公司顺利将基站搬迁。原想一口吃成胖子的驾校，也不再索要20万"赔偿"了。

奇门格局：

2003年4月25日12时

癸未年丙辰月戊辰日戊午时，阳五局，甲寅旬，天蓬星值符，休门值使。

九地 惊门庚 天柱星乙	九天 开门己 天心星壬	直符 休门癸 天蓬星丁
玄武 戊死门丁 天芮星丙	戊	螣蛇 生门辛 天任星庚
白虎 景门壬 天英星辛	六合 杜门乙 天辅星癸	太阴 伤门丙 天冲星己

分析依据：

1. 为什么断不宜起诉？

景门为诉状落艮八宫空亡，空亡则不起诉，若起诉则不好。

2. 为什么断基站必须搬家？

时干戊为基站落震三宫，戊落三宫为六仪击刑，击刑主散，主搬迁，震宫亦主动象。

3. 为什么断谈判能成功？

日干戊为我方，时干戊为对方，同落震三宫，宫中虽有死门，但死门受宫克，凶事不起，在这里应为双方不高兴，双方同宫比和故能谈成。

4. 应采取的策略？

依格局看双方同宫，宫中乘玄武主暗昧、不讲道理，击刑主态度不好，带丙要横，分析对方不讲道理还很横。我方在谈判中也不能只讲大道理，必要时也得来点小动作，态度上以硬碰硬，不能迫于对方的淫威而软弱。

例三十七 谈判测依据，价格砍到底

2003年初，联通CDMA网络已经开通一年了，公司分派由我负责主抓该网的经营销售工作。为取得较好业绩，占领市场份额，我和C网营销部的骨干们绞尽脑汁，千方百计地想方设法扩大销售。经过三个多月的筹备策划，我们于2003年的5月初推出“震撼大行动”，该方案一出台，市场轰动，销量大增，市区内各店可以用“火”、“热”、“猛”等字形容。但与此相比，各县的农村网点的销售则仍然冷清，农村也是我们的主要市场，缺了这一条腿我们的步子也不会迈得很快。

经过一番准备，于2003年的5月14日，我们在市里召开了由各县区经理和手机经销商的动员大会，规模空前，参会一百多人。会上，我慷慨激昂地进行发动，要求大家抓住时机，紧急行动，圆满完成各自任务，销售指标要层层下达，分解到人，大造声势，认真落实。各县经理做好宣传鼓动工作，要在各门市部张贴标语，悬挂横幅，吸引客户的视线。同时，对经销商也提出要求，保证供货，手机产品不能断档，充分满足市场需要。

手机供货商某投资有限公司河北分公司的销售经理抢先承诺，保证第二天大批手机运到石家庄。某投资公司虽然做了保证，但到第二天的关键时刻，并未按其所承诺的按时供货，没了手机，全市100多个营业销售网点全“晾”在一边了，门外标语横幅大张旗鼓，门内手机无货，冷冷清清，搞得我们措手不及，客户怨气冲天。

到了18号上午，该投资公司才给我们发出通知：“不做了，不供货了。”其目的是逼迫我们改变供货条件，而按他们的办法，要联通公司每部手机每月最低给投资公司返还36元，否则不予供货。这一招够厉害，兵临城下，迫你签订“城下之盟”。

而我们的“震撼大行动”方案是捆绑销售，即每部手机每月将部分话费连续3年返还手机供货商。某投资公司感到这样不合适，怕每月话费消费太少不合算，所以，中途变卦，提出了每部手机至少返还36元的方案。

一听此话，我又气又急，时间紧迫无可回旋，我当即召集C网部会议，明确提出："市场不等人，不和他们啰唆，马上采取补救措施，再找一家供货商。"随后召见某投资公司销售经理明确告之：请您回北京去吧，不要再来石家庄了，没有信用，永不再合作。

我的强硬态度传到了投资公司北京总部，当天下午，投资公司的关经理，非常客气打电话给我："杜总，您消消气。我们的业务经理不懂事，销售出了问题，您千万别在意。我马上从北京赶到石家庄，请您给个面子，我们的业务还要做，条件由你定。"

当晚8时，关经理赶到石家庄，径直到公司找到我。一见面非常客气："杜总，我们销售经理不会说话。我过来一是特意向您道歉，二是继续向您供货，什么条件我们都可以答应。无论如何，我们要继续合作下去。"

既然对方态度这样诚恳，我们也一时难以找到合适的供货商，顺水推舟，我也表示了友好的态度，马上就某些具体合作事宜进行洽谈协商。

洽谈是在C网部进行的，关经理保证明天到一款手机，数量为1000台，价格每台960元。这款手机市场价格1100元。

但我觉得要是捆绑销售价格仍然偏高，消费者不易接受。但究竟定到多少钱合适？我心里也没底，难以定夺。

犹豫不定的时候，我总是要用奇门来预测一下，当时是21时10分，C网部的人和对方谈着价格，我迅速起局。

奇门局上显示：

一、对方诡诈，不讲实情，难对付；

二、我方在谈判中要审时度势，既要让对方降价，又不能抻断了线；

三、对方这款手机进价应为700元左右；

四、最终双方会成交；

五、对方的货不一定全给我。

预测完，我心中有了底，这谈判是：麻秸秆打狼两头怕，对方怕的是开始他们违约了，这次谈不成以后就永远也别和石家庄联通做生意了。我方怕的是现在市场缺货，其他供货商一时难找，一旦谈不成市场就断档。按奇门局办吧，先硬后软，但决不能谈崩。

我开门见山，口气坚定地对关经理说："你们700元的产品要我们960元，利润是不是太高了？"

关经理一愣："哪会呢？我们没有什么利润。"关经理不会认可的。

"我们杜总可是河北省周易研究会的副会长，你进价多少杜总能算出来，你蒙不了他。"C网部负责营销策划的小姚见我在纸上写东西，知道我又在用周易预测价格，所以就插了话。

"真的，真没什么利润，我给的价格已经很低了。"关经理还是坚持她提出的价格。

这时，C网部的孙经理对我说的700元进价也有点怀疑，心想市场价格1000多，关经理给我们960元也算合理吧，怎么杜总说进价才700元呢？于是，出屋和保定联通C网部联系，询问他们进货价格，对方答复最低价850元可拿到少量货。孙经理带着几分疑惑，回到屋里也不说话，静观我和关经理的价格谈判。

"关经理，我们要真诚合作就必须把价格压下来。"我不急不躁地说。

"再压我们就赔钱了，总不能一分钱也不让我们赚吧，这价格就可以了。"关经理就是不让步。

"你不降价，给用户让利太少，市场火不起来。"

"我这型号的手机市场上1100元，我给的价格真不高。"

"这次能谈我们是看你的面子，也可能我们今后会长期合作，也可能一次也合作不成。我说你们进价是700元，这是奇门局上显示的，不是我测错了，就是你们不讲实情。也不瞒你们，刚才我预测了，这局上就显示你们两点，一是你们不讲实情，二是你们心眼太多。我要测错了，这省周易研究会的副会长就算白当了。”

这几句话还把对方给镇住了，关经理赶紧说：“杜总，我们还得长期合作，这手机价格您说了算，说实话我们进货价是比较低，价你看着给吧，只要不赔就行。”

经过反复的讨价还价，最后价格定位在720元。究竟对方进货价多少，他们始终没有透露，但有一点可以肯定对方没赔钱。谈了几个小时，凌晨2时半，合同签订完毕。对方保证天亮后按时供货。

天亮后，原定1000台的货只到了300台。但这我也满足了，这项“震撼大行动”在经历了一天的波折之后，又顺利地进行下去了。

奇门格局：

2003年5月18日21时10分

癸未年丁巳月辛卯日己亥时，阳七局，甲午旬，天蓬星值符，休门值使。

太阴 景门癸 天冲星丁	六合 死门丁 天辅星庚	白虎 惊门庚 天英星壬
螣蛇 杜门己 天任星癸	丙	玄武 丙开门壬 天芮星戊
直符 伤门辛 天蓬星己	九天 生门乙 天心星辛	九地 休门戊 天柱星乙

分析依据：

1. 为什么说对方隐瞒实情，比较诡诈？

时干己为对方落震三宫，宫中杜门主保密，螣蛇主诡诈，又关经理坐

西方兑宫，宫中格局均不错，但上乘玄武和天芮星说明对方想通过这批手机赚个好价钱。

2. 为什么说我方在谈判中要审时度势，既坚持自己的意见又不能把关系弄僵？

日干为我方落艮八宫，宫中逢伤门主竞争，辛下临己，己为入墓，既说明我在这事上的态度犹豫，也说明想把价格压到最低。

3. 为什么说对方进价在700元左右呢？

关经理坐七宫，地盘戊为进价，七宫七数，故断进价在700元左右。

4. 为什么说双方最终能成交？

日干辛为我落艮八宫属土，关经理落兑七宫属金，我与对方两宫相生，关经理的兑宫逢开门，门开了自然会成交。

5. 为什么说供我1000台货，但实际只供了300台？

时干己为手机落震三宫克日干宫我方，主货买不进来，日干宫中辛加己主“奴仆背主，讼难伸”。说明关经理不给我供货，我还没办法。

例三十八　赔掉十八万，后悔不听劝

1997年1月下旬，战友刘某带一妇女到了我的办公室。还没等他开口，我就知道是预测来了。这位女同志姓耿，个子不高，但很利索、健谈。

原来耿女士想投资做生意，没有把握，求测前景如何。我没问她要做什么生意，起局后即答复千万不能做，不要说赚钱，连本也收不回来。

他俩见我只在纸上画了几笔，仅仅几分钟时间，还没问做什么，张口就不行，感到困惑不解，怀疑是不是草率了点儿？两人急忙说：“我们还没详细说呢，怎么就不行？”“我是做鞋的生意，地点是南三条鞋市，你再给好好看看。”

南三条市场是全国十大小商品市场之一，声名远扬，鞋市又占据该市场的整整一条街，可以说是北方或全国的鞋子集散地，近几年来生意很红火，一般来说能在这里做鞋的生意是财源滚滚，有赚无赔的。

我一听耿女士在这里做鞋的批发生意，会不会看错？我不敢大意，又仔细分析了格局。还是那个结论：不能投资，投资就赔钱。

我力劝她不要冒这个风险，战友刘某也劝她就此为止，不妨再找其他项目发财。耿女士深有惋惜之意，但见我俩相劝，当场表示不再考虑。

谁知回去耿女士却改变了主意。原来，这批发鞋的生意是她和别人合伙出资做的，她只出少部分资金。她把我的预测结果告诉了合伙人，合伙人根本不相信我的预测，认为别人做都能赚钱，怎么偏偏咱就赚不了？那个姓杜的不一定算得准不准呢，舍不得孩子套不住狼，让我说咱就干，真要是赔了，也是我赔得多。合伙者这么一表态，耿女士一想有道理，干就干吧。于是两人投资近 30 万，从山东进了球鞋和便鞋，雄心勃勃地干起了鞋的批发生意。

一年很快过去了，1998 年 2 月 24 日下午，战友刘某和耿女士又找到了我。耿女士很不好意思地诉说了一年来的情况。

原来，当时他们了解到山东胶州市生产的运动鞋和休闲鞋销路很好，合伙者又到胶州考察，当看到厂里生产的鞋供不应求，于是认为：从山东厂直接取货，在石家庄南三条批发，肯定发了，经过与部分同行朋友协商都说行，可以进货。

经过一番筹划，1997 年 5 月底买进了 30 万元的鞋子，但市场风云变幻，品种更新很快，刚买进的鞋式样就有点过时了，再加上这批鞋子鞋型太瘦，河北这一带人的脚肥，不好销。每双鞋的进价 5.8 元，加上运费成本就达 6 元一双。当时到山东考察时零售价可达 12 元，运回后别说卖 12 元，按本钱 6 元也没人要，还有部分小孩鞋，同样卖不出去。

怎么办？降价？处理？一双鞋赔 2~3 元，还是很疲软。最后还是突然想起了我预测时说过的一句话：有“反复”之象。于是赶紧返回到山东德州找了个买主，把运动鞋买走了，仅这一种鞋就赔了 10 万元。剩下的各

类鞋至1998年2月24日处理的还剩下6箱，真是不听劝，一年算白干，费心又费力，净赔18万。

奇门格局：

1997年1月22日8时

丙子年辛丑月甲子日戊辰时，阳三局，甲子旬，天冲星值符，伤门值使。

螣蛇 开门己 天辅星己	太阴 休门丁 天英星丁	六合 庚生门乙 天芮星乙
直符 惊门戊 天冲星戊	庚	白虎 伤门壬 天柱星壬
九天 死门癸 天任星癸	九地 景门丙 天蓬星丙	玄武 杜门辛 天心星辛

分析依据：

1. 该局九星伏吟，天时不利，主不宜求财，特别是投资求财，更是大忌。

2. 该局八门反吟，遇反吟主求财不利反蚀本；即使能赚钱也“有宝难留”；反吟不利远行，如硬是远行必不顺；反吟还主进了货还要返回之象。

3. 从甲子戊资本与生门利润这一对矛盾来分析，首先戊伏吟主不应投入，落震三宫为六仪击刑，资本遇击刑为损耗，三宫为3、8之数，正应投入30万，损失18万。

生门利润落坤二宫，宫中庚加庚为“太白同宫”官灾横祸。另一格局是乙加乙“日奇伏吟”，不宜谒贵求名，只宜安分守己。另外，天盘乙和地盘乙入墓，三奇入墓主凶。

戊为资本落三宫属木，生门为利润落二宫属土，资本克利润，这种格局投入只能赔本。

4. 再从时干戊主事体来看，戊受击刑，击刑此处难求财，震为东方，从石家庄到山东求财更是大凶。

三宫中日干戊、时干戊同宫，宫中惊门，为门迫，惊门与戊同宫主损财。

古书也有反伏门迫有财难觅之说。

上述各条均是求财的大忌。

例三十九　手中有俏货，卖谁难选择

进入2004年，钢材价格持续上涨，引起相关的原料——焦炭价格攀升，随之炼焦的煤炭供应也因安全整顿、公路治理超载等原因变得十分紧缺。这可急坏了炼焦厂的老板，气坏了“倒煤”的掌柜，在这发”倒煤”财的大好时机下，所有炼焦厂的老板和搞煤炭运输的老板们都在为煤源发愁。但是靠“倒煤”起家的田掌柜不是为煤源发愁，而是为把煤卖给谁发愁，他发的是哪门子愁呢？

6月7日晚8时39分，田掌柜偕夫人找到我。我们两家住得不远，我也知道他是“倒煤”的大老板。寒暄一阵，田老板说明来意，他是为手中的三列车计划外的炼焦煤卖给谁而拿不定主意，向我“咨询”来了。

田老板“道行”不小，每月与铁路方面签有两列车煤的运输合同，而且全是山西某煤矿的上好炼焦优质煤。他的供货对象分别是西北、东、南三个方向的三家个体炼焦厂，由于煤炭紧缺，他成了三家争抢的“香饽饽”。如何能在这供求关系紧张的大好时机取得稳定的最大利润，成了他日思夜想的首要问题。

我起局后，针对这三家情况对田老板询问：“第一，西北是个小焦化厂。”田老板连忙说：“是，不太大。”

“应该说他们的资金还算充足，只是内部管理不规范，有小人闹事，且内部有矛盾。”我问田是不是这样。

田老板说：“你说得很对，是这种情况，内部不团结，有人要撤股，股东们正闹着要分家。”

“第二，东边这个厂信用差点，你价格高了，他不要你的，价格低了要你的货，但给不了你钱，本身资金不足，有赖账行为。尽量少跟他们打交道。”

不等我说完，田老板就急不可耐地说：“东边的厂是不太讲信用，去年跟我要煤，车皮发到石家庄了又嫌价钱高不要了。害得我费了好大劲才把煤销出去。气得我曾发誓再也不和他们打交道，再要煤也不会给他们。”

“他们是不是还欠着你的账？”

“对！”

“大约是8万或18万吧？”

“18万，已经半年多了，老也给不了。”田老板一脸的无奈。

“那咱们再看看南边的厂，这厂还不错，发展前景看好，讲信用，办事合情合理，资金也充足，凡事都能行得通。可能上边有人支持，有后台。”我依局提出我的看法，田老板赞成。

田老板又给我谈了他的担忧，只给一家发煤怕以后有事卡住不好办，给两家发最好，但不知选哪两家好，要我排个供货顺序。我根据以上分析，列出如下顺序：一、南边的厂多一些；二、西北方向的厂可给一部分；三、东边的厂应婉言拒绝。田老板说这煤是计划外的，价格不能按原来的计算，回头还要和他们谈价格，适当地往上调一调。我答复说：“从格局上看，工厂正缺煤，你抬价他们也要，西北的厂可能开始有点反对，最终还得接受。谈的时候你不要追着他要，可以端着点架子，拿出一副你不要我就给别人的态度。他会要的，但是千万不要给东边厂，他有赖账嫌疑。”

田老板先和南边的厂谈，一谈即成。接着又和西北厂谈，正如所测，开始有点不愿接受新价格，田老板想起我说的最终还得接受，于是，对厂长说：“我先和你谈的，你不要，我就给别人了，你以后可别说我不给你煤，形势你也知道，煤是越来越紧。”厂长一琢磨，最近原煤全国性的吃紧，这回不要，下回想要可能都没有了，还是要吧。最后也痛快地答应了田老板提出的新价格。东边的厂追着要煤，并且还了欠款，田老板婉言回绝了。

截止到7月1日，田老板给南边的厂发出两列5600多吨煤，该厂提前付了款，而田老板每吨多赚了20元左右，西北厂发出一列也赚了几万元。在摸不清给谁供货的情况下，经我一指点，多赚了近20万元，田老板表示以后大事还得找我指点迷津。

事实证明南边的厂为扩大生产规模，事隔不久就和外地政府达成协议，2005年在当地新建一个大炼焦厂，而田老板也会从中得到利益。

奇门格局：

2004年6月7日20时39分

甲申年庚午月丁巳日庚戌时，阳三局，甲辰旬，天柱星值符，惊门值使。

九地 惊门丁 天英星己	九天 庚开门乙 天芮星丁	直符 休门壬 天柱星乙
玄武 死门己 天辅星戊	庚	螣蛇 生门辛 天心星壬
白虎 景门戊 天冲星癸	六合 杜门癸 天任星丙	太阴 伤门丙 天蓬星辛

分析依据：

1. 对三个炼焦厂的分析：

A. 对西北厂的分析：西北厂看乾宫，宫中所有的符号都代表该厂的状况，乾宫属金，伤门为木受金之克，天蓬星又弱相，说明该厂是个规模不大的小炼焦厂。宫中丙奇入墓主该厂有麻烦事，丙下临辛，辛主错误，上乘太阴，说明有人在厂内闹矛盾，天蓬星主破产，在这里应为分家。甲子戊主资金落艮八宫生西北乾宫，说明该厂有资金。宫中伤门主争斗，丙辛合主该厂不同意原煤涨价，但伤门受金克又坐在开门宫，故断最终会同意涨价。

B. 对东边厂的分析：东边厂看震三宫，宫中乘玄武信誉差，己为地户加死门、玄武断有赖账行为，地盘戊也为资金落三宫为六仪击刑，三宫又克天盘甲子戊艮八宫，断资金缺少。前边玄武赖账，地盘又击刑，综断应欠账，三宫主三、八数，依理断欠 8 万或 18 万元。

C. 对南边厂的分析：南边的厂看离宫，宫中有开门之吉门，上乘九天为扩展，又有乙奇、丁奇，说明该厂有发展前途。宫中吉门、吉星、吉神、带奇主该厂讲信誉，办事合情合理，该宫又生艮八宫甲子戊，表明资金充足。

2. 供煤顺序是怎样定的？

日干丁为田老板落巽四宫，宫中惊门主担忧，丁下临己主田老板想多得利，日干宫生离九宫南边厂，双方相生，说明在经商中公平合理，合作愉快。另外，离宫中格局好，故把南边的厂排在第一供煤的顺序。西北厂虽克日干田老板，但格局中没有赖账的现象，只能说明对原煤涨价不满，所以，应排在第二位。东边的厂因有赖账符号，资金又不足，不能进行商业合作，所以，建议田老板不予供煤。

例四十　待机拖几天，便可省几万

王建原是某厂工人，因工厂效益不好，开不了工资，于是，自己开了个橱柜加工店，没想到生意越做越火。王建在米氏家具城租的60平方米场地也觉得地方有点小，想着租期快满时搬迁到石家庄最红火的怀特家具城发展。他在怀特家具城里看好了块70平方米的场地，但原场地租赁商要求一次性付转让费4.5万元。王建觉得有点高，坚持只付2.8万元。对方死活不答应，最后双方只好让步达成了转让费3.7万元的口头协议，同时王建交了2000元的预订金，约定对方在五天之内办完相关手续。“十一”国庆节快到了，王建想利用节前的半个月装修一下店铺，“十一”黄金周就可以正式营业了。

协议签订后，王建心里老有一种吃亏的感觉，经和媳妇一商量，不保险的事还是找杜老师给出出主意吧。于是，王建找到我家，要我预测一下这事能不能办成，3.7万元的转让费价格高还是低，他应注意点什么。

我当即起局，对他说：“一、这事还是能办成，但不能着急，要抻抻劲；二、3.7万元的价格还真有点贵了，你等一等，价格会落下来；三、对方和你现在都不好办，原因是这奇门局上你和对方都入着墓，也就是说你们都被困住了，一时也不会有好办法，场地交付日期没那么快，不过，总体上租这个店对你来说是好事，你只要稳住劲，奇门上叫待机而动，那么价格就会降下来。”

王建根据我的预测，到第五天头上找到对方，对方说：“怀特家具城不给办手续，我也没法。”王建心里想这杜老师算得还真灵，下一步我还得按杜老师指点去办：“我已经交了定金，5天之内你办不好手续，按说要交违约金的，违约金我不要了，你给我耽搁的生意怎么办?”对方自知理亏，无言以对。王建想“待机而动”，这应该是机会，于是提出转让费太高，对方痛快地降了2000元，转让费由3.7万变成3.5万元。王建不干，

经一番争论，对方只好让步降到 2.8 万元。同时，王建还给对方明确：我交了定金你就不能再租给别人，否则就去告你，再推迟 5 天，如果再办不下来我这生意可就赔大了。对方满口答应，说这回准能办下来。

结果 5 天后，对方仍未把手续办好，原因是怀特家具城认为他们之间的转让是私下进行的，不给办手续。5 天你没办成，就违约了，10 天又没办成，还是你违约。王建又高兴了，这“待机而动”不错，再找他一次，能降多少是多少。对方见了王建自然是没话可说，经一番交涉，又降了 8000 元，转让费变成了 2 万元。别看王建得了便宜，心里高兴，表面还不满，直说耽搁了生意。

又过了 5 天，手续还是没办好，对方见面，不等王建开口就说：“大哥，你有没有关系，帮着给办办吧，转让费我降到 1.7 万，早跑下手续你我都有利。”开始王建还拿着架子，不愿意管，后来见对方只说好话也就答应试试看。

事后，双方又都找了怀特家具城，经过努力，于 9 月底最终办成了转让手续。

虽然在时间上比所预想的日子晚了一些，但也正是这一段时间让王建少付了 2 万元。

2005 年 2 月王建又见到了我，未开口先露笑，告诉我：“自租了这个店后，效益好极了，当时您说租这个店对我来说是好事，所以我决心很大，但绝没想到有这么大的好事！”

奇门格局：

2003 年 9 月 3 日 20 时 10 分

癸未年庚申月己卯日甲戌时，阴九局，甲戌旬，天任星值符，生门值使。

九地 杜门癸 天辅星癸	玄武 景门戊 天英星戊	白虎 死门丙 天芮星丙
九天 伤门丁 天冲星丁	 壬	六合 惊门庚 天柱星庚
直符 生门己 天任星己	螣蛇 休门乙 天蓬星乙	太阴 开门辛 天心星辛

分析依据：

1. 为什么说这事还是能办成，但不能着急，要较较劲？

日干己为王建，时干也为己主事体，也主对方，现己落艮八宫，日时同宫，表示可以办成，伏吟利买贷，策略上待机而动，主后发制人，故告诉王建较较劲，才能把价格降下来。

2. 为什么说3.7万元的价格有点贵，等一等价格还要降？

甲子戊为价格落离九宫为帝旺，上乘玄武主不实，时干、日干己下临己表明双方都有小算盘，地盘己入墓，说明对方都对价格犹豫，也说明有降价空间。伏吟应为主，做事不着急采取为主的策略必然价格要降。

3. 为什么说对方和王建现在都被困住了，交付日期要推迟？

时干、日干均为己入丑墓，天盘入墓主被困，办事有阻力。交付日期晚一是时干入墓，不太好办手续；二是伏吟主慢，所以断交付日期要推迟。

例四十一　开店有麻烦，过后把钱赚

路某和李某夫妇俩都已四十六七岁了，均因企业不景气下岗，在家待

业两年多了，最近看到电视里不断播放更新就业观念、不等不靠、重新就业的信息，就找城管办，在石家庄市新华区批了个摊位，又做了个售货亭，打算卖一些烟酒副食。夫妻俩从未经过商，担心投资几千元，再打了水漂，就找我预测办售货亭能否盈利？我经过预测，立即答复他们："能行，小店赚钱少不了，你们大胆干吧，不过还得再投点资才能赚钱；另外，还要遇到些麻烦事，但不会有大事，和气生财，遇事谦让点就能过去。"路某问我："你说的再投资那是肯定的，我们只做了个亭子，还没定位，什么货也没进，你说的麻烦事是哪方面的？"我说："为地皮的事，有点麻烦。也没大事，你们就干吧，再过一周就能开张了。"

果然，因售货亭放置位置问题，停车场及旁边的小吃部与他们夫妇发生了矛盾，小吃部嫌亭子离他们太近，影响小吃部的生意，让把亭子向停车场方向移一米。车场的值勤人员则说亭子压了存车线，影响停车场的收入，让把亭子往小吃部方向挪一点。让了东边，西边不干，让了西边，东边又不干，夫妻俩左右为难，找城管办，答复说：亭子位置是研究定的，不能更改。路某无奈，只好按我说的，东家说好话，西家去道歉，对方吵了几天，由于路某总是赔笑说好话，双方便不再与路某争吵。

一周后，1998 年 4 月 16 日，小售货亭终于开张了。夫妇俩辛勤经营，一开张就很顺利，5 月 3 日告诉我，小店的地理位置好，来往行人多，货卖得也快。现在营业额每天 400 多元。一个月就 1.2 万元，按 15%的利润算，一个月就能赚 1800 元。到了夏天有冷饮，月收入 2000 元以上没问题。

果然，夏季到来，月盈利达 3000 多元。

奇门格局：

1998 年 4 月 9 日 17 时 10 分

戊寅年丙辰月丙戌日，丁酉时，阳一局，甲午旬，天辅星值符，杜门值使。

玄武 休门戊 天蓬星辛	九地 生门丙 天任星乙	九天 伤门庚 天冲星己
白虎 开门癸 天心星庚	壬	直符 杜门辛 天辅星丁
六合 惊门丁 天柱星丙	太阴 壬死门己 天芮星戊	螣蛇 景门乙 天英星癸

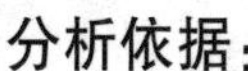

分析依据:

1. 为什么说开烟酒副食亭能赚钱?

测开店铺看开门，现开门为店铺，落震三宫，逢天心吉星，日干丙奇为路某夫妇落离九宫，开门震木生日干离火，主开此店吉利。从日干丙来看，更为有利，日干丙和宫中生门、九地构成重诈格。求财必得利，丙奇在离宫为帝旺，即得财之地，又丙下临乙奇，又逢天任吉星，求财更为有利。

2. 为何又断出再投资才能赚钱?

因为甲子戊为资本落巽四宫属木，生门为利润落离九宫属火，戊生生门主再添加资本可以得利润。

3. 怎么断出为地皮事有麻烦事?

开门为店铺，在三宫吉门受迫吉不就，上乘白虎，格局癸加庚不利，断店铺必有麻烦事。什么麻烦事?死门为地皮落坎一宫属水，临天芮凶星，死门坎宫水克日干离宫火，必是因地皮而有麻烦事。没大事是因日干格局非常好，所以断不会出大麻烦事。

4. 断一周开张，是因甲子戊虽落四宫临官旺地，主有钱，但甲午旬中空辰、巳，戊为资本旬空，也主有钱进不了货，待填实有了货则可产生利

润。另外，空则藏有玄机，填实之日为应期。4月16日为巳日，正为填实之日，所以断应期为一周。

例四十二　贷款虽有望，好事终泡汤

1997年1月22日上午，石家庄物资贸易中心业务员张某到办公室找我说："麻烦处长给测点事，我们部想搞个项目，准备到银行贷款300万，你给测测能成吗？"我说："好的。"当即起局预测说："这笔款银行不贷给你。"张一听就着急了："你再给仔细看看，银行那边说了好几次了，每次都说没问题。而且要了我们公司一些资料，我也填了贷款表，经理对这事也很重视，让财务处全力协助我们办下这笔贷款。"我一听张说得这么认真，而且又是关系到公司业务的大事，便再一次仔细看了看奇门格局："我看这样吧，我再用另一种方法测测。你到哪个方向的银行贷的款？"张说："正东边的开发区银行。"我仍用该格局预测后说："贷不成，主要是银行不放贷。咱们公司资金这么紧张，你别受我预测的影响，该怎么努力就怎么努力，争取办下来。"在以后的两个月里，张几次见到我都说，银行方的办事人说肯定能办成。5月份，张到办公室找我说："哎，完了，还是你测得对，贷款的事泡汤了，白跑了几个月，银行不放贷。"我问："你是不是受我预测影响了？"张说："绝对没有。你预测后，我怕办不成，反而更加劲了，他们一直说得挺好，后来变卦了，现在是彻底黄了。"

奇门格局：

1997年1月22日9时12分

丙子年辛丑月甲子日己巳时，阳三局，甲子旬，天冲星值符，伤门值使。

直符 景门戊 天冲星己	螣蛇 死门己 天辅星丁	太阴 惊门丁 天英星乙
九天 杜门癸 天任星戊	 庚	六合 庚开门乙 天芮星壬
九地 伤门丙 天蓬星癸	玄武 生门辛 天心星丙	白虎 休门壬 天柱星辛

分析依据：

1. 第一种方法：值符为银行落巽四宫属木，值使伤门为贷款人落艮八宫属土，值符宫克值使宫，银行不放款。

2. 第二种方法：以所去之方来断，银行在东边为震属木，震三宫中九星为天任星属土，宫克星银行克借贷人，也主贷款不成。

3. 多角度分析：时干为事体，时干己落离九宫，宫中逢死门，死门主办事不成，银行贷款之门关闭不开，所以贷款不成。

例四十三　执著心莫灰，欠款终得归

近几年的经济往来中，“欠账不还”似成顽疾，即使法院判决，“执行”也面临着诸多困难。模特姚小姐的朋友做粮食生意，对方欠他十几万，几年要不回，在一次偶然的机会里，她向我讨教。

这是风清日朗的一天，面包车向石市西南方的风景区——蟠龙湖驶去。我身为工会主席，参加了我单位与某单位共同举办的“超能训练”班的结业联欢会。为活跃气氛，特意请了几位标致的模特在联欢会上做表演。她们随车而行，看来经常参加类似活动，个个活泼大方，在车上有说

有唱，气氛活跃。

不知道眼前这位高个的姚小姐何时听说我会预测，很急切又带恳求地对我说："杜总，听说您周易研究得特别好。我现在有一件麻烦事，能给看一下吗？"

因为车子行驶在市外公路上，速度较快，无法在纸上起局，于是我便在手上起局。同时姚小姐简单地诉说了别人欠她朋友十几万元生意款，几年要不回，问以后怎么办？还能不能要回来？

我掐着手指头，很干脆地回答她："能要回，不仅本钱能要回，而且还能要回不少利息。"

听到我的答复，不单姚小姐吃惊，车上的其他人也有些不解地说："要利息？不一定好要，现在这事，欠债的比债主还牛气，有钱对方也不还，法院也没法。"姚小姐听大家七嘴八舌这么一说，心里发慌："好几年了，要不回来，也不能就这么黄了啊。"我看她着急便劝她："你就相信我的话，没错，只管一个劲地追账，不仅要本钱，还要张大口要利息，心要狠，口气要硬，别放松，肯定能行。"姚小姐说："那好，杜总，我听您的，把你的话转告我朋友。"

联欢会圆满结束，姚小姐回去找朋友通报了情况。

原来，姚小姐的朋友小吴通过天津A公司做中介与湖北B公司做粮食生意，签订合同如下：货到湖北，先付19万元，10天内付清剩余的14万元。但湖北B公司给了19万元后，那14万再无下文。这钱都是小吴的钱，可把小吴吓得不轻，他几次找天津A公司，A说去找湖北B，而B说没钱，作为个体户的小吴承受不了这么大的损失，2003年一纸诉状上告了天津A公司，要A必须还钱。但天津法院一查A公司无此经营范围。小吴又到湖北法院起诉了湖北B公司获胜诉，可是到执行时，湖北B公司已宣布破产，其上级单位不理睬，也不同意承担此债务。眼看债务要黄，但小吴坚持我所说的"心要狠，口要大，别放松，能成功"的方针，穷追不放，四次往返于天津、湖北之间，事情终于有了良好结果。

法院判决：据有关规定，湖北 B 公司破产，但债务应由其上级单位偿还，每月偿还 2 万元，直至还清。天津 A 公司因负连带责任，承担一部分诉讼费和滞纳金。

到 2004 年，姚小姐很高兴地找到我说："杜总，太谢谢您了，湖北 B 公司的上级单位共付了我们 14 万元本金和 8 万元利息，比我们预想的 17 万元还多出 5 万元，我们就是按您所指点的，口张大点，抓住不放，肯定打赢去办的，最终的结果开始连我们都不敢相信。"

奇门格局：

2002 年 10 月 18 日 17 时 30 分

壬午年庚戌月己未日癸酉时，阴三局，甲子旬，天冲星值符，伤门值使。

六合 杜门丁 天心星乙	太阴 景门庚 天蓬星辛	螣蛇 死门壬 天任星己
白虎 伤门癸 天柱星戊	丙	直符 惊门戊 天冲星癸
玄武 丙生门己 天芮星壬	九地 休门辛 天英星庚	九天 开门乙 天辅星丁

分析依据：

测讨债，值符为放债人落兑七宫，天柱星为天乙落震三宫，伤门为讨债人同落震三宫。该局最大的特点是八门伏吟，伏吟最利讨债，再者讨债者和欠债人同宫比和宜讨债，故断债不但能要回，而且还能讨回利息。宫中九星反吟，表明要反复讨要。

例四十四　投资搞保健，盈利有时限

某美容院陈老板根据经营情况很想扩大经营项目，又苦于没合适的场地，正好与一个小二层楼毗邻，只是该楼地方太小，建筑结构又不合适，楼下除了楼梯，只有10平方米的空间，二层也只有60平方米。经反复盘算觉得搞个保健房还可以，保健内容是足疗和氧吧。但改造门脸、内部装修和购买设备需要投入8万元，先期投资这么大，能否收回成本，能不能赚钱，心里实在是没底。于是两口子请我给预测一下，租下小楼开店好不好，若能赚钱就干，不能赚钱就不租了。

他们说的小楼我也见过，该楼是某单位主体楼向临街方向突出的一个小二层楼，不知过去是干什么用的，多年来一直闲置不用，1996年以800元的价格租给了内部职工张某，张某也不敢贸然投资，所以什么用场也派不上。因此陈老板夫妇一提出租楼，张某就巴不得立即租给陈老板。

我预测后答复陈老板：一、你是特别想租下这个小楼；二、租了肯定能赚钱；三、你的店里会出现小偷，小偷是内部的，你要注意内部人员；四、干一段时间你就不干了。陈老板夫妇问我："我要投七八万进去，这不是个小数。你给好好看看，我为什么干一段时间就不干了？"我说："这是因为你想干别的生意，也可能是受大气候的影响。"陈老板夫妇说："行，投资能赚就行，不可能干一辈子，我们马上和他们去谈。至于小偷的事，我小心点就是了。"

事后证明：陈老板夫妇先期投入8万元，第一个月就收入4万多元，平均月毛收入4万元，赚了一笔钱。夏天遭了一次盗，夜里小偷从后小窗户里爬进店里，当时店里有3人睡觉，偷了几百元钱。年底，又有一个给其搞装修的人，写勒索信，以杀死其儿子威胁其夫妇，企图敲诈2万元现金，被公安局抓获判了刑。1998年3月全国九届人大召开后，国务院提出了政府机关要裁减50%工作人员的改革方案，政府官员不敢去保健，之后保健店的收入骤减，保健店也于1998年6月关张。陈老板在年初正好有一笔大生意要做，也就做他的生意去了。

奇门格局：

1997年4月12日14时

丁丑年甲辰月甲申日辛未时，阳一局，甲子旬，天蓬星值符，休门值使。

直符 伤门戊 天蓬星辛	螣蛇 杜门丙 天任星乙	太阴 景门庚 天冲星己
九天 生门癸 天心星庚	壬	六合 死门辛 天辅星丁
九地 休门丁 天柱星丙	玄武 壬开门己 天芮星戊	白虎 惊门乙 天英星癸

分析依据：

1. 如何断出陈老板要赚钱的？

日干庚为承租方陈老板落坤二宫属土，时干辛为出租方张某落兑七宫属金，日干宫生时干宫陈老板极想租下此楼。测租房好否？以值符为租房人陈老板落巽四宫属木，生门为被出租的楼房落震三宫亦属木，二者同属木为比和，租后应能盈利；从投资办店的角度看也能盈利，甲子戊为资本落巽四宫，生门为利润落震三宫，同样比和盈利；再从时干的角度看，时干辛主事体落兑七宫，辛加丁主经商获倍利，也能赚钱。

2. 店里将来会有小偷是怎样断的？

开门为店落坎一宫，宫中上乘玄武又逢天芮凶星主店内有小偷，日干

庚落坤宫下临己为刑格，主受刑、遭殃，庚加壬为月格，主辰月，又主壬子月，玄武落坎宫当令之月旺，坎一宫中逢开门，门开了，玄武小偷必然要进来了。且宫中又有壬，玄武在内盘，小偷应是内部人，所以断12月（阴历壬子月）要注意防盗。

3. 如何断出只能干一段时间的？

一是日干庚加己为刑格主凶，庚加壬为移荡格主流动；二是日干坤二宫属土克开门坎一宫水，必是干一段就不干了。

例四十五　初审成败局，再审也不利

一审官司败诉了，某通信公司王经理满腔气愤，饭也吃不下去，马上与我通电话商量二审官司还打不打？我一边听王经理介绍官司情况，一边进行预测。

说来这官司输得也真是窝囊。

有个女客户于1997年3月21日从某通信分公司买了一部西门子S4型手机，交了6100元。她购机后不久到山西省太原市出差，因太原的移动电话网还未建成，所以女客户手机不能使用。该客户一气之下找到消费者协会，要求退机和赔偿。消协调解不成，她一纸诉状又把某通信分公司告上了法庭。原告诉称：1997年3月19日从市有线电视台和某报上看到“某通信手机，一拨即通，全国漫游”的广告后，即买了一部西门子S4手机，买后发现该机并不能“全国漫游”，甚至在省会大城市如太原都无法使用。因此原告认为被告的行为已违反《中华人民共和国广告法》、《中华人民共和国消费者权益保护法》等有关规定，已构成民事违法，必须对其欺诈行为承担民事责任……据此，要求被告退机并赔偿原告损失1.22万元。

此时，正值某通信分公司开业不久，没想到遇到如此麻烦。人家电信局当时还未拆分，每天都做“中国电信全球通，通全球”的广告，也没听说有谁告它，怎么我们一个“全国漫游”的广告词就成了被告呢？还落下“有欺诈行为”的罪名，真是不可思议。

在一审法庭上，公司派员应诉答辩如下：

一、在购机大厅标有该公司17个漫游城市的全国分布示意图；

二、购机时发给购机者每人一份说明只通17个城市的广告；

三、服务台宣传只通17个城市。

但是，庭审中原告不承认见到和收到只通17个城市的任何材料。因此法院一审判决某通信分公司原价退回原告6100元，并赔偿原告6100元，共计1.22万元；原告退还手机一部。

一审败诉，王经理难以接受，想找省里领导并要坚持上诉，继续打官司。

我依预测结果，提出如下意见：

一、省里领导不会管这种事；

二、即使上诉，二审还会败诉；

三、法院倾向对方；

四、倘若上诉，还会撤诉。

王经理不依不饶，不服某区法院（1997）第209号民事判决书，请了律师写了“民事上诉状”，于1997年12月1日上诉至某市中级人民法院。

上诉状中除阐述了前三条理由外，还对“退手机一部价款6100元”提出异议，这6100元是由SIM卡费300元，吉祥号拍卖费300元，预交话费押金100元和手机费4500元构成，而法院却将这四者混为一谈。尤其令人不可理解的是，在一审中原告实际发生的1664.45元的话费，也让某通信分公司承担，实在不合理。

为打赢二审官司，王经理又于1998年1月7日给两位省长写信，恳请省长对二审判决给以关注，但是没有回音。

托人到中级法院摸底，法官透露：一审判决正确，二审不会改判。

这是个难题：二审不打，冤气难申，若打二审，败诉不说，还可能招

来新闻单位曝光，起到反面广告宣传作用……也正是这左右为难的关键时刻，王经理电话让我预测，想再听听我的意见。最后经反复思索，决定撤诉，以不惹下更大的麻烦为好，于是在 1998 年 1 月 18 日要求撤诉。市中级人民法院 19 日下达了“民—终字第 5—02 号民事裁定书”，准予上诉人某分公司撤回上诉，双方均按原审判决执行，裁定书为终审裁定。

其过程正应验了我的预测。

奇门格局：

1998 年 1 月 16 日 20 时

丁丑年癸丑月癸亥日壬戌时，阳五局，甲寅旬，天蓬星值符，休门值使。

九天 开门己 天心星乙	直符 休门癸 天蓬星壬	螣蛇 生门辛 天任星丁
九地 惊门庚 天柱星丙	戊	太阴 伤门丙 天冲星庚
玄武 戊死门丁 天芮星辛	白虎 景门壬 天英星癸	六合 杜门乙 天辅星己

分析依据：

1. 为什么说省里领导不管此事？

年干丁奇为太岁，代表省里领导，现落艮八宫为入墓，入墓则表明不愿意管这种事，宫中逢死门又旬空，也主省领导的大门关闭着，上乘玄武，非一般关系所能敲开。

2. 为什么断二审也会败诉？

仍以值符为原告，天乙为被告，开门为法官来分析。现值符落离九宫属火，天乙天英星落坎一宫属水，开门落巽四宫属木。开门宫乘九天逢天心星，说明二审法院公正，开门宫生值符宫，表明二审法院向着原告方，天乙宫生开门宫主被告方听从法院方的意见。既然二审法官倾向于原告，再打二审必败无疑。

3. 为什么断就是上诉了也会撤诉？

景门主诉状，也主诉讼事，落坎一宫主死地，又逢旬空，表明诉讼事不成。

该局八门反吟，反吟主反复主重审，但该局法官倾向原告，景门又旬空，格局壬加癸，有天网地网罩住景门诉状，壬、癸又主水，流动之意，所以撤诉。

例四十六　主客谁胜算，法律显尊严

乙寻呼台于2002年8月29日正式与我公司签约，无偿把货运信息业务转让给我方经营。正当我们高兴时，天有不测风云，此时偏偏出现了另一家公司的介入，这就是丙寻呼台。

原来，乙寻呼台的业务在移交我方的同时，其台内原负责货运信息网的三名员工不辞而别，来到丙寻呼台想把用户拉过来，建立并承包丙寻呼台货运信息网。

他们和客户很熟，虽人数不多，但能量不小，一上来就散布乙寻呼台已经垮台，已经把货运信息业务移交给了丙寻呼台的消息。用户不清楚怎么回事，一部分用户稀里糊涂就把网转到丙寻呼台了。为了进一步抢用户，这些人还采取了一些不正当的手段，一是抄袭我联通台的货运信息；二是发布致用户的公开信，进行张贴、散发，信中声称凡是改网到丙寻呼台的客户，两年之内免服务费。用户一看这个网信息这么多，还两年不要

钱，有些动心，但大部分用户对此有些怀疑。

对于这一突发事件，我公司也采取了一些紧急措施，并且在9月1日发布公告，声明联通与乙寻呼台已经签署协议，信息网移交联通公司，今后原乙寻呼台的货运业务全部由联通负责。但是，丙寻呼台依仗自己有后台，依然我行我素，不把我们的声明放在眼里。

在这种情况下应如何应对？除了采取一些必要的应对措施，我仍旧起局预测，希望用奇门之术指导我们的行动。

预测结果是：

一、对方的行为是违法的；

二、随着时间的推移对方必然倒霉；

三、战术上要大造声势，坚决反击，预测中显示利于进攻，只有主动进攻，告知用户事实真相，才能收到好的效果，再就是应向执法部门告他，要大造声势，就向丙寻呼台在石家庄的上级机关和北京的上级机关反映它的不法行为；

四、双方的诉讼中，要经两个执法部门才能解决；

五、如果诉讼，最终结果是调解，我方需作出让步，才能有满意的结果。

商场如战场，该局利客不利主，利客则要主动进攻，大造声势。我是指挥员，我懂奇门遁甲，加上现场分析，决心按奇门行动。12日在我的指挥下开始采取行动。首先派人收集对方不正当竞争行为的证据，并请来公证处公证员进行公证。我方出示了对方抄袭我公司的寻呼信息的证据。为了达到最佳效果，我们把公证员请到了某货运网，并当场进行试验。公证员编了一条货运信息，联系人是公证员的名字，用电话向我方寻呼台发出寻呼信息，很快该信息就在我方电脑的显示屏上就显示出来了，这是正常的。那么丙寻呼台抄袭不抄袭呢？这时，大家都盯住丙寻呼台的电脑显示屏，没过几分钟，对方的信息显示屏上就显示了公证员编的信息，只字不差，抄袭！连公证员都惊讶不已。我们还拿出了对方两年免收服务费不正当竞争行为的证据。公证处对丙寻呼台抄袭我方货运信息行为和违反不正当竞争法的行为当场进行了公证。

而后我方拿着这些证据向有关行政执法部门进行举报，既然奇门局上显示要有两个执法部门管，那我们同时又向法院进行了起诉。

后来行政执法部门以种种理由拖着不处理，只好依靠法院了。起诉后，对方上级从北京给我来电话，口气很大，开口就威胁我违法刺探对方秘密，我不屑一顾地回答：少来吓唬我，货运网萝卜大葱的信息算什么秘密，我们是在依法进行公证，依法起诉，咱们法庭上见。说完“啪”的一声就挂了电话。

在法庭上，虽然对方百般狡辩，但也抵不住我公司强有力的证据。第一次开庭休庭后，对方律师自知无理，要求庭下和解。律师按我的授意坚持要求法院判决，法庭多次做工作让我们调解，律师无奈问我怎么办，按奇门应让步，那就让步。最后法庭进行了调解。

调解书的结果如下：

一、丙公司当庭口头向联通公司道歉；

二、丙公司立即停止抄袭联通货运信息等不正当行为；

三、丙公司赔偿联通公司损失费2000元；

四、诉讼费由丙公司承担。

这一仗打得不错，在经营上遏制了对方的不正当行为，停止了抄袭行为，并教训了丙寻呼台，必须在国家法律法规的许可内经营，显示了法律的尊严。作为我个人来说，运用奇门遁甲指导商战，显示了奇门直接为维护企业的合法权益有效地击败对手的威力。

奇门格局：

2002年9月11日19点10分

壬午年己酉月壬午日庚戌时，阴九局，甲辰旬，天禽星值符，死门值使。

六合 开门丁 天冲星癸	太阴 休门癸 天辅星戊	螣蛇 生门戊 天英星丙
白虎 惊门己 天任星丁	壬	直符 壬伤门丙 天禽星庚
玄武 死门乙 天蓬星己	九地 景门辛 天心星乙	九天 杜门庚 天柱星辛

分析依据：

1. 为什么断对方的行为是违法的？

时干庚为对方落乾六宫，庚下临辛，辛主违法，上乘九天和天柱凶星，说明对手虽违法却肆无忌惮。

2. 为什么断随时间推移对手最终倒霉？

对手庚加辛为白虎干格，该格主“远行车折马死”，时间长了必倒霉。

3. 为什么战术上要坚决反击？

该局大局反吟，反吟在策略上就应主动进攻或主动采取各种措施。

4. 为什么起诉对方要经两个执法部门？

开门为执法部门落巽四宫，上乘六合主两个以上部门。所以，找第一个部门后，立即找了第二个执法部门，另外，测诉讼，遇反吟局也主经两个法官审理。六合为证据落巽四宫，宫中逢开门，开门表示不保密，故断我方情况对方很快会知道。

5、为什么我有理还要让步？

值符为原告落兑七宫，天乙天柱星为被告落乾六宫，二宫均属金为比和，比和即调解；另外，值符宫中有丙加庚格局，遇该格局应让步为上策。

例四十七　卖房想赚钱，须把时辰选

胡老太太老家是河北省巨鹿县，早年随父到石家庄市落户，积蓄了一部分钱，解放前买了十间旧房，“文革”中房子被“改造”，归了房管所。“文革”后落实私房政策，把十间房子又归还了胡老太太，姐弟俩各分得五间。

时间不长，随着城市建设的发展，胡老太太的五间旧房规划在内，使她成了搬迁户。旧房没有了，政府又在柏林小区分给她两套单元房，坏事变成了好事。胡老太太将房租出去“吃”租金。两年后一合计，不如卖掉一套合算，遂召集子女们商议，决定卖出二楼的一套三居室单元房。

卖房的信息发出很长时间了，房子依然没有出手，不是价钱不合适，就是买房人嫌没有暖气。胡老太太甚感困惑，1996 年 11 月 10 日早 7 时半找我预测：房子什么时候能卖出去？能卖多少钱？

我预测后告诉她：“你呀，不要太着急，到明年 6 月份，有人来问房时你就谈，一谈就成，房子可卖。价钱你可以多要，但到手大概 10 万元左右。不过卖房后还有麻烦事。”

果然在多半年的时间里，问房的人不少，可就是成交不了。阴历六月，真有两人找上门来买房。胡老太太要价 11 万，各种税费全不负担，低于这个价格不卖。而对方坚持只给 9.5 万元，多 1 分钱也不买，说了两次，达不成一致，双方互不理睬，这样就搁了起来。胡老太太又问我怎么办，我让她耐心等待。

过了约 20 天，买主又主动找上门来，要求再谈谈。几经拉锯，对方答应出到 10.06 万元。胡老太太想到我的预测，立即拍板，当即收下了两万元定金，并很快办好了过户手续。

房子卖出去了，10 万元如何处理又成了难题，胡老太太原打算均分给子女，但子女意见又不一致，有的说分一部分，有的说全分掉，相互之间还引起了小猜测。老太太定下主意，谁的话也不听了，把钱存入银行，自己吃利息。这也正应了卖房后还有麻烦事的预测信息。

奇门格局：

1996 年 11 月 10 日 19 时 30 分

丙子年己亥月辛亥日戊戌时，阴六局，甲午旬，天冲星值符，伤门值使。

白虎 景门乙 天柱星庚	六合 死门戊 天心星丁	太阴 惊门癸 天蓬星壬
玄武 己杜门壬 天芮星辛	 己	螣蛇 开门丙 天任星乙
九地 伤门丁 天英星丙	九天 生门庚 天辅星癸	直符 休门辛 天冲星戊

分析依据：

1．为什么断胡老太太心情急躁？

日干辛为胡老太太落乾六宫，辛下临戊，甲午辛与甲子戊相冲，冲则表示急躁，宫中天冲星又主风厉，所以断胡老太太想急着将房卖出去。

2．为什么断农历六月可谈成？

时干为货，日干为人。现时干戊落离九宫属火，日干辛落乾六宫属金，时干宫克日干宫，主货能卖出。时干下临丁，伤门值使落艮八宫，所临天盘之干为丁，明年为丁丑年，6 月又为丁未月，故断 6 月可卖出。

3．为什么断可卖 10 万元？

生门为利润落坎一宫，坎宫为水，数为 1、6，所以断可卖 10 万元。

例四十八　海外降“大运”，劝君莫贪心

如果一个素不相识的外地人，突然来了一封信，要赠送你一栋高级别墅和100万到200万美元，你会是什么心情？俗话说“天上掉馅饼”，馅饼才值几个钱？这样的好事却让我碰上了。

2004年4月30日上午，通讯员送来一封厚厚的挂号信，看寄信人的地址是广东省广州市某区，肯定又是周易爱好者的来信，于是打开信封细读：“尊敬的杜先生：您好，我在上旬刚买到您著的《奇门遁甲现代实例精解》，阅读后，我很感动，现我慕名去信给您。原因是我帮亲戚朋友与美国联系，帮忙提取两笔遗产，不知能否提取成功。您给咱测测这两笔外汇支票有什么结果呢？现在您首先帮我测一测两笔外汇支票在华盛顿城市银行和美利坚合众国花旗银行‘睡眠账户’里头有没有两笔款的户名？这两笔生意能不能做？是赔还是赚？美国方的60万美元（拿原始单据去提款的订金预付款）和主要人员来回美国使用费能不能过来……”

我读到这里，看着这一连串机关枪的问话有一种喘不上气的感觉，可以体会到寄信人那种急切和渴望的心情。下面还有一大串问话，如美国能不能保证人身安全？中国驻美使馆提不提供联系电话等等。

密密麻麻的字纸整整写满了6页，寄信人属鼠，1948年生，也五十几岁了，信中还谈到：“我这辈子是不是穷的命？我住的这幢楼是不是不利于我本人做这两笔生意？大门上已挂有八卦反光镜及三叉剑，可不可以改住楼下？我本人改住在厂里，能否成功……请详细指点。”

发财致富，是人之所求，也是国家的号召，但俗话云：“君子爱财，取之有道。”这种假借国外银行存巨额睡眠存款取宝的闹剧，自改革开放以来各地均有发生和披露，按说世人早该洞察其奸，不应继续上当受骗，可这位老先生似还在为这几千万美元所迷惑，还把它看成是“掘不完的金山，可贵的机遇信息，人一生难逢的时机”。并在信中郑重承诺：“您依奇

门指导我们的提取方案，如能顺利提取出来，我会给您应得的劳心费，那笔小的给您50万~80万美元，大笔的给您100万~200万美元，还会赠给您一幢高档的别墅，随您喜欢在哪里买都行。”

看着这么优厚的条件和寄信人那执著急盼的心情，我真是为他着急：这么大年岁了，终日为这种子虚乌有的幻想寝食不安，值不值得？虽然我对所谓的200万美元和高档别墅不屑一顾，但为了对这位远方慕名来信的先生负责，我还是起了一局，并电话回复：“此种事情毫无实据，根本不可能实现，如硬要去做，只能是劳民伤财，一无所获。‘寻宝’之事也曾多有发生，骗财骗人，倾家荡产。你最好及早罢手，恢复正常生活。”

谁知这位先生并不死心，半个月后又来一信，依旧坚持他的观点，又是满满的6页信纸，说这两笔款项曾是以阮若夫为代表的，在美国是梅罗斯上将签的名，确实不骗人的，另还有三笔要测，并重谈了给我的“劳心费”。我再一次电话回复给他，劝他及早打消这个念头。电话那头不住地问我：“杜老师，你说不行，是你预测的呢？还是你猜的呢？这可是千真万确的真事啊！请你用你的奇门仔仔细细给测一测，只要是真的，我一辈子都忘不了你。”无奈我直言告诉他，完全是假的，坚决不能搞，要搞就会家破人亡，还会招来官司。过了很长时间，对方电话告诉我：“杜老师是预测大师，态度又诚恳，又坚决，我有些怀疑这事，也怕捞不着钱，再给孩子们找麻烦。我听了你的话，不准备干了，后来召集全家开了个家庭会，把所有情况全都摆了出来。全家都反对，我就不做了，谢谢杜老师。”真乃黄粱一梦。

奇门格局：

2004年4月30日11时46分

甲申年戊辰月己卯日庚午年，阳四局，甲子旬，天辅星值符，杜门值使。

白虎 惊门庚 天心星戊	玄武 开门丁 天蓬星癸	九地 休门壬 天任星丙
六合 死门辛 天柱星乙	 己	九天 生门乙 天冲星辛
太阴 己景门丙 天芮星壬	螣蛇 杜门癸 天英星丁	直符 伤门戊 天辅星庚

分析依据：

1. 为什么说是劳民伤财，一无所获？

该局大局九星反吟，求财遇反吟局“求财不得反蚀米”，故断要搞必然劳民伤财，一无所获。

另外，时干为事，日干为预测人，时干庚现落巽四宫，宫中遇惊门、白虎均是破财之象，说明该事不吉。日干己落艮八宫，己加壬主为财色争斗，宫中丙加壬为悖格，求财遇悖格应尽早抽身。时干克日干，表明此事做不成。时干庚加临戊上形成伏宫格，遇伏宫格说明做这种事情不会成功。

2. 为什么断还会招来官司？

日干己为预测人，落艮八宫为入墓，主凶，己加地盘壬为“地网高张”格，遇该格主奸情伤杀，己加景门主官司牵连，上乘太阴说明有小人作祟，庚为仇人在内盘克日干，必是凶人算计预测人。综断，要做这个事，不仅破财还会招来官司。

例四十九　看似生意旺，潜亏自难当

长期以来，中国的电信业由中国电信独霸天下，“只此一家”的做法曾使用户有种种议论。在经济改革的大潮中，中国某通信有限公司应运而生，他的诞生打破了中国电信的垄断局面。

但是某通信公司的起步相当艰难，特别是河北分公司，GSM 一期 4 万门工程投资 3 亿元，经过 3 年的建设，终于在 1997 年 3 月，在省会石家庄市首先开通了移动电话网，并正式投入了运营。

要正常运营就必须发展用户，为此，在报纸上宣传，在电视上做广告，费了九牛二虎之力，偌大省城从 3 月到 8 月的半年时间只发展用户 2000 个，而某通信公司总部要求河北分公司年底前在石家庄必须达到 6000 户。照目前的速度，年底完成任务可能就是一句空话。某通信公司河北分公司的全体员工无不心急万分，所属的石家庄移动电话局更是压力千钧，局长召开“诸葛亮会”，集思广益，号召大家献计献策。

于是就有了 9 月 9 日石家庄移动电话局给某通信公司河北分公司的一份报告，说是找到了一条“一块钱用手机”的好计策。办法是大做广告，推出租号业务，即：客户自备手机，每天只交租号费一元钱，每月 30 元，加上座机费 50 元，客户每月只交 80 元就可使用本网打手机，话费另计。这项营销策略行不行？谁也说不准。

10 日上午 8 时 50 分，某通信公司的一个部长让我预测一下租号业务的可行性如何，我随即起局答复说：“依我看这计划不行。”

“怎么个不行法？”某部长感到很意外。

“这计划若开展，对你公司很不利。主要是用户中相当一部分人要钻你们的空子，占你们的便宜，你们要损失话费。”

“损失大吗？”

“不小。”

“那抓紧催缴话费行不行？”

“我认为这个点子不行，主要是从格局上看你们的网现在还不完善，用户还不愿意用你们的网。”尽管我的话可能不顺耳，但我还是照直说。

“这是因为刚起步，全省开通后就好了。你说的租号业务不能开展，我只是参考一下，这要找人好好研究一下再定。”

最终某通信公司没有采纳我的意见，推出了“一块钱用手机”的营销策略，到年底不但果真完成了放号6000个的任务，而且还超额了2000个。为此，某通信公司决定奖励这一好点子，石家庄移动局获点子奖3000元，同时还召开了庆功会。

面对这一事实我想：是我的预测技术不高，还是奇门遁甲这种方法不灵呢？这一疑虑一直困扰了我几个月。

实践是检验真理的唯一标准。

到了1998年3月份，一块钱用手机的弊端开始显露，用户逃网率增加，欠费率开始上升，但没引起某通信公司领导的重视，仍在开展租号业务。4月份，累计欠费率猛增至话费总收入的35%，再这样下去后果不堪设想，5月份总经理下令立即停止租号业务，至此才证明我的预测是正确的。

后来，市场人员分析这一点了的失败原因时说：一是号码出租时由于缺乏市场经验，对用户资料审查不严，为欠费埋下了祸根；二是用户缴300元买了手机卡，不用预交话费，对用户也没有其他制约措施，造成了部分用户话费超多了就扔卡的现象；三是话费监控系统不健全，不能进行实时监控，对到外地的漫游用户所产生的话费，一个月才能从总部传递一次，当发现大额欠费用户时，再停机也就晚了。

只可惜这次预测没有引起某通信公司领导的警觉，对这一点子科学论证不够，才导致了不良后果。

奇门格局：

1997年9月10日8时50分

丁丑年己酉月乙卯日庚辰时，阴三局，甲戌旬，天芮星值符，死门值使。

玄武 杜门庚 天蓬星乙	白虎 景门壬 天任星辛	六合 死门戊 天冲星己
九地 伤门丁 天心星戊	丙	太阴 惊门乙 天辅星癸
九天 生门癸 天柱星壬	直符 丙休门己 天芮星庚	螣蛇 开门辛 天英星丁

分析依据：

1. 为什么说一块钱用手机的点子不行？

日干乙奇主预测人现落兑七宫，乙奇为受制状态主凶，宫中遇惊门主忧患。地盘日干乙奇落巽四宫，上乘庚，庚为白虎主凶，庚加日干乙上为日格也主凶，说明对预测人不利。景门主计划，主租号点子，现落离九宫为伏吟，伏吟则不宜实施，实施则破财。再从景门和日干的关系看，景门宫属火克日干宫金，此为计划克预测人，说明该计划不符合市场规律，是一项赔钱的营销方案，对公司是不利的。

日干为预测人，又代表某通信公司，时干为手机卡，又为用户。测销货日干克时干，主货主急着想卖卡，因时干庚落巽四宫逢杜门又伏吟主卡卖不出，宫中上乘玄武又逢庚主该网卡不好使，又主用户中有贪利人，天蓬星临之主破财，也主大盗，说明是一桩赔大钱的事情。

2. 为什么说网不好使呢?

时干庚为网，为卡，四宫中上乘玄武逢杜门主网闭塞，又以丁为网络落三宫逢伤门，主网有伤病，上乘九地主迟钝，地盘戊在三宫为六仪击刑，均为不利。景门也为网，伏于九宫上乘白虎，壬加辛之凶格，同样表明网不好用。

例五十　欲买罚没车，投师先问策

2004 年 4 月 2 日早晨 7 时 40 分，我的手机上传来一条短信："杜老师：急事请求决策。现拍卖中心有一辆凌志 400 的新车，可买否？请急告之，谢谢。王某的表哥张某某。"

原来是战友老王（某局局长）的亲戚。昨天老王打电话给我："我表哥张某某，有件大事拿不准主意，搞不好要赔或赚几万、十几万，你能不能帮帮他?"战友之情，责无旁贷。我说："当然可以，有空你们一块来吧，没时间就让他直接找我。"于是，就有了张某某的短信。

8 时 30 分，我起局预测后，给张某某打去电话，说明以下几点：

一、车比较新，车况较好；

二、购车价应在 10 万元左右；

三、车前右方有一道划痕；

四、这车的手续不是原有的，而是后来补上的；

五、建议你买下这辆车，自己用合适，如转手再卖肯定升值；

六、在价格问题上你要讲战术，一定要狠劲往下压，在对方讲出价格后，你就一下杀到几万，不要刚一谈就报 10 万，切记。

还没等我向他核实情况，张某某就急切地说："您说的一点不错。这车是 1992 年出厂的，是走私过来被罚没的。行驶了 7.3 万公里，到 1997 年被海关扣压。直到 2002 年才办的罚没手续。后来几次拍卖都没有拍卖出去。这次海关内部处理，我想买下，今天让我再去看车。您说我去不

去？买不买？多少钱可能买？这一切我都听您的，我听我表弟说您预测很准，这主意您替我拿拿吧。”

我马上对他说：“去，一定要去，可以买，价格就在我刚才说的10万元左右，买下肯定有利。”

张某某听我一番话后下定了决心，随即带上汽车修理厂的一名资深师傅，赶到某市去看车。仔仔细细地把车里里外外检查了几遍后，发现车前右部果然有划痕，与我的预测一致，但在价格问题上却相差甚远。拍卖中心坚持要15万元，张某某总惦记着我说杀价要狠，所以一报就说8万，始终不肯让步。对方也因这车几次未能拍卖出去，考虑总这样放着也不是办法，于是一次次地落价，14万、13万、12万、11万……谈判十分艰难，每一次都万儿八千地往下降。卖方如同挖肉，张某某心中却暗喜。最后降到10.2万元，张某某感到与我预测的价格已经接近，如果再不答应，对方可能停止这笔交易，于是装做很勉强的样子说：“行了，这车还不知道能不能开，好赖就是它了，成交。”

张某某买下这辆车后，先到高速公路上放开猛跑。汽车一路风驰电掣，里程表竟显示时速200公里，张某某吓得不敢再快，仔细感觉车子却也没有什么异常，只是气门有点响声，但也不是大毛病，修车师傅说是车子停放时间太长了造成的，无大碍。

后来，有行家看后估价，这辆车能值20万。

奇门格局：

2004年4月2日8时30分

甲申年丁卯月辛亥日壬辰时，阳四局，甲申旬，天心星值符，开门值使。

太阴 死门壬 天任星戊	六合 惊门乙 天冲星癸	白虎 开门戊 天辅星丙
螣蛇 景门丁 天蓬星乙	己	玄武 休门癸 天英星辛
直符 杜门庚 天心星壬	九天 伤门辛 天柱星丁	九地 己生门丙 天芮星庚

分析依据：

1. 为什么断车比较新呢？

伤门主汽车现落坎宫，坎水生伤门汽车，坎宫中格局辛落长生之地，下又临丁奇，故断汽车较新。

2. 为什么断手续是后补的呢？

丁奇为汽车手续，现落震三宫。宫中乘螣蛇主虚假、主缠绕、主变化，说明不是原始手续，丁下临乙奇，应为正规手续，综断应是后补的正规手续。

3. 为什么断车的右前方有划痕？

该局坤二宫旬空，上乘白虎主刑伤，地盘有己，己为地户，主擦划的沟，己落坤为击刑，综断应有撞伤或划，逢开门应能看到。

4. 为什么断车价为10万元？

戊为购车资金，落坤二宫，应为2数，但该宫旬空，应减半为1数，断10万元。

5. 为什么建议买下来？

时干壬主买车之事，壬加戊主小蛇化龙，买了车后，车会升值；日干辛主购车人，辛落坎为长生状态，辛加丁主经商获倍利；日干辛乘九天主买车人应主动出击，积极去买；日干辛生时干壬，表明买主极想买进该车。根据以上情况建议买进该车有利。

6．为什么要在价格上讲战术？

日干临伤门，伤门主争价，主不让步，上乘九天好扬兵，利于张某争价格，采用大胆争价格的战术就能取得好价格。

例五十一　出租商场易，业主获利难

物资流通行业原是计划经济的产物，在向市场经济转换时，受到了很大冲击。石家庄市物资贸易中心的经营也同样不景气，经公司领导研究，准备把物资贸易中心商场的大部分场地出租出去，把出租工作交给了经理助理李文华。

李助理于 1996 年 3 月 21 日 11 时 10 分到保卫处找我预测说："老杜，你测测咱们商场能租出去吗？租出去后结果怎么样？"我起出奇门局看了一会儿说："第一，'五一'前后能租出去，具体说应在 5 月 5 日后；第二，谁租谁倒霉，谁租谁亏损，最终干不成；第三，最后必有口舌官司；第四，我们要租金 60 万，人家只给 40 万。不知对不对。"李助理说："这谁也不知道，反正现在我正谈着几家，我负责出租这一块，心里也没底，过来听听你的预测。"后经验证全部与预测一致。

经过是：石家庄市蓝天商场，5 月初给李助理谈好租赁物贸中心一楼的大部分和二层的全部场地，共 2400 平方米，租金李助理提出 60 万元，而蓝天商场只给 40 万元。最后以一季度 40 万的价格签了 5 年合同，5 月 6 日上午蓝天商场交了 40 万元现金。租赁合同生效。

蓝天商场租了该商场后，立即着手装修，铺地面、吊顶、粉刷墙壁、定做柜台，招收员工。因为面积太大，又招商出租了一部分柜台，紧紧张张于 8 月初开业，经营食品、家电。由于经营不善，亏损严重，被迫于 11 月中旬关张，仅装修费就亏损近百万元。双方签租赁合同为五年，但只执行了3个多月，于是想先把柜台悄悄撤离，在没有和我方打招呼的情况下，晚上10点来了几辆大卡车，几十个人准备撤走柜台。因我方早有准备，警卫拦着汽车，硬是不让对方开车，避免了损失。双方经过协商，蓝天商场又找来一家公司，于12月租了该商场，事情才算了结。

奇门格局：

1996年3月22日11时10分

丙子年辛卯月戊午日戊午时，阳九局，甲寅旬，天禽星值符，死门值使。

九天 景门戊 天英星壬	直符 癸死门庚 天禽星戊	螣蛇 惊门丙 天柱星庚
九地 杜门壬 天辅星辛	癸	太阴 开门丁 天心星丙
玄武 伤门辛 天冲星乙	白虎 生门乙 天任星己	六合 休门己 天蓬星丁

分析依据：

1. 为什么说商场能租出去？

日干戊为出租方，时干戊为承租方，均落巽四宫，同宫比和，出租商场必成之象。

2. 为什么断5月5日后为应期？

时干戊主事体落巽四宫，该宫旺时可成，5月5日交立夏节，所以断立夏节后出租事可成。

3. 谁租赁谁亏损是怎么断的?

测出租后的商场效益，也以开店来测，现开门落兑七宫克日干和时干宫，说明对出租方和承租方均不利。值使死门主事体，测开店死门值使主大凶，现死门落离九宫，宫中庚加戊为伏宫格，经商遇此格主此地不比他地。

时干戊也主事体，戊加壬为“青龙入天牢”，凡阴阳事都不利，地盘壬在四宫为六仪击刑为大凶。

4. 为何断必有口舌官司?

时干戊加壬主凶，景门加天盘戊主“因财产词讼”，所以断有口舌官司。

5. 怎么断出出租方想要60万租金，但对方只给40万呢?

生门为利润落坎一宫属水，数为一、六，生日干戊四宫木，说明出租方想要60万租金。戊为资本又为时干为承租方，在四宫应为只出租金40万。为什么一宫属水一、六数不断100万呢?这主要是时干宫中40万与60万断接近，合乎情理断出的。

例五十二　京城买住房，谨慎多思量

河北省某公司领导因工作能力突出，荣升到北京总公司任职。2003年3月13日中午1时30分，给我打来电话，先是客气寒暄了几句，说些别后思念之语，后来说，进京工作感觉不错，发给一些安家费，加上多年积蓄，想在首都买套房，把大后方建立起来，然后再考虑将夫人、儿子等也调来北京工作，最近看中一套房子，想起我这个省周易研究会副会长，让我帮助策划一下。

我很为这位领导高兴，连声说：“这是好事，帮忙是应该的，不必客气。”随后他又讲了这套房子的位置、结构、面积等。该领导说：“房子位于四环以外，1996年建的，也不算新房了，离市区稍远一些，房价53万，共115平方米，每平方米合4600多元，再加上税费手续费总共56万元。”

我当即起局并分析说：“您搬家进京，在北京买房子的决策十分正确，而且您也看好这套房子。”

该领导马上说：“是的！我和夫人已经看过四次了，听说还不太好买，我们还托了人。北京不比石家庄，旧房子也挺贵。”

我随后说：“这件事还会有变化，还需要仔细地考虑一下，你若买下这套房，不是后悔，就是会有麻烦。我建议您不要着急买这套房，再找一找，挑一挑，看有没有更合适的房子。”

该领导说：“不会是风水不好吧。”

“风水也有问题，关键是买房子方法似乎不对，很可能体现到价格有点高，我的意见，还是等一等为好。”经我再一次劝说，该领导答应再找找看。

又过了3个多月，到2003年的6月26日晚22点，该领导又从北京打来长途说：“老杜，上次我听取了你的意见，没有急于买那套房子，而是又挑了一套，今天请你再参谋一下。”

我忙问：“这一套怎么样？”

“比那一套要好。我先给你说说情况，你看行不行。”

原来他又在三环外、四环内选中了一套12层的楼房，比原先那套距市中心近了不少，而且还是正在施工的新房，到2004年8月交工，房价还便宜，每平方米4060元，比那套旧房每平方米便宜了五六百元，总面积108平方米，用不到44万元就可以买下。与第一套相比，可节省12万元，除去手续费可省10万元。该领导兴奋地说：“听你的话迟买了3个月，把装修费省出来了。老杜啊，你真行，你让我晚点买房子，当时我还考虑再找房子也不容易，没想到这套新房比旧房还近还便宜，简直不可想象。我还打听过不少北京朋友，他们都说这套房子可以，楼下还有花园，环境不错。”

该领导的情绪感染了我，在我向他表示祝贺的同时，又一次起局，并

告之分析结果："房子是可以，但是开发商的证件还没完全办好，你应注意证件问题。"他说："是！销售许可证没办好，估计到2004年8月份就可以办好。"我还告诉他："这套房子的风水也不错，建好后就会升值，每平方米升值四五百元不成问题。"

到了2004年交工时，该领导反馈的消息是：该楼盘销售均价每平方米已升到了5100元，而他买的12层售价达到了5500元（据反馈，至2006年2月该房价已升至7100元），每平方米升值了1440元，小区内除了花园，还建有高尔夫练习场、游泳馆、会馆等附属设施。买了满意的住房，又省了不少钱，该领导自然是高兴得不得了。

奇门格局：

2003年3月13日13时30分

癸未年乙卯月乙酉日癸未时，阳七局，甲戌旬，天任星值符，生门值使。

螣蛇 杜门癸 天冲星丁	太阴 景门丁 天辅星庚	六合 死门庚 天英星壬
直符 伤门己 天任星癸	丙	白虎 丙惊门壬 天芮星戊
九天 生门辛 天蓬星己	九地 休门乙 天心星辛	玄武 开门戊 天柱星乙

分析依据：

1. 为什么断该领导买房搬家决策正确？

日干乙为预测人落坎宫，乙加辛主"青龙逃走"，上乘九地主久远，表明预测人早就想买房搬家，宫中休门之吉门。另外，伏吟局利买货，故断买房有利于他的发展，从经济上讲也划算。

2. 为什么断暂不要买该房，今后事有变化？

大局伏吟虽利买房，但日干乙下临辛，辛主错误，说明预测人买此房不正确，上乘九地应迟买为宜；另外时干癸主事体，癸加丁主官非口舌，上乘螣蛇主变化，综断买该房的事会有变化，应推迟另选其他房子为宜。从值符为买房人，生门为房这一对用神来看，生门宫不带三奇，格局又不好，说明该房不好，值符克生门可以买房，但不如生门生值符买后升值大。

3. 为什么说风水也不好？

该大局伏吟，伏吟风水不祥，又日干生时干也主风水不好。

例五十三　执意未听劝，血本难归还

1996 年 3 月 26 日下午，在石家庄市物资贸易中心租赁柜台的宁晋县个体老板郭清亮找到我求测说：“我想和省建某公司在留村工地做笔生意，我销给对方 22 万元的电线，你看这生意能做吗？”

我即起局说：“这生意可不能做，对方要占你的便宜，小心受骗。交货后他不会付款。”

“不会付款？我要是少做点呢？”

“少做点也不行，咱们认识十年了，我劝你别干，否则就会赔本。”

“这两年的生意太难做，来笔生意不容易，我要是一手交钱，一手交货行不行？”

“可以是可以，就怕办不成，你记着，送到货后不给钱你就别卸货，不行就拉回来，31 号为卯日你别去。”我再三叮嘱他。

“好，我就照你说的办。”郭很严肃地跟我说。

3 月 31 日建筑队几次电话说急着用货，让马上送货，货到付款。郭清

亮怕出事，只拉了价值9.3万元的电线，送到工地。对方说会计刚出去，不能立即付款，后天准把支票送到单位。几番好话说得郭没了主意结果郭把货卸了。

第二天，我见到郭问生意情况如何。郭说了卸货的经过。我对郭说："咱们不是说好的吗？不给钱就不卸货吗？"

"人家净说好话，中间还有一个熟人也帮着他们说话。这个熟人在生意场上我们认识好几年了，我觉得没问题，说是明天给送支票来。"郭显得比较轻松。

"但愿如此。"我心里想，不见棺材不落泪。

第二天，第三天，支票的事仍杳无音信。

郭老板急了，三天两头找对方要钱，同时也了解到，欠债人不是省建筑公司，而是省建筑公司把工程转包给了一个乡镇小建筑队，是小建筑队使用了郭老板的电线。郭老板更着急了，多次找小建筑队讨要货款，好话说尽，狠话说绝，对方不管你怎样说，总是一句话："现在没钱，过几天保证还。"到6月中旬在郭老板的逼迫下只还了2万元，余下的7.3万元货款到1998年底也没给。对方是几个农民组成的小建筑队，也无力偿还。郭想到法院起诉，又怕追不回欠款再搭上诉讼费，见了我只是叹气，后悔当初不听劝告。

奇门格局：

1996年3月26日14时10分

丙子年辛卯月壬戌日丁未时，阳六局，甲辰旬，天蓬星值符，休门值使。

螣蛇 休门庚 天任星丙	太阴 生门丁 天冲星辛	六合 伤门丙 天辅星癸
直符 开门壬 天蓬星丁	乙	白虎 杜门辛 天英星己
九天 惊门戊 天心星庚	九地 死门己 天柱星壬	玄武 乙惊门癸 天芮星戊

分析依据：

1. 时干丁主事体落离宫，逢生门主生意事，时干丁加辛为“朱雀入狱”，官人失位，说明这笔生意有变化，不会正常运作，且有闪失。

2. 值使休门为事体落巽四宫主破财，上乘螣蛇交易有诈，宫中庚加丙为贼必来，为客得财，郭老板是货主应为主，建筑队为买方应为客，客必得财。

3. 日干壬为推销人郭老板落震三宫，他的状况是：临开门为门迫，“吉门被迫吉不就”，开门加日干壬主远行有失，三宫中又有旺相的天蓬星，天蓬星主破大财之星，大凶之象。日干壬加丁主淫荡之合，说明郭老板贪利而破财。

4. 时干丁奇为买方为建筑队，落离九宫。他的状况是：丁加辛主官人失位，说明建筑队做生意言而无信，离九宫中有生门、丁奇、太阴形成真诈格局，凡遇诈设计可求财，主建筑队设了个小圈套就可得到一笔财物。

5. 丁卯日被骗是因值符、日干、开门和天蓬星旬空填实之故，卯日填实，店门开了，破财之星临郭老板，哪有不破财之理呢？

例五十四　商战结深怨，再谈亦枉然

做通讯没有市场让人着急，打开市场没有手机终端更让人着急。2002年中国联通为了启动CDMA市场，推出了购买CDMA手机分期付款业务，结果造成大量成本摊销，加大了当年成本，直接影响了股市行情。为改变这种状况，2003年联通总部下达了“成本必须当月摊入”的指令。我公司经过几个月的运作，于4月21日与甲手机经销商共同推出由暗补变为明补的利用手机降价捆绑促销的业务来发展133网用户，即：每卖出一部带卡号的手机，联通就贴补400至700元，所贴之钱先由经销商垫资，而后联通公司分3年用话费分成的方式给其还款。

由于这个营销策划的促销方案很好，市场一下子就火了起来。但好景不长，甲手机经销商因每天要投入七八十万元，只经营了一个星期就无力垫资了，市场的133手机供货立即成了大问题，致使很多人必须托人走后门才能购到手机，这是联通公司成立以来从未有过的火爆景象。

面对来之不易、千载难逢的喜人市场，我天天逼着甲经销商抓紧供货。甲经销商也忙得焦头烂额，四处借钱，但也只是杯水车薪，根本不能满足市场需求。整个市场开始由热变冷，大好时机正悄悄流去。我心急如焚，但身不由己，无可奈何。

正在此时，乙经销商找上门来，他们贷款2000万，也要按手机和卡捆绑的办法做业务。对我公司来说，这是求之不得的好事，但对方提出个条件，不卖甲经销商销过的手机款式，因两家竞争产生过矛盾，不愿意再合作，拟推出另外两款型号手机上市。但我方认为市场不认这两款手机，C网营销部再三调解，均不见效果，无奈之下，我们也只好同意乙方的要求，卖另外两款手机。

但另两款手机用户不认，一天只能卖出几十个，销量上不去，远不如甲商的那款手机红火。面对市场和现实，我们再三研究，决定让甲乙两个经销商联合经销，甲有好机型，乙有雄厚资金，“和则两利”，双方一合作，市场岂不可以重新火热起来？于是5月25日上午，我们通知甲乙两公司经理到我办公室开会。

通知发出了，针对以往甲乙两方的矛盾，这次能不能合作成功，我心里很没把握。于是在上午10时53分起局预测，看看经过协调两方能否合作。结果局上显示，双方不会合作。为了救市场，尽管预测不行，我还要做最后的努力。我马上给C网孙经理谈了我预测的结果和尽量做工作促成两家合作的想法。孙经理赞同我的想法。

下午2时，甲、乙二位经理先后到达。我开门见山：“市场认可甲商机型，但甲商无钱供不上货，乙商有钱但没市场认可的机型。如果你俩合作，对你双方均有利。说白了你俩都赚钱，同时也能救活市场，用户发展数量就会迅猛增长，这对我们三方面均有好处。”

我话音刚落，甲商经理首先开口：“杜总发话了，我同意合作，不过，我和厂家签了包销3万台手机的协议，货只供我一家，你们知道我担的风险太大了。他从我这里拿货我没意见，就是税票没法解决，唯一的办法是每台需要加10元税钱。”随后乙商经理说：“甲商为防范有人套购手机，卖出机子后就收回了包装盒，我要是再卖他的机型，假如甲商的属下员工利用包装盒套机，我怎么能防范得住？”他们各说各的理，难有合作诚意。

但我和C网孙经理并未放弃努力，仍旧从市场从大局从各方面的利益试图说服双方合作，终无结果。当然这是在我预料之中的事，既然如此，我就拿出了事先准备好的第二个方案：“给你们双方好说歹说，说不到一起。不愿意合作也行，你俩都是大代销商，市场不能丢，那就必须每家每天发展260个用户，保证市场继续红火下去。”甲乙双方均同意我的意见。

市场经济条件下，两企业分分合合是常有的事，虽然现实是合则利，分则败，我又费了九牛二虎之力进行调解，但也没跳出奇门遁甲的预测结局。

奇门格局：

2003年5月25日10时53分

癸未年丁巳月戊戌日丁巳时，阳五局，甲寅旬，天蓬星值符，休门值使。

九地 休门庚 天柱星乙	九天 生门己 天心星壬	直符 伤门癸 天蓬星丁
玄武 戊开门丁 天芮星丙	戊	螣蛇 杜门辛 天任星庚
白虎 惊门壬 天英星辛	六合 死门乙 天辅星癸	太阴 景门丙 天冲星己

分析依据：

甲子戊为劝和之人，庚和丙为矛盾双方。如甲子戊生或克双方，可以劝和，否则不和。现甲子戊落三宫处六仪击刑，主我心里极不高兴，戊下临丙为有权威，宫中上乘玄武，说明为达调解目的和稀泥。再看双方，庚落巽四宫上乘九地主听不进劝解，临休门主退缩，丙为另一方落乾六宫入墓，说明不作为，上乘太阴主打自己的小算盘。甲子戊击刑又被丙克，故调解矛盾不成。

例五十五　祸至遭罚款，奇门解危难

“你有两份工作，除了你现在的官职外，你自己还开了工厂，但工厂现在赔钱，工厂院中心偏西南有条水沟。从局上看你最近官灾横祸，官司不断。”我讲的话使对方愣住了，酒桌上在座的人也愣住了。对方是谁？怎么刚见面就噼里啪啦一顿扫兴话，这还得从头说起。

2001 年，我负责联通分公司的基站和传输工程建设。6 月中旬在山区某县，我们的一根传输线杆占压了某单位的地界，对方不问青红皂白抡锤要砸水泥线杆。我公司施工队的人员认为对方欺人太甚，就和对方打了起来。这一打不要紧，该单位发誓要整整我们，马上赶到市里，向上级汇报。据说这次汇报正赶上市里开系统领导会，会上有人提出：罚 100 万，18 个县都要严查，凡联通占了地界的，也都要重罚。虽说没有形成正式决议，但也把我们吓出了一身冷汗，这事如不迅速摆平，日后在工程建设上麻烦可就大了。部门经理、施工队经理认为事情闹大了，也都没“招”了，建议我出马去找找市里相关部门，少罚点，罚的款施工队也都愿意出。我认为正面去做工作，肯定是公事公办，碰了钉子也不一定办好，不如避其锋芒，从侧面做做工作，只要见了面，我这省周易研究会副会长的头衔还应该是顶点事的吧。

经了解，负责全市各县这项具体工作的人姓金，先和他沟通了才能处理好这件事。于是我通过某县的侯局长约他 6 月 27 日中午吃顿饭，姓金的知道是为打架的事请他，当然也不愿来，但碍于朋友面子勉强答应了。

约 12 时 40 分，老金端着酒杯进了我们的包间，开门见山地说：“我有几个朋友在隔壁请我喝酒，局长有什么事咱们以后再说，我和你们喝了这杯酒还得过去。”

侯局长一看老金不给面子，别说谈事了，连坐也不想坐，灵机一动说：“老兄别走，这是联通的杜总，也是河北省周易研究会的副会长，是石家庄的高人，让他送你两句话你再走。”于是引出了本文开头的两句话。

我说这话时就想好了，这是个唯一能说上话的机会，今天如不来点真玩意儿，他不服，以后就不可能见我了，所以我一针见血，开口就直捣他的痛处。我一看老金让我给说愣了，趁热打铁说：“你今天认识我，以后绝对没坏处，什么凶灾、破财的事就会少多了。”老金一回神，也露出了

笑容说："哎呀！想不到杜总会周易，来来来，我给杜总敬杯酒，你给留个电话。我真办了一个厂子，像你说的一样，赔钱，不过，你是怎么看见我的工厂院子里有水沟的？"

"不知有没有听说过'学会奇门遁，来人不用问'这说法？"我反问道。

"听说过，没见过，你会奇门遁呀？"老金带着怀疑的眼光问。

"懂点，我们第一次见面，你的情况就是奇门遁测出来的。"

"哎呀，今天遇见高人了，快给张名片，回头到我的厂里给指点指点。"

老金走后没几天，就来了电话，约我到他的厂里看看，我巴不得去给他看看，我工程罚款的事还得靠他帮忙呢。

老金的工厂在某县公路边上，四周均是耕地，工厂有两亩地大小，十几间房子，一条水沟宽约 40 厘米，深 40 厘米，从西南穿院而过，院中间沟上部分盖着水泥板。

老金不等我开口便说："你那天说的都对，我 3 月份出车祸，6 月份让公安关了两天，最近母亲又病了，工厂今年已经赔了 5 万了. 倒霉事都轮到我了。"

我依奇门遁甲给老金的工厂作了一些调整，还让他换了技术厂长，也侧面劝他这段时间运气不好时做事要收敛些。后来，年底老金的工厂翻了身，盈利 30 万元。

当然，我们被罚款的事我还没说，老金就先说话了："某县打架的事，我去一趟，给他们说说，都是为公事，又都是朋友，就别闹了。处长那里你最好去一下，你和他聊聊，把你们的事再说说，你去了，他怎么也得给个面子。下来我再私下跟处长汇报一下，就说是县里和你们都和好了，都是公家的事，差不多算了，也别再追究了。"我自然是感谢不尽，爽快地答应。罚款的事经老金帮忙，也就不了了之了，一分钱没罚。

奇门格局：

2001年6月27日12时

辛巳年甲午月辛酉日甲午时，阴六局，甲午旬，天冲星值符，伤门值使。

九天 杜门庚 天辅星庚	九地 景门丁 天英星丁	玄武 己死门壬 天芮星壬
直符 伤门辛 天冲星辛	己	白虎 惊门乙 天柱星乙
螣蛇 生门丙 天任星丙	太阴 休门癸 天蓬星癸	六合 开门戊 天心星戊

分析依据：

1. 为什么说老金有两份工作？

开门为工作伏于乾六宫，宫中上乘六合，六合主多，故说老金有两份工作。

2. 为什么说老金开工厂赔钱？

大局伏吟，伏吟主破财，必然工厂赔钱。

3. 为什么说老金的工厂院中心偏西南有条水沟？

该局大局伏吟主工厂风水不好，我们把整个九宫看做是工厂的平面图，现中宫有己，己为阴沟，己又寄坤二宫，二宫中有壬水，说明是水沟，己在中宫为院中心，又二宫代表西南方，故断院中心偏西南有一条水沟。

4. 为什么说老金官灾横祸，官司不断？

老金进屋后站在了西南方坤二宫的位置，那么这个宫的符号就是老金的现状。死门加死门主官事稽留凶，死门加己主病讼牵连凶，死加壬说明老金不顾及保密，心中有事会和盘托出，宫中上乘玄武，说明老金有淫秽事。壬加壬主外事缠绕，内事索索，己加己主百事不遂。所有的符号都不好，老金现状必然不好。

另外，日干辛也代表老金落震三宫，辛下临辛主有违法事，辛加辛说明违法事皆因自己不检点引起。

综上情况，故断老金官灾横祸不断。

5. 为什么让他换厂长？

时干辛主部属，下临辛主部属犯错误，时干又上乘直符，直符主领导，领导临辛也主犯错误，格局为午午自刑，说明该领导因自己的原因，而做错事。另外，开门主工厂落乾六宫，开门宫克值符宫，故断应换厂长。

例五十六　谢天公作美，庆公司开业

保定市的 130 移动通讯网定于 1998 年 7 月 28 日举行开通仪式，这是我们省联通公司下属单位的一项重要活动。仪式上要请很多党政要人参加剪彩，营业厅的外面张贴了很多大幅标语，挂上了灯笼，并请大型军乐队进行表演。“万事俱备，只欠东风”，现在最关键的就是天气：时值酷暑，骄阳之下，贵宾燥热难耐；暴雨倾盆，仪式在水中进行，自然也大煞风景，标语公物淋坏不说，军乐表演也无法助兴。于是 27 日下午 14 时，联通保定分公司的总经理给我打来电话：“杜部长，现在我们正为明天的开通仪式作紧张的准备，现在最担心的就是怕老天爷不帮忙。你给测测，明天上午 9 点半到 10 点半天气情况怎么样？可千万别下雨啊！”

几分钟后，我给保定老总回电：“明日阴天，没雨，有微风，特别好。”说实话，这天气纯属老天爷的特殊关照。

“真的吗？那太好了。可别跟邢台开通仪式那样，来一阵雨，那叫我怎么办哪。”保定的总经理还是有点忧虑。

“你放心吧，我说不下它肯定不下，明日一切顺利。省分公司的部门领导都去参加开通典礼，我也去，到时候咱当场验证。”我回答的不容置疑。

第二天参加开通仪式的除保定市的领导和有关单位领导外，还有河北省七个地市联通分公司的经理和省分公司的机关同志。

和预测的一样，整个天空阴得像是罩上一层昏暗的纱布，既见不到一点阳光，也看不到一片单独的云彩。阵阵轻风带给人们丝丝凉意，开通仪式非常顺利。

仪式一结束，大家纷纷拥上来开玩笑，都说怎么预测得这么准？其中邯郸分公司的副总经理还是二级作家，说了一句文绉绉的话：“恰是轻风不带雨。有我们杜部长在，我不用再听天气预报了。”

奇门格局：

按开通仪式举行时间起局

1998 年 7 月 28 日 9 时至 11 时

戊寅年己未月丙子日癸巳时，阴四局，甲申旬，天芮星值符，死门值使。

九地 杜门丙 天心星戊	玄武 景门辛 天蓬星壬	白虎 死门癸 天任星庚
九天 伤门丁 天柱星己	乙	六合 惊门己 天冲星丁
直符 乙生门庚 天芮星癸	螣蛇 休门壬 天英星辛	太阴 开门戊 天辅星丙

分析依据：

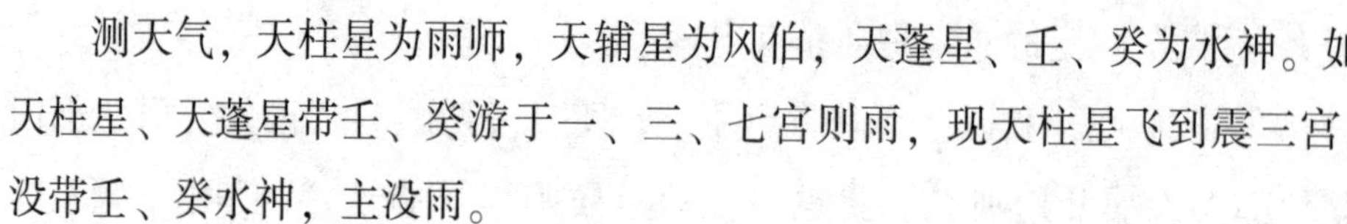

测天气，天柱星为雨师，天辅星为风伯，天蓬星、壬、癸为水神。如天柱星、天蓬星带壬、癸游于一、三、七宫则雨，现天柱星飞到震三宫，没带壬、癸水神，主没雨。

天辅星主风落乾六宫，克巽四宫中的日干丙，主有风，另天辅星逢开门也主有风。风力大小一看格局吉凶，二看天辅旺衰。现乾六宫中戊加丙为龙回首吉格，天辅落乾为休之状态，故断有小风。

例五十七　好事需多磨，成功靠执著

2005年初春的一天，某房地产公司的盛副总经理邀请我到一家咖啡厅，以答谢我对他们工作的指导和建议。

“这桩房地产生意的成功，杜老师可是帮了大忙，您给我预测的底稿至今还保留着，按照您的指导，才有了今天。”盛总的兴奋之情溢于言表。可以理解，他们的项目经历了几年的风风雨雨，历尽劫波，几近绝望。两千万的资金已经注入，却因相关手续办不下来而使项目搁浅。目标日趋渺茫，人心开始涣散，四个合作伙伴中的一个，也因看不到希望而中途罢手，溜之大吉。

而如今，这处高档别墅的一期工程200多套房子，开盘不久就一售而空；二期项目尚未开槽业主们便纷至沓来，成了皇帝的女儿不愁嫁。在为他们的成功庆幸的同时，他们所走过的那段曲折的路程仍然历历在目。

那是2001年的某一天，时任某房地产开发公司副总的盛先生找我求测，说他们正在洽谈一个开发项目，但心里没底，故想来测一测该项目能否成功，有什么风险，以及如何规避等。我依奇门局告诉他：“这个项目能搞成，也能赚大钱。”

“我们测算和分析过，只要搞成，就能赚钱。”盛总插话道。

“但这个项目很麻烦，困难太大。”我边看边说。

“杜老师给指点指点吧。”盛总心切。

“第一，中途受阻的地方比较多，但最终能成功。建议你在任何情况下都不要灰心，要坚持到底。”

“第二，反复多，办事的过程中会经常出现反复，你心里应有准备。”

“第三，证件不好办，困难重重。”

“证件不好办，是怎么个不好办？不给办呢还是办不成？找领导行吗？找哪一级领导才行？”盛总连问几个问题。

“第四，找哪一级领导都不管，直到2003至2004年才有转机。”我边写边答。

测完后盛总心里有了底，知道这个项目困难重重，但前途光明。

从我这离去，盛总具体操作抓得很紧，2002年上半年，经过努力，几个月的时间就把与村委会的协议、项目立项、规划手续全办了。这时盛总觉得虽然办手续有困难，整体上还算顺利吧，不像我说得那么难。谁知接下来在办土地手续时给卡住了，这一卡就是两年多。原因是使用农村非耕地时必须办土地转让手续，以前土地手续不太难办，但国家这时在土地使用政策上有了变化：规定转让土地必须挂牌招标，进行土地拍卖，可盛总的这块地已办好了一部分手续了，按说办规划手续在前，土地拍卖新政策在后，不应该按新政策再进行土地招标了，但各级部门谁也不敢做主，无奈手续就是办不了。盛总四处托人找领导，但仍无济于事。特别是有一次报批的材料都报到省政府有关部门了，大家都认为这回应该没问题了，可第二天却给退回来了。复杂的心情用语言是无法形容的，这真是上天无路，入地无门。如何是好？如向后撤，没退路。当时已付给村委会几百万，加上建会馆、修路等，前期投入已经超过2000多万了。如继续向前走吧，可政府就是不批怎么办？在此骑虎难下之际，盛总一直想着我的忠告：“坚持就是胜利。”没资金就想法筹措，内部紧缩各种开支。功夫不负有心人，经过不懈努力，终于在2004年初春，所有手续都得到了批复。7

月份一期5万平方米的住宅在刚开槽的基础上3天就全部售完，而且，都是预交全款，200多套房款全额收入囊中。

据盛总回忆说，当拿到批复后，他们没有狂喜，也没有庆功，捧着那份沉甸甸的批复，他们只能以大哭一场的方式去获得心灵上的平静。这真是：山重水复疑无路，柳暗花明又一村。

奇门格局：

2001年9月1日18时

辛巳年丙申月丁卯日己酉时，阴九局，甲辰旬，天禽星值符，死门值使。

九地 景门辛 天心星癸	玄武 死门乙 天蓬星戊	白虎 惊门己 天任星丙
九天 杜门庚 天柱星丁	壬	六合 开门丁 天冲星庚
直符 壬伤门丙 天禽星己	螣蛇 生门戊 天英星乙	太阴 休门癸 天辅星辛

分析依据：

1. 为什么断这个项目能干成？

日干为求测人，时干为求测之事，现日干丁落兑七宫属金，时干己落坤二宫属土，时干土生日干金，表明该项目能搞成。

2. 为什么断能赢利？

从三个方面分析：首先以时干己为货（土地）属土，日干丁为买货人属金，时干生日干“不管好货孬货都赢利”；再以甲子戊为资本落一宫，

生门为利润也落一宫，二者同宫必赢利；最后以死门为土地落离宫，值符为买地人落艮八宫，土地宫生买地人也必赢利。

3. 为什么断中途受阻的地方多，但最终能搞成？

日干丁下逢庚，庚为阻力，为困难，宫中上乘六合说明困难多多。宫中有开门主遇到困难全都克服掉，所以，建议遇到困难要坚持不懈地去努力。

4. 为什么断办事的过程中反复多？

该局九星反吟，反吟就说明事有反复，上乘六合主反复多。

5. 为什么断证件不好办？

丁奇为证件遇庚为阻力大，地盘丁奇也为证件又上乘庚金，故断证件不好办。但丁奇在长生状态又逢开门，最终能办成。

6. 为什么断找哪一级领导暂时都不管，到 2003 年或 2004 年才管呢？

这里说的领导是指值使门、值符、年干。值使门为办事机构或具体办事人员，局中死门

值使落离宫属火正克日干丁宫，表示不给办。值符也为领导落艮八宫，伤门克宫主凶，虽生日干但需待时机成熟才能答应给办。年干辛为最高领导落巽四宫为入墓，入墓主不愿意管或无作为。

断 2003 年或 2004 年才能批准依据有两个：一是依值使死门落宫去判断，现死门落离九宫，以理断离火为三数，应为 3 年；又依值符宫逢空填实断，值符落八宫，应为八数，空减半为 4 年，即 2004 年；我还以值符宫填实后冲二宫，也可计算为 4 年。

例五十八　购房先测算，一年翻一番

凡事讲究天时地利人和，买房子也一样。房子不但要看价格还要看环境。房子买入后价格是涨是跌，是赔是赚，奇门遁甲就是胜算的有利工具。

头天赵老板说："明天咱俩去趟北京吧，我儿子已经在北京上班了，得给他买套房子，你给我看看，从价格和风水上给我把把关。"

第二天下午 3 点多，我们从石家庄开车到了北京广渠门外大街，之后到了一个小区。小区附近有个中介所，赵老板的儿子就在中介所等着我们。见过面后，中介所的负责人介绍说："房子是一个新房，精装修，刚买半年多还没有住过人，房主是个澳大利亚华侨。她想卖掉。原来在我们这儿登记是 2.2 万一平方米，你儿子来了几次，总跟我们砍价，现在降到 2 万一平方米了。"

赵总说："还能再降点儿吗？"

中介说："我们实在不好意思跟房主谈价格的事了，她不愿意降价，要是再降价人家就不高兴了。"

赵总转脸悄悄问我："这个房子行吗？"

我答："房子风水没问题，价格虽然有点高，但是买了后还要涨价。我的意见是应该买下来。"

"那咱们先去看看这个房子怎么样？"赵总对中介的人说。

中介人说："已经看过两次了，就怕人家不高兴。"

"真正付钱的来了，再去看一次吧。"我讲。

中介的人有点儿为难，但还是领着我们去了。中介离所卖的房子不远，房子所在的小区环境优雅，给人的第一印象就是：高档小区。敲开门，房主就在屋里。房子装修很精致，110 平方米，屋里有个简单的单人铺和电视。我们看了看，两个屋子都朝阳，厨房用具一应俱全。房子的南面是另外一个小区，全是别墅区。住在这里，确实让人觉得身心舒畅。

房主追着问："你们要不要？不要我就不卖了。价钱别再谈了，就是 2 万一平方米。"看意思价格是不能再降了。

赵老板看后很高兴，当场拍板定了房子。紧接着，赵老板跟着中介的人下楼签合同，然后让家里人给打过来 60 万，总价钱 220 万成交。事情倒也利索，钱付完赵老板的儿子很快就搬进去了。

2009 年上半年又遇见赵老板，他高兴地说：“房子涨价了！这房子买得真不错，儿子住着特别满意。”

一年后，他告诉我：“房子涨了一倍了！单是买房子，什么都没做就赚了 200 万。”

奇门格局：

2008 年 12 月 03 日 16 时 02 分

戊子年癸亥月丁丑日戊申时，阴二局，甲辰旬，天柱星值符，惊门值使。

太阴 开门庚 天英星丙	螣蛇 丁休门戊 天芮星庚	直符 生门壬 天柱星戊
空六合 惊门丙 天辅星乙	丁	九天 伤门癸 天心星壬
空白虎马 死门乙 天冲星辛	玄武 景门辛 天任星己	九地 杜门己 天蓬星癸

分析依据：

1. 为什么说这个房子风水没问题？

生门代表房子，生门上乘直符，代表高级住宅，壬加戊为“小蛇化龙”壬又处于长生之地，故说明房子好！日干代表居住人，时干代表住宅，日时同宫，风水上应为上乘房子。格局虽八门反吟，但在这里为速度快。

2. 为什么说价格有点高？

戊为房子的价格，现戊落离九宫处旺地，故说明房子价钱高。

3. 为什么说房子将来还要涨价，建议买下来？

日时同宫且状态都很旺，说明买房子的事能成，生门代表房子，生门宫与直符同宫说明买后升值快。反吟主快，日时均在内盘，说明房子很快能交易，时干戊加庚，说明房主卖房后要回国。

例五十九　商机误判断，本利化青烟

一个决策可能会给企业带来不菲的财富，也可能会给企业造成巨大的经济损失。

企业领导人对市场的需求必须要有前瞻性，要通过各种手段了解市场，以保证做出正确的生产决策，使企业在经营活动中立于不败之地。

2003年那场突如其来的“非典”疫情使某服装厂尝到了决策失败的苦头。

2003年5月1日清晨，我和邻居——某制线厂张厂长在小区里遛弯，我问他：“现在‘非典’这么厉害，你们厂生产还正常吗？”

“哎呀！忙得底朝天，没想到一闹‘非典’，服装厂做口罩发啦！利润大，还供不应求，他做口罩我供白线，原来我们厂只开一班，现在24小时加班生产白线，我每天只能睡三四个小时，就这还忙不过来呢！服装厂天天逼着我要线，我一天必须保证生产6大箱才行。”张厂长兴奋得回答我。

“你们厂还不错，现在商业、餐饮、旅游业影响最大，商场没人，饭店不敢去，都怕传染非典，连建筑业、通信业都受影响。”我说。

“可不，‘五一’长假也取消了，想旅游也不能去，人们都不敢出门。杜总，你是研究周易的，能测出什么时间这‘非典’就被控制住吗？”张厂长问我。

他提的不是新问题了，不少人都提过，我不假思索地告诉他：“我们已经测过了，最近几天‘非典’疫情还得扩大，高峰很快就到，5月6日以后，45天之内，‘非典’才能被控制住。你的厂子不是和做口罩有关吗，过了5月6日就要注意了，没了疫情，口罩就没人要了。”

“我倒没事，我的厂小，不要线了我就停止生产。服装厂不行，一是厂子大，得提前进口罩布；二是做了口罩，卖不出去，就把资金压住了。”张厂长还是有情有义之人，不担心自己，而是担心服装厂。

“你应该给服装厂提个醒，疫情高峰很快就到。现在生产口罩没风险，过了5月6日就要小心了，别盲目大批进原料。可以少进快出，把握一下市场存量。口罩不像别的商品，压住了就不好卖。”我也是好意地说。

“行！我明天就到服装厂和他们说说。”张厂长爽快答应。

第二天，张厂长还真去了服装厂说了预测情况，并再三提及预测人是河北省周易研究会的副会长。而服装厂负责人似乎认为是天方夜谭，不屑一顾地说：“这不可能，电视报纸天天报道又增加了多少被传染者，非典这么厉害，大人孩子都戴着口罩，在我这买口罩的商家、单位天天拿着现金、支票排队等着要货，24小时加紧生产都供不应求，压货不可能。”

服装厂也顾不上调研市场口罩存量，不但没有放慢生产速度，反而开足马力加大生产量，自然口罩布也大批进货。结果怎么样？2004年底张厂长又谈起此事说：“服装厂就是不听劝，一股劲加大生产量，看看，一下子压了30多万个口罩，4块钱一个，把做口罩赚的利润全砸进去了。”

我也不是专门为服装厂生产口罩预测的，预测“非典”还是北京的一个官员4月22日打来电话问：“‘非典’今后还会继续扩大吗？什么时间能控制住？疫苗何时能研究出来？”这场灾难举国上下都很关注，为慎重起见，我约了易友王瑞民、王建国一起来预测。我们得出以下意见：

一、在未来几天“非典”仍会发展，被传染人的范围还要继续扩大；

二、能制止“非典”的蔓延；

三、党和政府采取制止“非典”疫情的决策和措施是完全正确的；

四、立夏节即5月6日后防“非典”形势开始好转，防疫部门才能真正有效地控制疫情的蔓延，到夏至节即6月22日前，“非典”可完全控制；

五、“非典”疫苗要到明年立冬后即2004年11月7日至12月22日才

能研究出来。

我回答北京的电话后，再三叮嘱要注意保密。

上述几条预测结果都应验了，我预测时感染“非典”的人数是2601人，以后几天疫情扩展迅速，5月6日就达4560人，平均每天净增130人，5月中旬感染的人数达5000余人，以后疫情被逐步控制。而服装厂这时仍在加紧生产口罩，据说到6月20日左右才停止生产，盲目的决策，不赔钱才怪呢！

关于疫苗试验，《北京时事》2004年12月6日报道：“科技部、卫生部、国家食品药品监督管理局12月5日联合宣布，我国自主研制的SARS灭活疫苗一期临床试验已经顺利完成。这标志着SARS疫苗研究难关已经基本攻克，具备了小批量生产技术能力，紧急状态可对高危人群进行免疫保护。这也是世界上第一个完成一期临床试验的SARS疫苗。”

这也正好验证了“非典”疫苗要在2004年立冬后才能研究出来的预测。

奇门格局：

2003年4月22日19时40分

癸未年丙辰月乙丑日丙戌时，阳五局，甲申旬，天柱星值符，惊门值使。

螣蛇 死门己 天心星乙	太阴 惊门癸 天蓬星壬	六合 开门辛 天任星丁
直符 景门庚 天柱星丙	戊	白虎 休门丙 天冲星庚
九天 戊杜门丁 天芮星辛	九地 伤门壬 天英星癸	玄武 生门乙 天辅星己

分析依据：

1. 为什么未来几天“非典”疫情仍要发展？

该局大局反吟，反吟局利客。谁是客？谁是主？“非典”疫情是向人类进攻的一方，应为客方，防止“非典”疫情向人类进攻，广大人民应为主方。现大局遇反吟，必然有利疫情传播。

另外，局中天芮星代表疫情落艮八宫，宫中丁加辛形成“官人失位”之格局，说明疫情正在肆无忌惮地向人类传播疾病，宫中还有戊加辛凶格，形成天地盘相冲，冲则传播快，又上乘九天，九天之上疫情传播迅速。根据格局的情况，故断“非典”疫情仍要迅速蔓延。

2. 为什么断能止住“非典”疫情？

天芮星为“非典”疫情落艮八宫，天心星为医生及防“非典”人员落巽四宫，现医生克疫情必能控制住“非典”疫情。

3. 为什么说政府现在的决策和采取的措施是正确的？

景门为政府决策和措施，现落震三宫，癸为太岁、为中央、为政府，值使惊门为防疫部门，癸和惊门同落离九宫，景门生太岁和值使门宫，又克天芮疫情宫，说明政府的决策、措施正确。

4. 为什么断5月6日以后“非典”疫情才能被控制住？

5月6日是立夏节，立夏节在巽四宫，宫中有天心星，天心星代表防疫人员。防疫人员当令之时，才能发挥作用，克制艮八宫中的天芮星，所以，“非典”疫情在5月6日后才能得到控制。

5. 为什么断“非典”疫苗2004年立冬后（11月7日至12月21日）才能研究出来？

乙奇代表能治“非典”的医药，现落乾六宫，宫中上乘玄武，玄武主暗昧之事。疫苗本身也是一种病菌，但它能使人产生抗病毒的抗体，所以，乙奇医药加玄武病毒应为疫苗。研制出疫苗的时间仍看时干和日干。现时干和日干均落外盘，主时间长，不可能为当年，以理断应为明年，疫苗当令时为应期，现疫苗落乾六宫，乾六宫主立冬后45天。综合判断，

2004年立冬后疫苗才能研究出来。

例六十　一审虽失利，二审转契机

“杜总，某县法院给我们下传票了，某乡供销社把我们告了。这真是猪八戒耍把式倒打一耙。耽误了我们这么长时间的工期，扣了我们的钢材，还告我们，真是不讲道理！”负责该工程的小李向我报告。

“你去把律师叫来，咱们一块研究一下这个案子。”我一听小李的报告，虽生气但不着急。小李走后，我随手起局预测这场官司如何应对。

律师很快就到了，我本想共同研究一下案情，但看了格局后就不想再费时间，对律师说：“你辛苦辛苦应诉一下这个案子吧，这个案子要坚决回击，刚才我用周易预测了，这个案子要打二审，一审法院向着原告，我们不管一审怎样判，二审坚决要打，在二审上火力要猛点。我的意见是既把基站迁了址，又不让对方在经济上占了便宜，对方越耍赖越不给他便宜占。”律师精明强干，几句话就明白了，答道：“我把案情先了解一下，这小案子我去应诉，有什么情况我再向你汇报。”

什么原因让乡里的供销社把我们公司给告了？说来话长了，2001年2月，中国联通公司最大规模的网络建设开始了，仅石家庄地区就要建100多个基站，而且工期要求非常紧。租赁基站是个老大难问题，负责某县建设的小李报告，该县有6个乡供销社符合选站条件，供销社内都有闲置的空地。目前，供销社经营惨淡，有的乡供销社连职工的工资都发不出来，所以，双方一谈即成，该县供销社答应统一组织，分乡签订合同。

六个合同很快就签了，合同的主要内容是：联通石家庄分公司租赁每个乡供销社院内150平方米作为建基站的场地，场地用来建通讯铁塔和安装通讯设备的机房，期限20年，租金每年5000元；同时，还规定在施工中供销社“协助我方施工，排除一切人为干扰”，并提供一切方便，保证施工顺利进行。合同签订后，我方即按合同付给了供销社当年租金

5000元。

3月15日进点施工，只干了一天，某乡供销社的施工队就紧急报告：老百姓不让施工了，一大早就围住我们，全是老头老太太，每人手里都拿着铁锹、粪叉，声言基站有辐射，谁再挖坑就跟谁拼命。我闻讯立即和县供销社联系，供销社主任很有把握地说："协调的事归我们处理，地方是我们供销社的，谁也干涉不着，老百姓阻挠施工我报告公安局，让公安局处理。"公安局出面没人阻挠施工了。可晚上公安一撤，白天挖的地基坑，全给填了；再施工，也不知哪来的砖头就飞过来了，工程被迫停止。

老百姓担心有辐射，我们请省环保局作了测试，出具了检测报告，报告完全符合国家环保规定。老百姓又提出，铁塔遮挡了院子的阳光，还说万一铁塔倒了伤人怎么办？我们和县社都做了大量工作，老百姓是山高皇帝远我就是不让施工，量你也奈何不得。

工期一天一天逼近，无奈7月10日我们只好书面通知乡供销社另外选址迁站了。

供销社接通知后急了，这意味着每年到手的5000元"飞了"，不行，不能走。可是不走又怎么办呢？不管三七二十一，先下手为强，强行扣留了施工用的电焊机、切割机、钢材等价值5万元的工具和原材料，虽经多次交涉，拒不归还。

我们正在着急之际，却接到了县法院的传票，供销社以我们公司不履行合同为由将我们告上法庭，要我们继续履行合同并赔偿施工造成的损失9.5万元。

一审法庭上几次开庭，法院不采纳我方辩护意见，判我公司继续履行合同。明明建不成基站，还判继续履行合同，真是笑话。律师分析，县法院这样判双方谁也不得罪，知道判决后也执行不了，就让你去上诉打二审，一推了之。

按计划我们立即上诉至中级法院并反诉对方，我方态度坚决，几个回

合下来，对方就软了。在市中院打官司可没什么人情关系，我方以逸待劳，对方每次从县里到市里应诉，劳神又破财，本来就不“富裕”的供销社往返了几次就受不了了，法庭上对方又不敢承诺保证顺利施工，我方执意迁址，他们眼看二审胜利无望。

对方法庭外和我方律师说：“打心里讲我们不愿意打官司，县里非让我们打不可，我们农村的，没钱，联通是大单位，给我们点钱就算了。”2002 年 5 月 12 日中院调解，我方律师让步，我方一次性付给对方 2000 元作为施工遗留问题的补偿并解除合同关系，自此双方互不追究。

本来是“两好各一好”的事，却走上了诉讼路。一场官司打了 10 个月，对方原本想捞一把，得 9.5 万元，但只得了 2000 元，真是得不偿失。我方策略正确减少了损失。

奇门格局：

2001 年 8 月 14 日 10 时 13 分

辛巳年丙申月己酉日己巳时，阴一局。甲子旬，天蓬星值符，休门值使。

螣蛇 惊门壬 天心星丁	直符 开门戊 天蓬星己	九天 休门庚 天任星乙
太阴 死门辛 天柱星丙	癸	九地 生门丙 天冲星辛
六合 癸景门乙 天芮星庚	白虎 杜门己 天英星戊	玄武 伤门丁 天辅星壬

分析依据：

1. 为什么要坚决回击对方？

反吟局利客，利进攻。供销社是原告，已占据了有利条件，我方是被告，一开始就处于不利地位，怎样变不利为有利呢？该局九星反吟，应变守为攻。所以，尽管我是被告，但在策略上应积极主动反击对方。另外，天英星代表被告落坎一宫，值符天蓬星为原告和法官开门同落离九宫，被告克法官和原告，说明我方也不服一审判决。

2. 为什么要在二审上下工夫？

大局反吟主该案须经两级法院审理，所以判断该案子必二审，原告与法官同落离九宫，宫中地盘己主隐讳，说明法院偏向原告。根据上述情况，一审判决后我们肯定不服，故应在二审上下工夫，且态度应坚决，毫不让步，使一审的判决反过来。

例六十一　手续惹众怒，退让方平息

“咱们买房的人和开发商吵起来了。”“不给办手续谁也不要领钥匙。”“开发商不办清手续咱就集体到省政府告状去。”买房的业主们你一言我一语，冲突大有一触即发之势。

事情还得从头说起，原来2004年李老板和几个朋友开发了一块地，盖了三座住宅楼，总共有一百多套房，由于成本较低，售价也不太高，2005年年初楼还没竣工，就已销售一空，几个开发合伙人自然乐得合不上嘴。谁知天有不测风云，楼房地下室的房产所有权手续因种种原因，市里有关部门就是不给批，李老板派人找了多次也没办下来。手续虽然没办下来，但上级相关部门工作人员答应不影响居住人的使用年限，地上房屋使用70年，地下也是70年。李老板觉得只要不影响使用，这事也就能跟业主交代过去了。

一晃就到了7月底，交钥匙的日子到了。7月31日，从早上9点开始，业主们陆续都来领钥匙了，但得知不能办理地下室房屋所有权手续后，坚决不领钥匙，称开发商如不办清手续就不领房门钥匙，延期交房就

算违约，办不下地下室的手续，就为欺诈。至上午10点，工作人员一看解释不通，赶紧电话通知了在外办事的李老板。此时售楼处门前已围了上百人，售楼处里也挤满了人，李老板与员工不厌其烦地向业主们解释办理地下室所有权手续的过程，承诺可以签订地下室使用年限的合同，保证不影响业主的使用等。可业主们不听李老板的解释，情绪越来越激动，难听话越来越多："你们在售房时承诺各种证件齐全，我们交了钱，该拿钥匙了，地下室手续却没办下来，这不是欺诈是什么？"李老板心里也开始冒火："不是我们不积极办理，是上级不批，我们也没办法，再说又不影响业主使用。"

直到下午2点半，任凭李老板苦口婆心，业主们坚持必须取得地下室的所有权手续才拿钥匙。看到形势不对，再不松口，业主们就要闹事，李老板答应三天内必给答复，业主们这才散去。

下午2点40分，李老板给我打电话，语气里又气又躁："杜总，我今天遇到麻烦了，到现在我还没吃午饭呢，可把我气坏了，100多个业主围着我闹事。赶紧帮忙测一下，我该怎么办？和业主们以后能谈成吗？要是谈不成，我就豁出来了，反正也不是我不给办，他们爱怎么办就怎么办吧！"

"这地下室的手续能办下来，你怎么老是说办不下来呢？"我边看格局边纳闷地说。

"能办下来吗？去好几次都不行，我上午还给市里打电话呢，但是没有人接，明天我再去找一下有关部门。"李老板说。

"今天是周日，当然没人接电话了，这件事我讲几点意见供你参考。"

一、地下室手续能办下来，但应设计谋，你把业主们的要求及可能出现的严重后果汇报一下，相关部门会同意的；

二、从局上看，明天或后天去，准能办成；

三、你和业主的矛盾，依局看是你脾气太急，业主花几十万买套房子，手续不全，当然人家着急了，你告诉你的工作人员，要讲究方式方法，态度要好，千万不能急，退一步海阔天空，最终矛盾能解决。

说也奇怪，第二天，李老板到相关部门一汇报，也没费事，手续异常顺利地就办了下来。购房户的情绪自然也平息了，李老板也赚了一大笔钱。

奇门格局：

2005年7月31日14：40

乙酉年癸未月丙辰日乙未时，阴一局，甲午旬，天柱星值符，惊门值使。

马太阴空 伤门己 天英星丁	螣蛇 杜门乙 天芮星己	直符 景门辛 天柱星乙
六合 生门丁 天辅星丙	癸	九天 死门壬 天心星辛
白虎 休门丙 天冲星庚	玄武 开门庚 天任星戊	九地 惊门戊 天蓬星壬

分析依据：

1. 为什么说李老板处事的态度不对？

日干丙代表李老板，居艮八宫，宫中上临白虎主直爽，下临天冲星主处事太急，做事不讲求方式方法，庚主阴力，也主遇到麻烦事。

2. 为什么说证件能办下来？

丁为证件落震三宫，宫中生门吉门、天辅吉星、六合吉神，又为休诈格，遇诈格设计谋可得逞，如以业主可能把事情闹大为由，向上级汇报必能解决手续问题。

时干为事，日干为人，现时干乙奇落离九宫旺相，生日干丙八宫，地下室手续事必能办下来。

3. 为什么策略上退让才能平息事态？

日干宫中丙加庚在策略上主退却，局中时干乙为业主，居离九宫，生艮八宫日干丙，宫中临休门，说明李老板做事需要退让，才能平息业主的不满情绪，而业主在得到地下室所有权手续后，不会因此而再与李老板发生矛盾。

例六十二　凌晨开业早，打响第一炮

凡开张、婚庆谁都愿意选一个良辰吉日，以图日后大吉大利。

某电器店很快就要开张了，该店负责人卫某要我帮助选个开张日子。该电器集团是一个全国性的家用电器连锁企业，已在全国开了很多连锁店了，其“优质、低价、服务好”的经营策略，所到之处都引起了当地家电零售业的强烈震动，被称为家电零售业的价格杀手。该集团开进石家庄，在河北省还是第一家，卫某担任石家庄店的负责人，当然也不甘落后于其他连锁店，因此，每一步都作了精心安排。根据开业准备的进度他初步确定在11月15日或16日开张营业，请我在这两天里选个良辰吉时，最好在上午9点以前。

这个即将开业的电器店坐落在市内建设大街上，营业面积只有4600平方米。他的毗邻就是市内最大的商厦——北国商城。

开业择吉时需要考虑的因素很多，我反复推敲，15日和16日比较，15日是黄道日，按民俗习惯这一天开张好。几点开业好呢？我首先以奇门看早上7~9时，认为这个时辰不利卖货，再看早上5~7时，也不利于开张和卖货。这时我心里开始嘀咕了：16日开业不好，15日早上5时~9时共四个小时又不能开业，若选在早上3~5时的时段里开业，这让人听了有点像天方夜谭，不合情理。11月15日已过了立冬节气，天气已很冷了，这个点开业会有顾客吗？可奇门局上显示这个点开业肯定顾客多、卖货快。根据奇门局的情况结合该电器店所处环境必须以奇制胜。我把预测结果告诉了卫某，卫某问："5点多或6点行不行？"

我答："不行，我已反复推测过了，只有3点到5点这段时间可以，你可以在5点以前开业。"

"那就选在4点18分怎么样？"卫某问。

"可以！"我肯定地回答。

"好！就定4点18分，来个特殊的。我们店不但价格低、服务好，开张时间和别人也不一样。"卫某是商业的老干家，对这次开业信心十足。

卫某回去后就开始了紧张的准备工作。他们制定了一套开业促销方案，特别是临开业的前4天，利用电台、报纸开始了铺天盖地的倒计时广告宣传，每一款商品都有一定数量的特价品销售，如最低价的：洗衣机188元一台，空调500元一套，彩电298元一台，冰箱855元一台，手机200元一部等，广告里还登出了开业时间。有人议论这个店太厉害了，价格这么低，承诺的服务还挺好，连开业时间都是在半夜，开业的时候一定去看看。

11月15日下午我和卫某通了电话，卫某兴奋地说："开业成功，商品销售得非常好，请你过来看看。"我到了店外，只见横幅上写着"比一比，看一看，谁价低，谁好汉"。店里顾客是人山人海，员工们都在紧张售货。进了办公室，卫某正坐在微机旁观看销售进账情况，见我来后指着微机里的实时统计表说："杜总，你看，一分钟进一万。"的确，销售额每分钟以一万元的速度在增长。看着统计表快速变化的数字，卫某别提有多高兴了。

我问卫某凌晨4点开业情况，卫某说："据说昨晚就有人来排队了，我2点半到的，门口已经有1000多人了，4点多的时候人就更多了，估计有近万人，购物的队伍足足排了六七百米，我们只好提前3分钟开门了。"

事后统计，该电器石家庄店第一天共售出商品13066件，营业额达到

1212万元，主要商品彩电销出1999台，空调760套，冰箱855台，手机1853部。根据安在门上的激光扫描器统计当天有12万人次光顾。有人说该电器店在石家庄不但销售额创出了家电行业单店销售历史纪录，开业时间也创出了家电行业的最早记录。

2005年2月我又遇到了卫某，问起最近的经营情况，卫某非常高兴地告诉我："2004年该电器集团在全国200多个店中，我们排第70名，在石家庄家电行业销售排在第一名，年销售额2.5个亿，去年好多商场都赔钱，但我们是盈利的。"

2009年底，据内部人讲：该电器在石家庄已扩大到9家门店了。

奇门格局：

2003年11月15日4时15分

癸未年癸亥月壬辰日壬寅时，阴三局，甲午旬，天英星值符，景门值使。

九地 开门癸 天柱星乙	玄武 休门丁 天心星辛	白虎 生门庚 天蓬星己
九天 丙惊门己 天芮星戊	丙	六合 伤门壬 天任星癸
直符 死门辛 天英星壬	螣蛇 景门乙 天辅星庚	太阴 杜门戊 天冲星丁

分析依据：

1.为什么说16日不宜开张？

古人为了生存和趋吉避凶总结了很多择吉经验，根据黄黑道日计算16

日属破日，为黑道日，不宜开张，而15日是黄道日，故取15日更为合适。

2. 为什么说15日7~9时和5~7时不宜开张？

7~9时在奇门局里八门九星全伏吟，伏吟不利开张更不利销售；5~7时的局里八门伏吟，也不利卖货，这四个小时里共两个局不宜开张卖货，故不选这两个时辰。

3. 为什么要打破常规，逆人们的思维选在凌晨4点18分开业呢？

一是该局大局反吟，反吟场面红火，顾客多利卖货，有利乱中取胜，这是奇门商战的重要原则；二是时干壬为顾客落兑宫，为沐浴状态，说明顾客都想买个便宜货，时干乘六合说明顾客多，宫中伤门也主争购之象，日干、时干同宫表明商家销售策略正确，商家和顾客有利沟通；三是同行为月干癸落巽四宫，现日干、时干克同行癸，癸与开门同宫，但该宫空亡，说明顾客不会光顾同行的商店，此时开张对同行极为不利。

以商战考虑，首先从顾客购货心理讲，该电器店开进石家庄肯定在第一天有便宜货，这样本该计划购买的顾客一定要早来才能买到便宜货，计划晚点儿买货的顾客趁开业有便宜货的机会也会早来，说不定会捡个便宜，不愁天冷没人来；二是从该电器店所处的环境，在战术上也应该以奇制胜。石家庄市是省会城市，老牌家电零售商店很多，如没有奇招，顾客不会理睬你。早开业不但在奇门上选择了有利时机，还选择了引起人们好奇心的开业时间，起到了眼球效应，也是奇招之一，故选择凌晨4时多开业。

例六十三　争执乃常事，耐心待来时

柴老板是煤炭贸易商，从煤矿用火车向炼焦厂供煤。多年来他一直向甲、乙两个炼焦厂供煤，贸易关系也不错。甲厂是5个股东投资，最近内部有些矛盾，主事的股东担任正厂长，看到矛盾不好解决，于是，就想逐步放弃老炼焦厂，准备到某钢厂附近再投资2000万元，建一座大型炼焦

厂。经测算，效益可观，就和柴老板协商，让柴老板将来保证新厂原煤供应，煤价随市场行情，按老规矩新炼焦厂要煤，照样全额预付煤款，还答应让柴老板也入100万，算新厂一个股，答应一年还清本金，以后每年分红。天赐良机，正好有一个新建中的大煤矿也找柴老板销煤，一方有充足货源，另一方有大的需求，还入100万的股，柴老板一盘算，觉得划算，投资的钱如有风险，他就扣下预付的煤款，于是就爽快地答应了甲厂长。

时间不长，煤炭订货会召开了。会上原煤价格每吨上涨了100元，柴老板把涨价的消息通报给了甲、乙两个用煤厂家。乙厂家爽快答应按涨价后的每吨820元价格签2005年的订货合同，但甲厂家就不爽快了，不同意涨价。柴老板反复解释涨价是煤矿一方涨的，但甲厂家态度坚决，答复："如涨价就不订2005年的合同了。"为了大局，柴老板又降了20元，每吨只涨80元，到站每吨合800元，甲厂家还是不同意。

对甲厂家的态度，柴老板是火冒三丈，心想合作这么多年，说不要就不要了，甲厂家一变，还要向铁路重新报计划，添的麻烦还得自己处理。这一生气，也不给甲厂家多说，心想以后不给甲厂家供煤了，于是又联系了几个厂家，对方都表示价格可接受，但只能预付60%的煤款，而甲厂家一直是预付100%的煤款，差的40%预付款每月就要垫800万。老柴为此拿不定主意，找我用奇门指点迷津。

我边看格局边答复："对方虽然态度不好，但还会来求你继续供煤。"

"找我也不给他供煤了，说变就变，哪有这样做生意的。"柴老板是个耿直人，心里有点气。

"我这局上显示你还要给他供煤。"

"我不想给他供了，到他那投资的事也不投了。"

"不行呀，你的煤还非得给他供不可。"

"说实在的，打交道这么多年了，我也不想和他断了关系。你看我下一步该怎么办？"柴老板迫切地问。

这奇门本来就来源于军事上的排兵布阵，用于商战正适合，从局上看

原来双方说好的事情虽然中途变了卦，但最终还会“破镜重圆”。这是事物规律，谁违背规律谁就会在商战中败阵。商战要讲究战略、战术，在这个奇门遁甲局上应该怎么排兵布阵呢？我以奇门预测原则分析后答复如下：

一、该厂 100% 预付煤款，和他打交道对你有利，你应采取“欲擒故纵”的计谋，想合作但要故意摆出不理他的架势，你要稳住劲，不要去找他，过几天他会主动来找你，到时候你再和他理论一下也不迟，最终他还要用你的煤；

二、你不要担心，不要犹豫不决，也不用急着再去找别的厂家，他们都会来找你；

三、不要赌气，不要凭意气办事，做老板要有大将风度，小不忍则乱大谋，要站得高，看得远，你这次不给他签合同，下一步投资 100 万的事也就吹了，后续的钱你也就赚不到了；

四、商战讲究攻防转换，为了下一次投资赚取更大的钱，你该舍的就应该舍掉，价格只能涨 80 元，我这局上只显示 8 数，不显示 100 的数；

五、原先讲好他让你投资 100 万的事，最终还得要投，你可以对他讲让出的 20 元钱，就是为入股作的贡献。

柴老板听我讲完预测结果，觉得有道理，答应按我测的办。

事情的发展果如所测。1 月 7 日下午 2 时，甲厂的厂长亲自开车来找柴老板，并坚决要求签订 2005 年的供煤合同。柴老板按我的策划拿着架子不吐口。对方再三道歉，并一再邀请柴老板投资 100 万，作为对柴老板的供煤回报。但谈到价格上涨之事，对方硬是不同意涨 100 元，只答应每吨可以涨 80 元，到厂每吨 800 元。甲厂长说：“涨 100 元也可以，煤到厂方后，亏吨的事得计算。”老柴一盘算，煤到站，再用汽车倒到厂里，这亏不亏吨谁也说不清，想起我说的话，价位在 8 数，也就涨 80 元了，不如顺势答应了他。于是说：“80 就 80，不过你让我投资 100 万，我也不白沾你的光，这 20 元就算我投资作的贡献吧。”

谈到最后，甲厂长说了实话："柴老板，来以前我们就想好了，我要不跟你签2005年的合同，我们新厂开工后，你也就不供我煤了，到时我的新厂也办不好。"柴老板说："我也不瞒你说，我这后边有高人指点。就知道你非来不可，咱不合伙还不行，否则对谁都没利。"直到5点才结束谈话，双方皆大欢喜。

奇门格局：

2005年1月3日18时

甲申年丙子月丁亥日己酉时，阳七局，甲辰旬，天芮星值符，死门值使。

太阴 伤门乙 天心星丁	六合 杜门辛 天蓬星庚	白虎 景门己 天任星壬
螣蛇 生门戊 天柱星癸	丙	玄武 死门癸 天冲星戊
直符 丙休门壬 天芮星己	九天 开门庚 天英星辛	九地 惊门丁 天辅星乙

分析依据：

1. 为什么说对方态度不好？

时干己为对方落坤二宫为六仪击刑，下临丙和壬为悖格，主为经济利益相争斗。上乘白虎，主态度蛮横，或一时气愤，说了不合道理的话，惹了麻烦。故断对方态度不好。

2. 为什么要采取欲擒故纵术？

该局反吟，反吟主破镜重圆，主对方还要用柴厂长的煤，也主动，主柴厂长应继续向甲厂家供煤。煤可以供，怎么个供法？应讲战术。现局中又时干己落坤宫生日干丁乾宫，主对方求柴老板之象，既然甲厂家要上门来求柴厂长，在价格还没谈好的情况下，采取欲擒故纵的策略则有利于谈判。

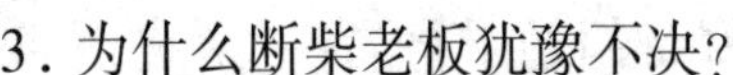

3. 为什么断柴老板犹豫不决？

日干丁奇落乾六宫，宫中惊门飞临，说明柴老板有点忧虑，日干下临乙奇，乙奇落乾为入墓，地盘入墓为犹豫不决，惊门落乾也主因事犹疑。

4. 为什么劝柴老板不要赌气？

日干丁宫中上乘九地，九地主脾气拧，主赌气。该局大势是反吟，应遵循事物规律办事，和对方合作，如赌气不动，不给甲厂家供煤，则将来对柴厂长也会不利。

5. 为什么断只能涨价 80 元？

甲子戊为资金落震三宫为击刑，因所涨的钱不是柴老板和甲厂家所得，应看成亏了 80 元，六仪击刑主损财，木为 3、8 数，以理推断应为 80 元，另每吨 800 元，也符合 8 数。

6. 为什么断投资 100 万的事，最终还得投？

该大局是反吟局，遇反吟住返回之象。原来甲厂长和柴厂长已讲好让柴厂长投资 100 万，中间出了点问题，现还应返回到原来的状况下才符合反吟的原则。

例六十四　欲改进作风，须警钟长鸣

2008 年 12 月的一天，顾老板邀我一起研究公司进一步发展的事。说起这几年的发展，顾老板忧喜参半："想想这十几年，真是不容易，刚开始时就靠几个农民哥们儿，不辞辛苦，任劳任怨，才逐渐发展起来。现在我公司的骨干大部分还是从农村出来的小厂工人，他们工作经验丰富，工作能力很强，但是——"说到这儿，顾老板叹了口气儿，"唉，公司越来

越大，工作环境变化很大，需要现代化、科学化的管理观念，可这些跟我一起打拼的穷哥们儿，还是原来的旧观念、老思想，我也不能事业做大了就把他们甩了，可这这样又妨碍公司进一步发展。杜老师，您给我指点指点，怎么办？”

我一边听顾老板介绍情况，一边摆好奇门遁甲格局：“顾总，奇门局显示，你公司内部极不团结，管理不到位，公司效益较差，形成这种情况的原因主要有两点：第一，你的下属不团结，奇门里叫做‘同僚不睦’，企业的团队精神差，形不成拳头，影响企业发展；第二，员工服务意识差，你建造的大楼已经进驻好多家单位了，但员工老是以为自己是房主，服务意识差，穷横，这样影响企业的形象和发展，建议你加强员工的服务意识。”

顾老板虽然听进去了，会上也做了强调，但只是泛泛一说，没有认真整改。没多久，员工的矛盾就进一步显现了。

这一天，顾老板又打电话请我去，我一进门他就说：“哈哈，杜老师，你可来了，昨天上午下边吵起来了，几个人合伙告新来的主管副总的状，您给我参谋参谋，我怎么办才好？”刚说完，被告状的副总正好急匆匆地进来，顾老板也不避讳，“正好，你也坐下来听听杜老师怎么说。”这个副总不等我发表意见就说：“我先把情况说说，你们听听。起因是下边一个负责电的员工吃拿卡要，勒索卖给我们设备的厂家，厂家无奈，投诉到了企管处，企管处在会上批评了这个负责电的员工，并且对他的上司主管经理也进行了批评。这就捅了马蜂窝，这个经理仗着自己是最早跟着老板创业的，先找了设备厂家的投诉人找我闹事，说根本没有这个事，向我发难，还联合了几个人下来给我闹事，这样下去工作可就不好做了，公司也不好进一步发展了。”顾老板也不搭话，却让我先发表意见。

我仍以奇门遁甲格局说：“第一，作为主管副总，这么做是对公司负责，对老板负责；第二，在这事上你做得对，但还是有点心慈手软；第三，还有些工作没到位，比如说证据欠缺。”这时这个副总插话说：“企管处处长和供货厂家的经理都亲自和我说了管电的吃拿卡要，这还不算证据?”

“这不算证据，”我紧接着说，“我的奇门格局上显示，证据空，没有书面证据。当然，不能这样不了了之，否则，对企业的管理不利，企业的跑冒滴漏现象会更加严重。”

我又对顾老板说：“管理就是效益，这个事情我建议，你不能犹豫，要抓住这个事情不放，抓住一个典型，大会小会上都要讲，要杀鸡给猴看，杀一儆百，从而间接训诫其他下属。在三十六计里叫做‘指桑骂槐’。虽然你是私企老板，这些骨干都是跟你打江山的人，但是他们的思想可能已经不符合现代企业管理的思想，跟不上趟。不换思想就换人，因循守旧是管不好现代化企业的，你千万别犹豫，要支持副总。”

这时副总说话了：“这种吃拿卡要现象据说好多部门都有，我刚来，还不太了解情况，也管不了。”

我又对顾老板说：“这种贪占现象不利于企业的发展，在奇门局里显示：‘家有丑声’，下一步怎么办?建议你要多抓企业文化，增强企业凝聚力。这个事情要抓住不放，我认为，运用三十六计的‘指桑骂槐’比较合适，教育职工正派做人，以此事为戒，警钟长鸣，员工不为企业作为，只想占企业小便宜，那我这老板要你做什么。另外，不换思想的人要坚决拿掉，敲山震虎。任何事物都在变化，这是个规律，这样才能使你的企业向前发展。可局上又显示你拉不下面子，犹豫不决。做老板应该果断点，该拿下的人一定要拿，否则对企业发展不利。可能有人提出不干，那你就就坡下驴，给他一定的报酬，辞掉他。”

顾老板听了我这一席话，有所感触，主动解决了一部分问题，但终因情感问题没有彻底解决，公司里的管理机制问题也没有深层次的触及。这也是大部分个体企业所面临的问题。

奇门格局：

2008 年 12 月 18 日 09 时 11 分

戊子年甲子月壬辰日乙巳时，阴一局，甲辰旬，天心星值符，开门值使。

太阴 癸死门乙 天芮星丁	螣蛇 惊门辛 天柱星己	直符 开门壬 天心星乙
六合 景门己 天英星丙	癸	九天 休门戊 天蓬星辛
白虎　空 杜门丁 天辅星庚	玄武 伤门丙 天冲星戊	九地 生门庚 天任星壬

分析依据：

1. 为什么说公司内部极不团结，管理不到位，公司效益较差？

日干壬落坤二宫，宫中壬加癸主家有丑声，即企业内部的管理上存在一些问题。时干乙为员工落巽四宫处沐浴状态，宫中又逢天芮星，说明员工贪婪，有贪占行为。逢癸加丁格局主员工中有争吵之事，癸为六仪击刑，又临死门，上乘太阴，说明员工当中有小人捣乱，不团结。

2. 为什么说公司制度不健全？

景门为公司的管理制度落震三宫，宫中逢己加丙悖格主制度混乱，逢空亡说明制度不健全或有规不循。

3. 为什么说在处理问题上的证据不足？

六合为证据落震三宫，宫中逢空亡说明没证据或证据不足，景门在该宫空亡，也说明没有书面证据。

4. 为什么要采用“指桑骂槐”之计？

“指桑骂槐”在现代企业管理中可用来抓住某一典型进而间接训诫下

属，以使他人敬服。该局中时干乙为员工处沐浴状态，宫中逢天芮星不旺主员工有贪占行为，日干壬为顾老板，壬加癸主家有丑声，时干落宫克日干和值符落宫，说明员工不服从管理，景门主制度、教育，现逢空亡，说明制度不严，没有教育。综上所述，顾老板要想企业有发展，就应抓住反面典型，教育部属，起到警示作用。

5. 为什么说顾老板在处理此事上犹豫不决？

日干壬为顾老板，下临的天干癸、乙均为入墓状态，地盘入墓主犹豫，说明顾老板在处理此事上犹豫不决。故建议顾老板应坚决果断处理此事，否则时干逢癸加丁克日干，将来还会再发生争吵之事。

错　例

误测会发生，探索无止境，下面是一个测算错误的实例。之所以在本书中纳入这样一个实例，目的在于向易友和读者朋友们昭示这样一个道理：且不说易学这样一个边缘学科，就连伟大的自然科学真理也是在一代又一代人的不断探索和求证中逐步得到纠正、成熟和完善的。易学犹如祖国的传统医学，其宏大深邃的理论不能像数学模式或物理学定义那样得到“绝对的”求证，而是在不断实践和在辩证地理解与运用中臻于成熟的。

对于这次错误的测算，记忆是深刻和难忘的。

记得那是 2002 年 7 月 2 日的傍晚时分，某公司的刘总经理登门求测。该公司是某品牌空调器在河北的总代理，刚刚参加了石家庄某通信公司机房专用空调的招标，除该公司外还有 3 家公司也参加了竞标。此次空调采购量十分可观，但竞争对手较多，所以在取得标书后，刘总无论在价格上还是在售后服务上都进行了优惠调整，以期能够一举夺标。

凭我的经验，这种测算并不复杂，故而立即起局，得出以下局象，并根据局象告诉刘总“中标有望”。

奇门格局：

2002 年 7 月 2 日 18 时 50 分

壬午年丙午月辛未日丁酉时，阴三局，甲午旬，天英星值符，景门值使。

白虎 休门庚 天蓬星乙	六合 生门壬 天任星辛	太阴 伤门戊 天冲星己
玄武 开门丁 天心星戊	丙	螣蛇 杜门乙 天辅星癸
九地 惊门癸 天柱星壬	九天 丙死门己 天芮星庚	直符 景门辛 天英星丁

刘总对易学也颇感兴趣，指着格局还要问个究竟，为此我向他解释说："按照与你相关的符号分析看，第一，你本人（日干辛）临一个叫值符的符号，和这个符号在一起就为吉利，还有一个格叫辛加丁，表示你从囚困中解脱了出来，经商时获利大；第二，这件事（时干丁）逢开门，说明你能中标；第三，和你竞争的同行（月干丙加庚）退却了。所以说你能击败对手。"

刘总听后兴奋之情溢于言表，闲谈了一会儿，乐呵呵地回了家。

然而一周之后刘总又见到了我，沮丧地告诉我没能中标。我听了之后也颇感疑惑，并向他表示遗憾和歉意。

这次预测给我的教训是深刻的。一是说明自己在判断经验上有待提高，还应深入学习、刻苦钻研；二是要认真把握好每一次预测，不能掉以轻心；三是深感学海无涯，奇门遁甲更是如此。俗话说失败乃成功之母，易学研究贵在总结，包括成功的经验和失败的教训两个方面。今天，我把这个错例写出来供大家研讨，目的即在于此。

《烟波钓叟赋》是宋代赵普撰写的，是奇门遁甲的经典著作。现将善本《四库本·遁甲演义》录之于下，以资学者参考。

烟波钓叟赋

轩辕黄帝战蚩尤，涿鹿经年苦未休。
偶梦天神授符诀，登坛致祭谨虔修。
神龙负图出洛水，彩凤衔书碧云里。
因命风后演成文，遁甲奇门从此始。
一千八十当时制，太公删成七十二。
逮于汉代张子房，一十八局为精艺。
先须掌上排九宫，纵横十五在其中。
次将八卦论八节，一气统三为正宗。
阴阳二遁分顺逆，一气三元人莫测。
五日都来换一元，接气超神为准的。
认取九宫分九星，八门又逐九星行。
九星逢甲为直符，八门直使自分明。
符上之门为直使，十时一位堪凭据。
直符常遣加时干，直使逆顺遁宫去。
六甲元号六仪名，三奇即是乙丙丁。
阳遁顺仪奇逆布，阴遁逆仪奇顺行。
吉门偶尔合三奇，直此须云百事宜。
更合从傍加检点，余宫不可有微疵。
三奇得使诚堪使，六甲遇之非小补。
乙逢犬马丙鼠猴，六丁玉女骑龙虎。

又有三奇游六仪，号为玉女守门扉。
若作阴私合和事，请君但向此中推。
天三门兮地四户，问君此法如何处？
太冲小吉与从魁，此是天门私出路。
地户除危定与开，举事皆从此中去。
六合太阴太常君，三辰元是地私门。
更得奇门相照耀，出门百事总欣欣。
太冲天马最为贵，卒然有难宜逃避。
但当乘取天马行，剑戟如山不足畏。
就中伏吟为最凶，天蓬加着地天蓬。
天蓬若到天英上，须知即是反吟宫。
八门反复皆如此，生在生兮死在死。
纵有吉宿得奇门，万事皆凶不堪使。
六仪击刑何太凶，甲子直符愁向东。
戌刑在未申刑虎，寅巳辰辰午刑午。
三奇入墓好思推，甲日那堪相见未。
丙奇属火火墓戌，此时诸事不须为。
更兼六乙来临二，月奇临六亦同论。
又有时干入墓宫，课中时下忌相逢。
戊戌壬辰兼丙戌，癸未丁丑亦同凶。
五不遇时尤不精，号为日月损光明。
时干来克日干上，甲日须知时忌庚。
奇与门兮共太阴，三般难得总加临。
若还得二亦为吉，举措行藏必遂心。
更得直符直使利，兵家用事最为贵。
常从此地击其冲，百战百胜君须记。
天乙之神所在宫，大将宜居击对冲。

假令直符居离九，天英坐取击天蓬。
甲乙丙丁戊阳时，神居天上要君知。
坐击须凭天上奇，阴时地下亦如之。
若见三奇在五阳，偏宜为客自高强。
忽然逢着五阴位，又宜为主好裁详。
直符前三六合位，太阴之神在前二。
后一宫中为九天，后二之神为九地。
九天之上好扬兵，九地潜藏可立营。
伏兵但向太阴位，若逢六合利逃刑。
天地人分三遁名，天遁月精华盖临。
地遁日精紫云蔽，人遁当知是太阴。
生门六丙合六丁，此为天遁自分明。
开门六乙合六己，地遁如斯而已矣。
休门六丁共太阴，欲求人遁无过此。
要知三遁何所宜，藏形遁迹斯为美。
庚为太白丙荧惑，庚丙相加谁会得。
六庚加丙白入荧，六丙加庚荧入白。
白入荧兮贼即来，荧入白兮贼须灭。
丙为勃兮庚为格，格则不通勃乱逆。
天丙加地庚为勃，天庚加地癸为格。
丙加天乙为勃符，天乙加丙为飞勃。
庚加日干为伏干，日干加庚飞干格。
加一宫兮战在野，同一宫兮战于国。
庚加直符天乙伏，直符加庚天乙飞。
庚加癸兮为大格，加己为刑最不宜。
加壬之时为上格，更兼岁月日时移。
更有一般奇格者，六庚谨勿加三奇。

此时若也行兵去，匹马只轮无返期。
六癸加丁蛇夭矫，六丁加癸雀入江。
六乙加辛龙逃走，六辛加乙虎猖狂。
请观四者是凶神，百事逢之莫措手。
丙加甲兮鸟跌穴，甲加丙兮龙回首。
只此二者是吉神，为事如意十八九。
八门若遇休开生，诸事逢之总称情。
伤宜捕猎终须获，杜好邀遮及隐形。
景上投书并破阵，惊能擒讼有声名。
若问死门何所主，只宜吊死与行刑。
蓬任冲辅禽阳星，英芮柱心阴宿名。
辅禽心星为上吉，冲任小吉未全亨。
大凶蓬芮不堪遇，小凶英柱不精明。
大凶无气变为吉，小凶无气一同之。
吉宿更能逢旺相，万举万全功必成。
若遇休囚并废殁，劝君不必进前程。
要识九星配五行，各随八卦考羲经。
坎蓬星水离英火，中宫坤艮土为营。
乾兑为金震巽木，旺相休囚看重轻。
与我同行即为相，我生之月诚为旺。
废于父母休于财，囚于鬼兮真不妄。
假令水宿号天蓬，相在初冬与仲冬。
旺于正二休四五，其余仿此自研穷。
急则从神缓从门，三五反复天道亨。
十干加符若加错，入库休囚吉事危。
十精为使用为贵，起宫天乙用无遗。
天目为客地为主，六甲推兮无差理。

劝君莫失此良机，洞彻九星扶明主。
宫制其门不为迫，门制其宫是迫雄。
天网四张无走路，一二网低有路通。
三至四宫行入墓，八九高强任西东。
节气推移时候定，阴阳顺逆要精通。
三元积数成六纪，天地未成有一理。
请观歌里精微诀，非是贤人莫传与。

再版后记

《易经》是我国的六经之首，是先贤前哲们用来解释宇宙的起源、现实世界的存在变化和未来时空的发展趋势的一门综合学科，它蕴含着对立统一、运动变化发展的辩证法思想。在这个哲学世界观的指导下，中医的辩证诊治、社会伦理的中庸之道、天候节气的科学预测、科学实验的方法指导乃至风水住宅的选址营建，无不包含着《易经》的阴阳核心思想。《易经》对哲学、数学、心理学、物理学、中医、文学、军事、建筑、宗教、民俗等有着深远的影响，可以说，《易经》既古老神秘，又散发着现代气息，一直吸引着众多的人去研究、挖掘、运用这一古老的学科。

现代企业管理、商业运作除运用西方的管理模式外，若再结合《易经》的管理思想，则如虎添翼，前几年，有人问我：你学《易经》的最大收获是什么？我回答：我学《易经》的最大收获就是把《易经》的管理思想和管理理念带入到现代企业管理中去。《易经》的管理思想对我影响是很大的，学《易经》我觉得有事半功倍的感觉。

企业成败主要取决于决策和管理两大因素，其中决策因素占 80%，管理因素占 20%。《周易与商战》这本书主要谈的就是决策，西方的决策方法是依据调研数据，奇门遁甲的方法是依据时空数理模型，若二者结合，其效果不言而喻。

本人不是搞理论研究的，也不是走江湖的，只是一个奇门遁甲研究者，由反对到研究是因为由好奇到亲口尝了一口“梨子”的味道，才知道中华民族五千年的文化多重要，一个民族如果没有自己的文化，这个民族必然会走向灭亡。传承弘扬中华民族传统文化是每个中国人的责任和义务。

任何事物都不是绝对的。由《周易》延伸出来的术数有200余种，奇门遁甲被称为“帝王之术”，该术是一种知己知彼、知进知退之术，但该术也同其他事物一样不是绝对的，掌握该术之人的水平也有高有低，不会达到百分之百准确，但奇门遁甲模型确实能够预测事物的发展变化。人类对宇宙的认识是渺小的，我们如果用现在已掌握的科技水平去评价人类还没认识的事物，这种评价是不是值得怀疑呢?

应广大读者的要求，我对该书内容做了一些修改，进行再版。市场经济条件下的商战竞争激烈残酷，策略正确，成功的几率就大，策略错误，成功的几率就小。我将在下一部《周易与三十六计》中专门论述奇门遁甲在博弈中的攻防策略和计谋。

2010年春于博雅庄园

图书在版编目（CIP）数据

周易与商战 /杜新会著. -北京：华夏出版社，
2010.7
ISBN 978-7-5080-5836-8

Ⅰ.①周… Ⅱ.①杜… Ⅲ.①周易-研究②商业经营-通俗读物
Ⅳ.①B221.5②F715-49

中国版本图书馆 CIP 数据核字（2010）第 120976 号

周易与商战

著　　者：杜新会
责任编辑：李欣利
图书策划：安凤影　梅子
版式设计：杨默
出版发行：华夏出版社
地　　址：北京市东直门外香河园北里 4 号
邮　　编：100028
电　　话：（010）64663331
印刷装订：北京温林源印刷有限公司
开　　本：720×1030　1/16
印　　张：21
彩　　插：2
字　　数：290 千字
版　　次：2010 年 9 月北京第 1 版
印　　次：2010 年 9 月北京第 1 次印刷
定　　价：39.00 元